Kindler
Taschenbücher

10 Jahre
Reihe Geist
und Psyche

Geist und Psyche

S. H. Foulkes

Gruppenanalytische Psychotherapie

Der Begründer der Gruppentherapie über die Entwicklungsstationen seiner Methode in Theorie und Praxis

Kindler Taschenbücher

Aus dem Englischen übertragen von Irmgard Pfeiffer
Die Originalausgabe erschien im Verlag George Allen
& Unwin Ltd., London, unter dem Titel
THERAPEUTIC GROUP ANALYSIS

Redaktion: W. Keienburg
Korrekturen: H. Bernard
Gesamtherstellung: Friedrich Pustet, Regensburg
Printed in Germany
ISBN 3 463 18130 4

Inhalt

Geleitwort zur deutschen Ausgabe

Das Erscheinen dieses Buches in deutscher Sprache ist ein glückliches Ereignis für mich. Ich möchte zuerst Frau Dr. Annelise Heigl-Evers danken, die die Übersetzung und Publikation gefördert hat. Das Buch kehrt so in meine alte Heimat zurück, und mit ihm ein Stück von mir selbst. Das Verständnis meiner Übersetzerin, Frau Dr. Irmgard Pfeiffer, hat mir erst zum Bewußtsein gebracht, wie sehr das Buch auch im deutschen Denken wurzelt. Ich möchte Frau Dr. Pfeiffer an dieser Stelle besonders für ihr echtes und tiefes Interesse und die liebevolle Gründlichkeit, mit der sie diese selbst gewählte Aufgabe angefaßt hat, danken. So hat denn nach meinem Gefühl diese deutsche Ausgabe nicht nur die Bedeutung einer Übersetzung in eine fremde Sprache, sondern gewissermaßen die einer Neuerscheinung. Ich kann nur hoffen, daß die Aufnahme des Buches in Deutschland mein eigenes Gefühl bestätigen wird.

Nun ein Wort zum Buch selbst. Einige Kapitel sind schon früher als Vorträge gehalten und als solche in den verschiedenen Kongreßberichten oder Zeitschriften auch publiziert worden. Es steht aber nichts in diesem Buch, was nicht heute Gültigkeit hat, dagegen vieles, was erst heute beginnt, wirklich beachtet und verstanden zu werden, und vielleicht auch manches, das noch heute der Zukunft angehört.

Zum Titel: Ich habe meine Methode und Theorie von Anfang an Gruppenanalyse oder – mehr spezifisch – gruppenanalytische Psychotherapie genannt. Später habe ich mich daran gewöhnt, von »Gruppenanalyse« zu sprechen, wenn damit nicht nur Methode, sondern auch Theorie, besonders auch im weiteren Sinne, gemeint sind. Was den englischen Titel des Buches *Therapeutic Group Analysis* (therapeutische Gruppenanalyse) betrifft, so wollte ich damit zum Ausdruck bringen, daß es sich nicht um eine soziologische oder statistische Analyse handelt, und daß in unserem Bereich die therapeutische Zielsetzung den wirklichen Motor zur Analyse liefert. Es scheint mir aber nun richtiger, den Band *Gruppenanalytische Psychotherapie* zu nennen.

Ich hoffe, daß diese Arbeit für alle nützlich sein wird, die sich um eine wirkliche Methode und Theorie der Gruppenanalyse bemühen, das heißt einer Analyse, die, während sie sich auf die Gruppe bezieht und mit der und durch die Gruppe arbeitet, auch die unbewußten seelischen Vorgänge voll berücksichtigt. Die neuen theoretischen Konzepte, die sich mir als brauchbar, ja sogar als notwendig erwiesen haben, werden in dem Buche mehr oder weniger ausführlich, wenn auch nicht systematisch besprochen.

Das Buch ist in erster Linie für den praktizierenden Gruppen-Psychotherapeuten geschrieben. Darüber hinaus aber scheint mir diese Art, Gruppen zu führen, den Weg zu weisen für die Möglichkeit einer zeitgemäßen Erziehung zum verantwortungsbewußten Staatsbürger. Es ist die besondere Mischung von Autorität und Freiheit, die mir als erstrebenswertes Ideal vorschwebt. Ich kann immerhin sagen, daß diese Haltung in dem relativ beschränkten, aber doch bedeutungsvollen sozialen Feld, in dem ich während des Krieges arbeitete (»Northfield Experiment« und »Therapeutic Community«: siehe besonders in *Introduction to Group-Analytic Psychotherapy*, 1948), sich in der Praxis bewährt hat. Ohne viel davon zu wissen, habe ich das Gefühl, daß sich die Erfahrungen und Ideale des Konfuzius sehr weitgehend mit der hier vorgetragenen Haltung decken.

London, April 1974 — S. H. Foulkes

Einleitung

Dieses Buch ist das Ergebnis eines fünfundzwanzigjährigen Studiums von Patienten in psychotherapeutischen Gruppen. Die Grundhaltung ist psychoanalytisch. Methode und Technik sind jedoch neu. Die psychische Matrix der Gruppe als Ganzes, in welcher sich alle intrapsychischen Prozesse abspielen, ist die Basis aller Überlegungen. Das ist von fundamentaler Bedeutung für psychoanalytische Begriffe, wie auch für die Probleme, die sich mit ihnen in Theorie und Praxis verbinden. Außerdem schufen die nunmehr in der »gruppenanalytischen Situation« möglich gewordenen Beobachtungen neue Einsichten und theoretische Konzepte. Es handelt sich um eine dialektische Beziehung: einerseits führte diese neue Situation zu neuen Vorstellungen, andererseits entwickelte der Autor bewußt wieder die Methode aus den gewonnenen Einsichten. Letztere bezogen sich insbesondere auf die Erkenntnis, daß das, was man ursprünglich als biologisches Erbe angesehen hatte, oft kulturelles Erbe ist. Es ergab sich die Aufgabe, eine Methode und Theorie zu finden, die mit Pseudoproblemen, wie etwa den Scheingegensätzen biologisch und kulturell, somatogen und psychogen, Individuum und Gruppe, Realität und Phantasie aufräumte. An Stelle dessen müssen wir bemüht sein, Begriffe zu gebrauchen, die von Anfang an einer integrierten Betrachtungsweise gerecht werden.

Genau so wie für das Individuum in der Psychoanalyse, erwies sich auch auf dem multipersonalen, supraindividuellen Gebiet das Studium des Pathologischen als äußerst nützlich. Es eröffnete den Zugang zu den unbewußten dynamischen Kräften, die sonst unzugänglich sind. Es ist kein Zufall, daß Forschungen und Neuentdeckungen innerhalb der therapeutischen Gruppe von besonderer Bedeutung sind. Gruppenanalyse, wie sie hier konzipiert ist, sollte sich als Beitrag zu einer wahrhaft sozialen, transpersonalen Psychopathologie und transkulturellen Anthropologie erweisen.

Psychoanalyse und Gruppenanalyse stehen in einer bedeutsamen Beziehung zueinander. Als Psychoanalytiker und Begründer der »Gruppenanalytischen Psychotherapie« habe ich meine Einstellung wiederholt dargelegt. Die wesentlichen Punkte sind kurzgefaßt folgende:

(1) Gruppenanalytische Psychotherapie hat in ihren klinischen und theoretischen Orientierungen dieselben Grundlagen wie die Psychoanalyse. Die Haltung des Therapeuten ist in beiden therapeutischen Situationen im wesentlichen dieselbe (»die analytische Haltung«).

(2) Psychoanalyse als Methode spielt sich in der psychoanalytischen Situation ab, das heißt also in einer Zwei-Personen-Situation, zwischen dem Analytiker und dem Patienten (Analysanden). Hauptinhalt der Psychoanalyse ist die Analyse der infantilen Neurose in einer Übertragungssituation.

(3) Gruppenanalyse spielt sich im Gegensatz dazu in einer Gruppensituation mit spezifischen Eigenschaften, der »gruppenanalytischen Situation« ab. Obwohl die Gruppe für die therapeutische Analyse des Einzelnen gebildet wurde, steht in ihrem Mittelpunkt die Psychodynamik in der »Matrix« der Gruppe. Der Ablauf der Prozesse mit ihrem inter- und suprapersonalen Aspekt kann in dieser Gruppensituation mit ihren besonderen Eigenschaften am besten beobachtet werden. Diese Überlegungen sollte man vor Augen haben, wenn man sich mit der Beziehung zwischen Psychoanalyse und Gruppenanalyse und psychoanalytischer und gruppenanalytischer Psychotherapie befaßt.

Die Grundhaltung hat sich nicht geändert, aber es vollzog sich eine entscheidende Entwicklung. Die Erfahrung hat gezeigt, daß innerhalb der Gruppensituation mehr intensive Psychotherapie betrieben werden kann als zuerst erwartet, z. B. im Hinblick auf Übertragungsphänomene. Trotzdem gilt unverändert, daß sich die Übertragungsneurose vor allem in der psychoanalytischen Situation voll entfalten und sie nur in ihr voll analysiert werden kann. Da ich an der individuellen Psychoanalyse und Psychotherapie weiterhin gleichbleibend interessiert blieb, versuchte ich, die Indikationen für beide Methoden präziser zu bestimmen.

Die Psychoanalyse am Einzelfall basiert traditionsgemäß auf der Annahme, daß die historische, genetische Erforschung der Psychoneurose gleichzeitig der beste und vielleicht der einzige Weg sowohl für ihr theoretisches Verständnis wie auch für ihre praktische Heilung sei. Psychoanalyse hat die Bedeutung der frühen Objektbeziehungen und den genetischen Ursprung aller seelischen Krankheiten aus den Konflikten dieser frühen Objektbeziehungen gezeigt. Alle späteren Objektbeziehungen beruhen auf Übertragung und sind, von der Entwicklung des Einzelnen her gesehen, Wiederholungen der ursprünglichen Objektbeziehung. In der psychoanalytischen Psychotherapie ist daher die aktuelle therapeutische Situation nur als Übertragungssituation von Bedeutung und zwar, im strengen Sinne des Wortes, die vom Patienten zum Therapeuten.

Die hier angenommene Orientierung sieht dagegen die ursprüngliche ebenso wie die akute neurotische Störung als gemeinsames Produkt einer Anzahl von Personen, die bei seiner Entstehung und Erhaltung zusammenwirken.

Die korrekte Behandlung und Erforschung von Psychoneurosen und anderen psychischen Störungen muß das ganze Netzwerk des psychopathologischen Prozesses berücksichtigen. Ein solches Netzwerk kann Familienmitglieder, Arbeitsgenossen, Freunde, Liebende und andere einschließen. Das Konzept des Netzwerkes, die Betonung der »multipersonalen Natur menschlicher Probleme« hat sich langsam in seiner grundsätzlichen Wichtigkeit aus vielen klinischen Beobachtungen heraus sowohl in der Einzel- wie auch in der gruppentherapeutischen Analyse entwickelt. Die einzelnen Teilnehmer können in diesem Zusammenhang als Schauspieler eines Bühnenstückes oder Dramas gesehen werden. Eben dieses Spiel ist das besondere Gebiet unserer Forschung. Wenn es wahr ist, daß jede Änderung eines Teilnehmers von einer korrespondierenden Änderung anderer abhängt, dann kann von diesem Vorgehen erwartet werden, daß es therapeutisch noch stärker wirkt. Unter dieser Voraussetzung benötigt man neue operative Konzepte.

Der Zufall wollte es, daß sich viele meiner frühen Erfahrungen und Experimente in Verbindung mit der Einführung der Gruppenpsychotherapie im psychiatrischen Dienstbereich der Britischen Armee vollzogen. Diese kooperativen Bemühungen der Kriegszeit konnten später nicht weitergeführt werden. Ich habe versucht, wenigstens über den Kerngehalt dieser Erfahrungen in meiner *Einführung in die gruppenanalytische Psychotherapie* zu berichten, wo ich sie als das »Northfield Experiment« hervorhob. Dieser Name wurde damals sowohl in der Umgangssprache als auch in Veröffentlichungen benutzt, z. B. von H. Bridger in seinem Beitrag zu einem Symposion über Northfield *The Northfield Experiment* (Bulletin der Menninger Klinik, Mai 1946).

Soweit es mich betrifft, bezieht sich das auf die Arbeit der Jahre 1943, 1944, 1945 im Military Hospital und Psychiatric Training Centre in Northfield, Birmingham (im Frieden als Hollymore Hospital bekannt) und hatte keine Verbindung mit einem früher durchgeführten »Northfield Experiment«, das fünf Wochen dauerte, und von dem ich, wenn ich mich recht erinnere, erst Ende 1944 hörte. Man sollte sich vor Augen halten, daß Psychotherapie schon wegen des kurzen Zeitraumes kein Teil dieser Gruppenarbeit sein konnte.

Historischer Rückblick

Es gibt eine Fülle von historischen Beiträgen zur Gruppenpsychotherapie. Den Anfang machte Klapman. Corsini brachte eine umfassende Studie heraus. Unter den neueren Büchern seien nur einige erwähnt: das von Kadis u. a. (*A Practicum of Group Psychotherapy*) und das von Rosenbaum und Berger herausgegebene, die einen ausführlichen Überblick bringen. Ich habe hier nicht die Absicht, noch einmal einen ähnlichen Beitrag zu schreiben. Derartige Darstellungen sind, wie auch unsere Geschichtsbücher, stark beeinflußt von der Zugehörigkeit zu einer Schule und von persönlichen Präferenzen.

Da sich dieses Buch ausschließlich auf meine eigene Arbeit bezieht, will ich nur versuchen, es sozusagen in die richtige Perspektive zu bringen. Ich will mich auf die Situation konzentrieren, wie sie zur Zeit meiner ersten Veröffentlichungen bestand. Das sind etwa die ersten fünf Jahre einer dreißigjährigen Entwicklung, über die ich hier berichte. Vorher möchte ich einige mehr subjektive Bemerkungen machen. Ich begann das Medizinstudium mit dem Wunsch, Psychiater zu werden. Die Bücher von Jaspers, Gruhle und anderen waren mir eine starke Anregung. Bald aber fand ich zu Freud. Von da an (1919) kannte ich den genauen Namen für das, was ich werden wollte: Psychoanalytiker.

Ich entschloß mich zu einer gründlichen Ausbildung in Medizin, Neurologie (bei Kurt Goldstein) und natürlich in Psychiatrie (Kleist, Wagner-Jauregg, Pötzl). Ihr verdanke ich wertvolle Anregungen, um so mehr als ich alles aus der Perspektive des Psychiaters sah. Mitte der zwanziger Jahre stieß ich auf ein oder zwei Aufsätze von Trigant Burrow, die einen tiefen Eindruck auf mich gemacht haben müssen. Durch sie setzte sich die Idee der Gruppenanalyse in meinem Denken fest.

In dieser Zeit waren noch andere Einflüsse wirksam. Abgesehen von Stücken wie Pirandellos *Sechs Personen suchen einen Autor* erinnere ich mich, von Maxim Gorkis *Nachtasyl* tief beeindruckt gewesen zu sein. Hier sah man auf der Bühne ein Stück ohne Helden, eine Gruppe ohne Führer, die von starken, anonymen Kräften getrieben wurde. Ich machte mir Gedanken über die krankmachenden und heilenden Kräfte in Theater und Alltagsleben.

Von diesem keimenden Anfang bis zu meinen ersten wirklichen Erfahrungen mit einer Gruppe vergingen fünfzehn Jahre. Ich machte sie zu Beginn des Zweiten Weltkrieges in einer Privatpraxis in Exeter mit Zivilpersonen. Nach der ersten Sitzung sagte ich zu meiner Frau: »Heute war ein historischer Augenblick der Psychiatrie aber niemand weiß etwas davon.« Ich erinnerte mich an Trigant Burrow, der damals vergessen war. Aber ich wußte nicht, daß er niemals Gruppenanalyse praktiziert hatte, so wie ich sie verstand. Auf Grund späterer eingehender Beschäftigung mit seinem Werk meine ich, daß ich dieses damals etwas überschätzt habe. Allerdings wußte ich, daß er zu der Überzeugung gekommen war, die Psychoneurose als eine biologische Fehlentwicklung des Menschen zu betrachten. Er nannte sein System »Phylo-Analysis«. Ich war so frei, das, was ich tat, als »Gruppenanalyse« zu bezeichnen, und zwar als erster, der diesen Ausdruck nach Burrow gebrauchte.

Die Arbeiten von Wender und Schilder in den USA kannte ich nur vom Hörensagen. Eine Sozialpsychologie existierte kaum. Es gab meines Wissens keine Arbeit über kleine Gruppen und keinen methodischen Ansatz dafür. Psychoanalytische Beiträge zur Kulturanthropologie fielen – mit wenigen Ausnahmen – kümmerlich aus. Grund war zum Teil Unkenntnis des Gegenstandes, mehr aber die Einseitigkeit und weitgehend unbewußte Voreingenommenheit der Psychoanalytiker. Freuds Werk stand immer im Mittelpunkt meines Interesses. Andererseits bleibe ich in der Anwendung des psychoanalytischen Wissensgutes allen Neuerungen und jeder Kritik gegenüber aufgeschlossen, von welcher Richtung sie auch kommen mögen. Mein Interesse an der Arbeit in der Gruppe entstand aus meinen eigenen Beobachtungen mit psychoanalytischen Patienten und aus meinem besonderen Interesse an theoretischen Problemen. Ich bin überzeugt, daß diese Arbeitsmethode am besten geeignet ist, die revolutionären Entdeckungen der Psychoanalyse auf breiterer Front wirksam zu machen. Das gilt sowohl für die Therapie, wie auch für die wissenschaftliche Lehre. Darüber hinaus glaube ich, daß das Studium psychischer Prozesse in der Interaktion innerhalb der gruppenanalytischen Situation uns viel Neues lehren und uns helfen wird, theoretische Probleme zu lösen, die sich in der psychoanalytischen Situation ständig perpetuieren. Therapeutische Gruppenanalyse ist das Fundament, auf dem eine neue psychotherapeutische Wissenschaft aufbauen kann. Ich meinerseits habe die Psychoanalyse immer von der Ganzheit des Lebens her und nicht aus der Perspektive der analytischen Couch aus gesehen.

Nun ein mehr objektiver Beitrag. Ein Wort über die großen Pioniere der Einzelpsychotherapie: Freud, Adler, Jung, und über ihre Bedeutung für die Gruppenpsychotherapie ist wohl angebracht.

Freuds Beiträge wie *Massenpsychologie und Ich-Analyse* (1921), sind nicht unmittelbar relevant. Er benutzt das Gruppenmodell, um das Wirken von Prozessen zu illustrieren, die in der Analyse des einzelnen, isolierten Patienten offenbar werden. Jung hat sich, eigentlich mehr als Freud, für das kollektive und archetypische Unbewußte interessiert. Er und seine Anhänger scheinen aber die Idee einer Gruppenbehandlung abgelehnt zu haben. Ich traf allerdings eine ganze Anzahl von Jungianern unter der jüngeren Generation, die ein besonders gutes Verständnis für die gruppendynamische Methodik zeigten. Adler hat unleugbar die Gemeinschaft betont und das Individuum in Beziehung zu ihr gesehen. Er hat möglicherweise, wie berichtet wird, gelegentliche Gruppendiskussionen oder therapeutische Gemeinschaftssitzungen mit den Müttern der Kinder in psychotherapeutischen Kliniken oder bei ähnlichen Gegebenheiten abgehalten. Es ist allerdings nicht gerechtfertigt, ihn posthum als Gruppenpsychotherapeuten zu bezeichnen. Niemals hat er in der Methode noch in der Theorie das soziale Interaktionsfeld der Gruppe in den Mittelpunkt gestellt. Mit einem derartigen Vorgehen hätte Adler damals einen beträchtlichen Beitrag leisten können, zumal er, als Gegenreaktion zur Psychoanalyse, das Individuum als unteilbare Einheit sah. Aus diesem Grund auch lehnte Adler Freuds Interpretationen und Methodik ab.

Trigant Burrow stellte die Gruppe in den Mittelpunkt seiner

Studien. Das war und ist sein großes Verdienst. Er baute auf Freud und Jung auf – d. h. auf die damals bereits vorliegenden Arbeiten. Adler erwähnt er kaum, obwohl er wie dieser die unglückliche Ich-Besessenheit des Menschen betont.

Analytische Orientierung ist nicht unbedingt Grundlage der Gruppenpsychotherapie. Für uns jedoch ist sie ausschließliche Voraussetzung. Das beste Vorgehen zur Darstellung der Methoden, die vor der unseren bestanden, ist die Beschreibung dessen, was die verschiedenen Autoren bei ihrer Gruppenarbeit tatsächlich machten.

Trigant Burrow lebte mit einer Anzahl einander eng verbundener Kollegen und Mitarbeiter zusammen. Sie scheinen einige Jahre im selben Campus verbracht zu haben. Sie analysierten sich gegenseitig und zum Teil kollektiv unter seiner Führung und seinem Einfluß. Das Studium der Spannungen, die in objektiven Formulierungen demonstriert werden konnten, rückte mehr und mehr in den Mittelpunkt. Diese Spannungen werden als Ausdruck einer Fehlentwicklung der species humana verstanden. Das Ergebnis wäre ein vitales Unbehagen des Individuums, das nun verzweifelt seine Ich-Identität verteidigt. Therapie ist unmöglich, es sei denn, die ganze Spezies überwindet ihre Fehlentwicklung. Ich weiß nicht, ob diese kurze Darstellung ein ausreichendes Bild von einer Richtung gibt, die zu tiefen Einsichten geführt hat. Es scheint mir jedoch genug gesagt zu sein, um klar zu machen, daß wir es mit einem Ansatz zu tun haben, der sich total von dem in diesem Buch beschriebenen unterscheidet.

Louis Wender arbeitete in Klassen, in denen er seine psychoanalytische Erfahrung nutzte, indem er Individual-Psychopathologie interpretierte und zu gegenseitigem Erfahrungsaustausch in kleinen Untergruppen anregte. Als ich 1949 einmal an einer Sitzung teilnahm, waren siebzehn Personen im Klassenzimmer, wobei Wender wie ein Lehrer vor uns stand.

Paul Schilder nahm nie mehr als fünf Patienten in eine Gruppe. Er wagte nicht, die Geschlechter zu mischen. Alle Patienten waren vorher von ihm jahrelang einzeln analysiert worden. Es wurden Fragebogen benutzt und der Reihe nach Fälle dargestellt, interpretiert und diskutiert. Er fand diese Gruppen besonders brauchbar für die Analyse von Ideologien, über die er interessante Ausführungen machte.

S. R. Slavson wurde seinerzeit wegen seiner Arbeit mit Aktivitäts-Gruppen von Kindern und Jugendlichen bekannt. Das war lebendig und originell. Die analytische Auffassung der Gruppe, wie er sie später entwickelte, war vorwiegend theoretisch. Man konnte das Fehlen von psychiatrischer und psychoanalytischer Erfahrung erkennen. Slavson hat bemerkenswerte Verdienste als Organisator und Herausgeber. Er hält sich eng an psychoanalytische Konzepte. Sie haben für ihn absolute Gültigkeit und werden nur durch die Gruppensituation unvermeidlich abgewandelt. Slavson schreibt klar, seine Aussagen neigen zu dogmatischer Bestimmtheit.

Alexander Wolf begann, Schilders und Wenders Veröffentlichungen folgend, psychoanalytische Gruppenpsychotherapie in den USA zu praktizieren. 1949 veröffentlichte er seine Erfahrungen und brachte seither weitere wertvolle Beiträge. Seine Arbeit hat viele Gruppenpsychotherapeuten in den Vereinigten Staaten beeinflußt. Es handelt sich mehr um eine Anwendung psychoanalytischer Prinzipien der Einzelbehandlung in der Gruppe, da in der Analyse von Träumen, Übertragung, Widerstand der wesentliche Einfluß der Gruppensituation nicht gesehen wird. Wie bei Schilder nahmen Wolfs Patienten nach mehr oder weniger intensiver Einzelvorbereitung an der Gruppentherapie teil. Das Ergebnis war die Festigung einer speziellen Beziehung zum Therapeuten. Es wurden z. B. auch Familienname und Bezahlung des Patienten vertraulich behandelt. Die Gruppen trafen sich dreimal die Woche, manchmal mit zwei oder drei »alternierenden« Sitzungen, d. h. ohne den Therapeuten. Sie bestanden aus acht bis zehn Teilnehmern. Die Betonung lag auf der Übertragung im Familienrahmen und auf den klassischen Aspekten des therapeutischen Prozesses.

Gruppenkonstellationen und Interaktion wurden weitgehend im Sinne der »Spiegelreaktion« des Autors benutzt. Ein besonderes Kennzeichen war das Durcharbeiten in verschiedenen Phasen, z. B. Träume, Übertragung, Widerstand unter der Leitung des Therapeuten. Das ist schwer mit einer psychoanalytischen oder gruppenanalytischen Haltung zu vereinen, so, wie sie hier verstanden wird. Das Fehlen von Direktive und Kontrolle, was die Äußerungen des Patienten anbetrifft, gilt uns als wesentlich. Viel didaktische Aktivität von Seiten des Therapeuten wird offenbar, auch wenn diese nicht immer als solche erkannt werden mag. Ich habe mich mit dieser Methode ausführlich beschäftigt, weil ein Vergleich mit der gruppenanalytischen Methode, wie sie hier beschrieben wird, lehrreich ist.

Theoretisch spricht Wolf auch heute noch vom »Mystizismus« der Gruppendynamik, ohne zu merken, daß er, nolens volens, auch in seinen Gruppen mit Gruppenpsychodynamik arbeitet. Die gruppenanalytische Sicht betrachtet Psychodynamik als ursprünglich multipersonal, zum mindesten zweipersonal, letzten Endes auf die Gruppe (Stamm, Familie, Gemeinschaft, Art) bezogen und primär als Gruppenphänomen. Es besteht hier zum Teil eine rein sprachliche Schwierigkeit, insofern, als der Ausdruck »Gruppendynamik« in den USA mit den Arbeiten Lewins und seiner Schüler verbunden ist. Ursprünglich war er auf das isolierte Individuum und auf die daraus entwickelte Psychologie bezogen. Seit mir diese Doppeldeutigkeit klar wurde, ziehe ich es vor, von »Gruppenprozessen« zu sprechen, oder ich sage wie Freud explizit Psychodynamik. Die Erkenntnis, daß Psychodynamik nicht nur auf interpersonalen, sondern auch auf transpersonalen Prozessen beruht, ändert jedes Vorgehen in der Gruppenpsychologie von Grund auf. Sie erfordert eine geistige Kehrtwendung, für die eine gruppenanalytische Erfahrung vielleicht die beste Vorbereitung darstellt.

Joshua Bierer hat in England eine bestimmte Form der Gruppenpsychotherapie im Nervenkrankenhaus eingeführt. Er war Adler-Anhänger und hatte keinen Einfluß auf die Gruppenanalyse, die sich zu derselben Zeit entwickelte. Er zog eine mehr leiterzentrierte und aktivere Methode vor. Bierer hat große Verdienste als Pionier eines therapeutischen Ansatzes innerhalb der Krankenhausgemeinschaft sowie in Tageskrankenhäusern und therapeutischen Klubs. Hervorzuheben ist auch die große Flexibilität im Gebrauch der »situationsbezogenen« Behandlung.

Maxwell Jones begann mit didaktischen Klassen- und Diskussions-Methoden, richtete sich aber nach dem Krieg langsam analytisch aus. Er widmete sich der Sozialpsychiatrie. Seine, dem Beispiel von Northfield folgende Arbeit in Institutionen ist unter dem Namen »therapeutische Gemeinschaft« allgemein bekannt. Seine Haltung unterscheidet sich beträchtlich von der Bierers.

W. R. Bion hatte mit seinen führerlosen Auswahlgruppen einen Markstein gesetzt. Mit Rickman zusammen konfrontierte er eine Gruppe von neurotischen Soldaten mit ihrem eigenen neurotischen Verhalten und seinen Konsequenzen. Später wird beschrieben, wie diese Gedanken in der Schaffung einer therapeutischen Gemeinschaft fruchtbar wurden, und zwar in Northfield während des Zweiten Weltkrieges. Nach dem Krieg betrieb Bion Gruppenpsychotherapie an der Tavistock Klinik. Wie die Mehrzahl seiner Kollegen ließ er sich als Psychoanalytiker ausbilden und war stark durch Melanie Klein beeinflußt. Das wirkte sich auf die besondere Form der Gruppenpsychotherapie an der Tavistock Klinik aus.

Die Weiterentwicklung dieser Richtung fällt zwar nicht mehr in die dargestellte Zeitspanne. Es sei trotzdem einiges zum Vergleich mit der Gruppenanalyse gesagt. Der Therapeut beschränkt sich hier vollständig auf Interpretationen, insbesondere Übertragungsinterpretationen. Diese beziehen sich vorzugsweise auf die Gruppe. Damit liegt der Akzent auf der Beziehung zwischen Therapeut und Gruppe, welche wie ein einziger Patient aufgefaßt wird. Insofern könnte man sagen, daß der Analytiker in derselben Weise wirkt wie in der Zwei-Personen-Situation. Hinsichtlich Zahl, Zeiten, Sitzordnung scheint die Regelung der gruppenanalytischen Situation eingehalten zu werden.

Die Gruppenpsychotherapie in England stand also von Anfang an unter der Führung angesehener Psychoanalytiker. Ihre Ausübung erreichte einen vergleichsweise hohen Stand.

Auf dem Kontinent gab es zunächst keine Gruppenpsychotherapie, aber nach dem Krieg rührte sich das Interesse besonders in Holland und Frankreich, später in Deutschland und in der Schweiz. Von unmittelbaren Kontakten abgesehen, erreichte die in Großbritannien erarbeitete analytische Betrachtungsweise den Kontinent weitgehend über Amerika.

Aus dem Gesagten geht wohl klar hervor, daß der gruppenanalytische Ansatz, wie er in diesem Buch dargestellt wird, unabhängig entwickelt wurde. Obwohl ich einerseits von meinem

Wissen und Können vollen Gebrauch machte, sah ich nichtsdestoweniger von Anfang an, daß die Gruppensituation selbst in den Mittelpunkt unserer Methode und Theorie gestellt werden muß.

Ich lehnte daher die Idee einer Psychoanalyse in Gruppen ab und benutzte die Formulierungen »Gruppenanalyse« und »gruppenanalytische Psychotherapie« für meine besondere Methode. Viele der neuen Konzepte und Perspektiven, die sich entwickelten, haben das Denken der Psychoanalyse in diesen dreißig Jahren beeinflußt. Ich bin überzeugt, daß sie es weiterhin tun werden.

Als ich anfing, gab es keine Theorie oder Technik der Gruppendynamik. Es existierten keine psychologischen Beobachtungen über kleine Gruppen. Das hatte seine Vorteile, da es mir erlaubte, unbeeinflußt über die menschliche Seele als soziales Phänomen nachzudenken, einschließlich der Prozesse, die normalerweise unbewußt am Werk sind.

Kurze Einführung in Theorie und Praxis der Gruppenanalyse

Methode

Dieser Beitrag beschränkt sich auf die durchschnittliche »gruppenanalytische« Gruppe unter den üblichen Bedingungen der ambulanten Behandlung. Der Therapeut und seine Funktion und Technik als Leiter werden gesondert behandelt.

Indikation

Ein augenfälliges, typisches Aktivum jeder Gruppenpsychotherapie liegt in ihrer Wirtschaftlichkeit in bezug auf Zeit und Kosten. Im speziellen Fall der gruppenanalytischen Therapie gesellt sich dazu eine *größere Intensität* als bei der Einzelbehandlungsmethode. Außerdem geht jede Verbesserung innerhalb der Behandlung stärker Hand in Hand mit einem gleichzeitigen Wandel im Alltagsleben. Das gilt für den Patienten. Die Zeitersparnis für den Arzt ist dabei nicht eingerechnet.

Gruppenanalytische Therapie beansprucht mindestens ein Jahr, eher zwei oder drei Jahre hindurch wöchentlich einmal (Anm. d. Übers.: jetzt zwei- bis dreimal) stattfindende Sitzungen von einundeinhalb Stunden. Manchmal ist eine längere Behandlung vorauszusehen, aber das sollte eine Ausnahme bleiben.

Gruppenanalytische Psychotherapie ist indiziert bei allen Formen von Psychoneurosen, insbesondere bei neurotischem Versagen in bezug auf Leistung und Erfolg, bei sozialer und sexueller Gehemmtheit, bei Angstzuständen, Phobien, Charakter- und Persönlichkeitsstörungen, Syndromen von Realitätsverlust und Depersonalisation. Patienten mit schizophrenen Zuständen, falls diese nicht zu aktut sind, mit leichteren Formen von paranoiden Reaktionen und Depression, mit psychosomatischen Erkrankungen lassen sich zu gegenseitigem Nutzen leicht in Gruppen einfügen, die vorwiegend aus Neurotikern bestehen. Dasselbe gilt für einige Formen von Perversion, z. B. für Homosexuelle, Fetischisten, Transvestiten. Allerdings sollten sie besser in »Sonderproblemgruppen« behandelt werden, was auch für Kriminelle, Psychopathen, Süchtige und Patienten mit akuten psychotischen Zuständen gilt.

Allgemein günstige Faktoren sind: gute Intelligenz, gute Persönlichkeitswerte, Indikation für Kausal- anstelle reiner Symptomtherapie, Bereitschaft für eine längere Therapie und Toleranz gegenüber Pausen in der Behandlung. Die Indikation ist zwar weit gefaßt, entspricht aber der für »psychoanalytisch orientierte« Psychotherapie. Krankheitszustände, welche man in »Sonderproblemgruppen« behandeln kann, sind nicht immer für individuelle Psychotherapie geeignet. Andererseits ist für gewisse depressive Zustände Einzelbehandlung vorzuziehen. Das gilt auch für schwere Zwänge und bestimmte Formen von Hysterie, bei überwiegender Konversion und starker Abwehr.

Insgesamt kann man sagen, daß das klassifikatorische Etikett weniger wichtig ist als das psychodynamische Gesamtprofil – einschließlich der Reaktion auf das Interaktionsnetzwerk der Primärgruppe (siehe Theorie). Die beste Testsituation stellt die Gruppe selbst in ihrer Eigenschaft als Diagnostikum dar.

Auswahl

Die Auswahl für die spezielle Gruppe ist ein schwierigeres Problem als für die Psychoanalyse des Einzelnen. Einzelbehandlung ist nur dann empfehlenswert, wenn eine Gegenindikation für die Gruppe besteht, wenn der Patient ein Vorurteil gegen die Gruppe hat, oder wenn eine spezielle Indikation für Psychoanalyse besteht. (Es besteht keine Einigkeit über die Indikation für eine Psychoanalyse, welche tägliche Sitzungen über Jahre erfordert. Siehe Glover, *The Technique of Psychoanalysis*, 1955) Ein Patient, der ohne guten Grund die Gruppenbehandlung ablehnt, hat gewöhnlich auch allgemein eine schlechte Prognose für Psychotherapie, insbesondere für eine analytische. Einzelbehandlung kann mit Gruppentherapie in verschiedener Weise kombiniert werden. Bei gruppenanalytischer Psychotherapie ist das gewöhnlich nicht nötig. Wenn überhaupt, sollte die Einzelbehandlung der Gruppe vorausgehen oder folgen. Dafür gibt es einige positive Indikationen. Viel hängt von Form und Typ der Gruppe ab, die gewählt wurde.

Zusammensetzung

Der Zusammenschluß von Patienten mit vielgestaltigen Syndromen zu einer Gruppe ist gewöhnlich vorzuziehen. Der soziale Hintergrund sollte einigermaßen zusammenpassen. Niemand sollte, wenn irgend möglich, in auffälliger Weise isoliert sein. Wir bevorzugen gemischte Gruppen, in denen die Geschlechter zahlenmäßig gleich vertreten sind. Es ist besser, daß entweder alle verheiratet oder unverheiratet sind. Das gilt mehr für Frauen als für Männer.

Unter etwa zwölf bis fünfzehn Kandidaten kann man gewöhnlich acht finden, die miteinander eine passende Gruppe bilden können. Sie werden gemeinsam eingeladen, nachdem sie vorher etwa einmal allein interviewt wurden. Wenn möglich sollte man Patienten, die vorher Psychotherapie hatten, besonders wenn es eine individuelle oder intensive war, nicht mit solchen mischen, die keine hatten.

Gruppenformen

Offene Gruppen (für Neulinge) eignen sich als »Vorratsgruppen« (lebende Warteliste) oder für stützende Langzeitbehandlung (Lebensführung), die einer intensiveren Kurztherapie folgt. Das technische Vorgehen unterscheidet sich sehr von dem in der Standardgruppe. Die *geschlossene* Gruppe, die gemeinsam beginnt und endet, läßt sich selten durchführen. Sie eignet sich am besten bei Beschränkung auf ein spezielles Problem oder Syndrom, einen bestimmten Zustand oder eine genau begrenzte Zeit.

Der allgemein praktikabelste Typ ist die Gruppe mit unbeschränkter Lebensdauer, deren Mitglieder eintreten und ausscheiden, wie es ihrem Zustand entspricht (halbgeschlossene Gruppe[1] – *slow-open*). Die Zusammensetzung ändert sich langsam. Neue Patienten wählt man passend zu den bereits teilnehmenden aus. Es entstehen dabei viele Probleme, die einer delikaten Behandlung bedürfen. Es sei nur auf die notwendige Vorbereitung der Gruppe bei der Einführung neuer Mitglieder hingewiesen. Dabei werden Zeitfaktoren berührt. Es kommt zu Gruppenreaktionen beim Eintritt von Neuen, genauso wie beim

[1] Anm. d. Übers.: Auf Wunsch des Autors mit »halbgeschlossenen« übersetzt, da diese Gruppen mehr einer geschlossenen als einer offenen Gruppe ähneln.

Austritt alter Mitglieder. Patienten, die ausscheiden wollen, sollten dies ankündigen. Die Frage der Kombination von gleichzeitiger Einzel- und Gruppenbehandlung soll eigens besprochen werden. Die Hauptnachteile dabei sind: eine Tendenz, in der Übertragung zu rivalisieren; Aufsplitterung; Sonderbeziehung zum Leiter sowie die Neigung, die Bedeutung der Gruppensituation zu schmälern. Insgesamt hat es mir meine Erfahrung erlaubt, die Gruppensituation ins Zentrum zu stellen und sogar solche Patienten ganz in der Gruppe zu behandeln, für die ich ursprünglich Einzelbehandlung vorgesehen hatte. Es ist wichtig, daß die psychodynamische Entwicklung, wenn irgend möglich, in einer einheitlichen therapeutischen Situation vor sich geht. Ähnliche Überlegungen stellen sich bei »alternierenden« Sitzungen. Ich habe damit während des Krieges und später Erfahrungen gesammelt, aber sie nicht systematisch praktiziert. Ich glaube, daß die Nachteile gegenüber eventuellen Vorzügen überwiegen und daß ihre Fürsprecher Übertragungsphänomene und Fragen der Grenzzone nicht im selben Maße berücksichtigen wie der Autor.

Anordnung

Die Anzahl der Mitglieder beträgt, den Leiter ausgenommen, bis zu acht Personen. Die Idealzahl ist sieben. Es sollte in keiner Weise eine Beziehung der Mitglieder außerhalb der Gruppe bestehen, ebensowenig physischer Kontakt in der Sitzung oder ein Zusammentreffen außerhalb der Sitzungen. Sexuelle Beziehungen sind nicht vereinbar mit dieser Behandlung. Es wird regelmäßige Teilnahme gewöhnlich für einundeinhalb Stunden mindestens einmal in der Woche verlangt. Man sitzt auf gleichen Stühlen wie der Therapeut rund um einen kleinen Tisch. Essen, Trinken, Rauchen sowie irgendwelche Beschäftigungen sind nicht üblich. Es wird kein Programm gemacht, sondern zu spontaner Kommunikation ermutigt. Wichtig ist die Führung einer Anwesenheitsliste, wie auch, für Sonderstudien, einer Positionsskizze.

Gruppenanalytische Situation

Um die oben angegebene Anordnung zu einer therapeutischen Situation zu machen, sind gewisse Merkmale notwendig. Sie werden mit der Person des Therapeuten eingeführt, sowohl explizit wie auch implizit durch die Art und Weise wie er umgeht:

(a) mit den Beiträgen der Patienten;
(b) mit ihrer Beziehung zu ihm und untereinander.

Wie der Psychoanalytiker behält der Gruppenanalytiker eine »analytische Haltung« bei, aber er nutzt die gesamte dynamische Situation (= »die Gruppe«) als Hintergrund für seine Interpretationen. So entstehen zwei hervorstechende Merkmale:

(a) die Kommunikation der Patienten in der Gruppe wird zu einem Äquivalent der »freien Assoziation« = »freie Gruppenassoziation«,
(b) die Beziehungen der Patienten werden als Übertragungen behandelt, d. h. Gegenstand der Interpretation und Analyse.

Der Therapeut selber greift diese Reaktionen aktiv auf, wenn sie den Fortschritt blockieren. Man muß unterscheiden zwischen echter Übertragung (Wiederholung, *repetition*) = TR, Übertragung im weiteren Sinne = tr, und Reaktionen, die im großen und ganzen nicht dazugehören: Reaktionen auf interkurrente Eindrücke und Erfahrungen.

Der Therapeut und Leiter

In der gruppenanalytischen Situation sollte der Therapeut besser Leiter (*conductor*) genannt werden statt Führer, denn in der Regel führt er die Gruppe nicht und wenn, dann nur in einer seiner vielfältigen Funktionen. Seine Rolle ist in etwa mit der eines Dirigenten zu vergleichen, wobei diese Kennzeichnung allerdings mehr zufällig und von untergeordneter Bedeutung ist. Der Leiter sollte nach Möglichkeit ein ausgebildeter und erfahrener Psychoanalytiker sein. Zum mindesten sollte er Erfahrung in der üblichen psychoanalytisch orientierten Einzelpsychotherapie haben. Er sollte sich nach Möglichkeit selbst einer gruppenanalytischen Erfahrung ausgesetzt, als Beobachter an Gruppenanalysen teilgenommen (*sitting in*) und zwei Gruppen unter Supervision geführt haben.

Wenn der Therapeut adäquat als Gruppenanalytiker geschult ist, verliert unserer Meinung nach die Frage, zu welcher Richtung der Individualanalyse (Freud, Neopsychoanalyse, Jung oder andere) er gehört, an Bedeutung. Es gibt viele Schulen, aber Unterschiede unter den Psychotherapeuten hängen nicht von ihrem theoretischen oder interpretativen Hintergrund ab.

Wir wollen den Therapeuten und Leiter unter drei Gesichtspunkten betrachten: (1) Was er *ist*, (2) Was er *darstellt*, (3) Was er *tut*.

(1) Was er *ist*

Die Persönlichkeit des Therapeuten ist von fundamentaler Bedeutung. Sie muß in Übereinstimmung mit seiner Stellung und Haltung sein, so daß er gegenüber der Gruppe völlig aufrichtig sein und sich gegenseitiges Vertrauen entwickeln kann. Er braucht nicht perfekt zu sein. Er soll die unbewußten Phantasien der Gruppe, die ihn zu einem allwissenden Vater, zu einer Vater-Imago von magischer Kraft machen will, nicht teilen. Befürchtungen von Anfängern beruhen oft auf diesem Umstand. Er braucht lediglich so zu sein, wie er ist. Aber natürlich sollte er an die Situation angepaßt und kompetent sein. Ein Ausbildungskandidat sagte zu mir: »Nicht das, was Sie tun, ist wichtig, sondern das, was Sie sind.« Da dies so ist, hat es keinen Sinn, seine Eigenarten zu verbergen, aber man sollte sich ihrer bewußt bleiben. Ganz unterschiedliche Persönlichkeiten können als Gruppenanalytiker gleich gut geeignet sein. Nichtsdestoweniger sollte der Faktor »Persönlichkeit« soweit wie möglich in seiner Bedeutung reduziert statt glorifiziert und nur mit Zurückhaltung, ja sorgfältiger Überlegung benutzt werden.

(2) Was er *darstellt*

Für den Einzelnen vor allem ist der Therapeut eine Übertragungsfigur im klassischen Sinne (»TR«), für die Gruppe aber im erweiterten Sinne (»tr«). In dieser Hinsicht reagiert er als Psychoanalytiker. Er repräsentiert für die Gruppe häufig das »Überich« oder auch ein Ideal, insbesondere als ideale Elterngestalt oder als primordiale Führer-Imago, in gewissem Sinne das phallische Exekutivorgan der »Mutter«-Gruppe. Er personifiziert das gruppenanalytische Prinzip. Er muß sich über seinen eigenen unbewußten Einfluß (im Sinne der Gegenübertragung) klar sein. Wohlbekannte Patienten-»Typen« sind oft Kreationen der unbewußten Aspekte des Leiters.

(3) Was er *tut*
Das hängt völlig von der bestehenden Situation ab und kann keineswegs in Worten wie »Aktivität« oder »Passivität« beschrieben werden. Man könnte es umfassend als wohlüberlegte Aktivität definieren. Der Leiter führt eine »analytische Haltung« ein und hält sie durch. Er muß vor allem fähig sein, zuzuhören, aufzunehmen und anzunehmen. Letzteres bezieht sich vor allem auf die Übertragungen, Aggressionen, Projektionen usw. der Patienten. Von Fall zu Fall kann der Leiter die Gruppe betont aktiv führen, während er sie die meiste Zeit über unauffällig dirigiert. Je besser es in der Gruppe läuft, um so länger werden die Perioden, in denen seine augenfällige Direktive nicht notwendig ist. Seine Funktionen umschließen die eines Analytikers, Katalysators (schon durch seine Gegenwart, nicht nur, wenn er aktiv mit Material konfrontiert) und Interpreten. Er sollte auf die verschiedenen Kommunikationsebenen achten, nie vorfabrizierte Interpretationen benutzen, sondern immer konkret bei der Aktual-Situation bleiben und von der Oberfläche ausgehend deuten. Alles, einschließlich der sogenannten Tiefenschichten, ist ständig gegenwärtig, wenn wir nur Augen haben, es zu sehen, und wissen, wie wir es manifest und wirksam werden lassen können. Es besteht kein grundsätzlicher Unterschied zwischen Gruppen- und Individual-Interpretationen: Sie sind beide im Kontext der Gruppe enthalten. Die Interpretationen unterscheiden sich dadurch, ob sie bewußt oder unbewußt von Gruppenmitgliedern oder vom Leiter gegeben werden. Alles in allem wird der gute Gruppenanalytiker nur mit Zurückhaltung eingreifen und stets der Gruppe den Vortritt lassen. Während er sich von Methoden und Prinzipien leiten läßt, kann er doch seinen eigenen Stil entwickeln, so wie es seiner Persönlichkeit und seinem Temperament entspricht. Der erfahrene Analytiker, der weiß, wie wichtig es ist, seinen eigenen Einfluß einzuschränken, kann es sich erlauben, sich in bestimmten Fällen selbst bewußt und schöpferisch einzusetzen. Dann wird unsere Arbeit zur schöpferischen Aktivität, die unter Umständen mehr mit Kunst zu tun hat als die Gestaltung eines Schauspielers oder das Werk eines Malers oder Bildhauers. Sie kommt damit vielleicht nicht

der Arbeit eines Dramatikers oder Komponisten gleich, aber das Leben, wie es sich unter unseren Augen abspielt, ist dramatischer und poetischer als irgendein Spiel, das je geschrieben wurde. Doch die Verantwortung ist groß und eine Warnung durchaus angebracht: Niemand sollte sich darauf einlassen, der seinen starken Einfluß nicht mit sicherem Gefühl ermessen und kontrollieren kann, sonst wird er das Schicksal des Zauberlehrlings erleiden.

An dieser Stelle seien einige persönliche Bemerkungen erlaubt, indem ich teilweise zurück, teilweise vorwärts auf künftige Arbeiten und Publikationen blicke. Meine Art, eine Gruppe zu leiten, ist unaufdringlich und unauffällig. Sie erinnert mich an die »indirekte Aktion« in Tschechows Stücken, wie sie Magarshack[2] sieht: Die Aktion spielt sich nicht auf, sondern hinter der Bühne ab. Auch meine Leitung findet für mein Empfinden hinter der Szene statt. Ich denke auch nicht, daß wir versuchen sollten, alles zu verstehen. Das würde doch einschließen: gutheißen, vergeben, sanktionieren, es würde festlegen. In der Anlehnung an Bertold Brechts Lehre von der Bedeutung der Verfremdung können wir sagen, was Nichtverstehen gerade im Gegenteil bedeuten kann: Freiheit der Wahl, die Möglichkeit, sich zu wandeln und anders zu handeln. Daher neige ich dazu, die Dinge ungelöst und unvollständig zu lassen (ohne »Schluß«). Das ertragen zu können, ist für den erfahrenen Therapeuten ebenso wichtig, wie es für den Wissenschaftler kennzeichnend sein sollte. Auch die Wirkung dieser Haltung auf den Patienten ist bedeutsam.

Dynamik

I. Allgemeine Gruppendynamik

(a) In Gruppen jeder Art
Gruppen haben ihre spezielle Dynamik, zusätzlich zu der Dynamik aller Individuen einer Gruppe. Infolge der Betonung der »Gruppe als Ganzes« bestimmte dieser Gedanke von Anfang

[2] David Magarshack, Übersetzer, Herausgeber und Biograph Tschechows, prägte für dessen Stücke den Begriff der »indirekten Aktion«.

an die Gruppenanalyse. Diese Dynamik spielt sich ab und wirkt sich aus als Interaktion in der Gruppe wie auch als Interaktion zwischen einer beliebigen Gruppe und der Gemeinschaft, deren Teil sie bildet. Es besteht ein wechselseitiger Einfluß zwischen dem, was in der Gruppe, und dem, was in ihren einzelnen Mitgliedern vor sich geht. Dieser Vorgang wird am besten im Ablauf studiert durch vergleichende Analyse verschiedener Gruppen. In unserer Feldarbeit in Northfield wurden z. B. solche Beobachtungen in ihrer Beziehung zur Psychotherapie gemacht. Die Gruppenanalyse hat für die Charakterisierung und Typisierung der wichtigsten Varianten einiger Grundmodelle von Gruppen einen Beitrag geleistet.

(b) In therapeutischen Gruppen
Hier beschäftigt uns Psychodynamik im besonderen. Die Psychodynamik von Gruppen im normalen Leben, in therapeutischen Werkgruppen und in psychotherapeutischen Gruppen läßt sich mit der Nomenklatur gruppenanalytischer Konzepte definieren. Alles, was sich ereignet, ist ein Teil der Psychodynamik der beobachteten therapeutischen Gruppe. Jedes Ereignis bezieht das ganze Netzwerk der Interrelationen mit ein. Von besonderem Interesse sind die Konzepte der Figur-Grund-Konfiguration in der Gruppe, die dynamische Lokation der Ereignisse und die Beziehung zwischen dem Individuum und der Gruppe. Das kann in unterschiedlichen Gruppensituationen analysiert werden. Es besteht kein Antagonismus zwischen individueller und Gruppen-Psychodynamik.

II. Dynamik der gruppenanalytischen Gruppe

(a) Die gruppenanalytische Gruppe als Strukturmodell[3]
Alle Mechanismen, die aus dem psychoanalytischen Studium von Träumen, Neurosen und Abwehrvorgängen bekannt sind, können in der Gruppensituation (Gruppenanalytische Situationen, siehe weiter unten unter Orientierungsprinzip) beobachtet werden. Wie im einzelnen aufgezeigt wird, können diese Prozesse als Modell auf die Gruppe als Ganzes übertragen werden. Zur Illustration mögen relativ einfache Beispiele dienen: Spal-

[3] Gemeint ist das psychoanalytische Strukturmodell: Ich, Es, Überich.

tung wirkt sich aus als Aufspaltung der Gruppe, multiple Repräsentanz manifestiert sich buchstäblich in verschiedenen Gruppenmitgliedern oder Untergruppen, Verschiebung kann etwa in der Art vorkommen, daß ein Mitglied anstelle eines anderen angegriffen wird, z. B. der Sündenbock an Stelle des Leiters. Ich, Es und Überich repräsentieren sich dynamisch im Gruppenmodell ebenso wie auch die unbewußten, vorbewußten und bewußten Prozesse.

(b) Die Gruppe als Symbol
Die Gruppe als Ganzes kann auf verschiedenen Ebenen eine Vielzahl von Objekten oder Personen symbolisieren, z. B. den Körper (in einer von mir beobachteten Gruppe aggressiver Mütter stellte sie das Innere der Mutter, den Uterus, dar). Häufig, möglicherweise in der Regel, repräsentiert sie die Mutter-Imago, daher der Ausdruck »Matrix«; auf anderen Ebenen bedeutet sie: »die Anderen«, die öffentliche Meinung, die Welt, den Geist, auch in struktureller und dynamischer Hinsicht, z. B. das Überich wie im Chor des griechischen Dramas.

(c) Spezifische Prozesse in der gruppenanalytischen Situation
Freie Ideen-Assoziation in der Gruppe ist ein neues operatives Prinzip, das soziale Äquivalent der freien Assoziation der Psychoanalyse. Letzteres ist ursprünglich ein Ein-Person-Konzept (das fast in den gehirnphysiologischen Bereich gehört).

Dazu steht die Nutzung der Reaktionen, Antworten und unbewußten Interpretationen der Gruppenmitglieder in Beziehung. Interkommunikation, einschließlich der unbewußten Kommunikation wird also als Gruppenprozeß angesehen. Interaktion zwischen zwei oder mehr Personen kann durch andere beobachtet werden, die indirekt in die Beziehung eintreten (*»Dreiermodell«*, »teilnehmender Beobachter«, »transpersonaler Interaktionsprozeß«).

Unbewußte Prozesse können durch Personen vertreten werden (Personifikation). So lassen sich bestimmte Patiententypen, die später noch beschrieben werden, z. B. der »Assistent des Leiters«, der »Schatten«, der »Günstling«, der »Sündenbock« als ein Verhalten verstehen, das in typischer Weise unter den jeweiligen Bedingungen entsteht und an bestimmte Mitglieder delegiert wird. Der therapeutische Prozeß steht in Beziehung zu dem Prozeß progressiver Kommunikation und zur Ichstärkung mittels (intrapsychischer) Vorgänge.

Andere »gruppenspezifische Faktoren« brauchen hier lediglich erwähnt zu werden, wie etwa die »Spiegelreaktion«, Kondensor-Phänomene, Personifikation. Aber über zwei Erscheinungen soll etwas mehr gesagt werden: Resonanz und Polarisation.

Resonanz

Das Wort Resonanz soll die Tatsache kennzeichnen, daß nicht nur eine unbewußte Kommunikation zwischen den Individuen besteht, sondern, daß diese unbewußte Kommunikation auch ausgesprochen selektiv und spezifisch ist. Dadurch entsteht der Eindruck, als würden die Betreffenden die ganze psychoanalytische Psychopathologie kennen und ihr entsprechend reagieren. Auf instinktiver, unbewußter Ebene bestätigen sich, mit anderen Worten, die Ergebnisse und theoretischen Einsichten der Psychoanalyse. Wir kennen alle Beispiele von Verbindungen durch Heirat oder Freundschaft, welche sich, oft in einem negativen Sinn, als ungewöhnlich zusammenpassend erweisen. Die Menschen prallen auf unbewußter Ebene aufeinander. Die Idee hinter dem Konzept der Resonanz liegt darin, daß ein Individuum, das einem anderen und seinen Kommunikationen in Verhalten und Worten ausgesetzt ist, unbewußt und instinktiv aus derselben Richtung heraus zu antworten scheint. Es mag wohl sein, daß die Antwort, etwa die spezifische Reaktion oder Abwehr gegen einen verborgenen instinktiven Impuls des anderen gerichtet ist, obwohl dieser Impuls weder begriffen noch manifest artikuliert wurde. Es ist, als ob durch das Anschlagen einer Seite oder eines ganz bestimmten Tones eine spezifische Resonanz im aufnehmenden Individuum, dem Rezipienten, ausgelöst würde.

Polarisierung

Dieser Prozeß läßt sich in einer analytischen Gruppe besonders gut beobachten. Im wesentlichen besteht er darin, daß auf einen Reiz hin komplexe Reaktionen in ihre Elemente aufgespalten werden. Diese werden dann von verschiedenen Mitgliedern übernommen und repräsentiert, die sich sozusagen auf eine oder die andere Komponente spezialisieren und deshalb streng gegensätzliche Attitüden einnehmen. In ihrer gemeinsamen Reaktion bringen sie die umfassende Ganzheit der Reaktionen auf diesen Reiz zum Ausdruck. Häufig hat einer die Triebseite, etwa eine aggressive anal-sadistische Tendenz, übernommen und identifiziert sich womöglich zu diesem Zeitpunkt noch selbst damit. Nun wird jede entsprechende impulsive Reaktion auf ihn delegiert. Dies macht es möglich, daß die andere Seite, etwa Reaktionsbildung und Abwehr, durch einen anderen ebenso intensiv ausgedrückt wird. Man könnte schematisierend sagen, daß die eine Seite den Es-, die andere den Ich- oder Überich-Aspekt einer bestimmten Reaktion repräsentiere. Das Wort Polarisierung soll die Tatsache betonen, daß auf beiden Seiten die Tendenz besteht, ins Extrem zu gehen. Der Grund für diese Reaktion ist zu dem betreffenden Zeitpunkt oft ganz unbewußt und äußert sich, zum Beispiel, als Resonanz (siehe oben). Eine derartige Polarisierung kann die Beziehung zwischen zwei und mehr Mitgliedern der Gruppe für eine beträchtliche Zeit bestimmen. Eine junge Frau repräsentierte für eine ältere alle die impulsiven Wünsche und Instinkte, die sie, die Ältere, dann in der Jüngeren bekämpfte.

Theorie

Für den theoretischen Rahmen der Gruppenanalyse wird in anderen Abschnitten, insbesondere unter den Überschriften Orientierungsprinzip und Dynamik, Grundlegendes ausgesagt. Es wird die grundsätzliche Einheit von Gruppendynamik und individueller Psychodynamik behauptet. Psychologische Prozesse werden nicht nur vom Standpunkt des Individuums her gesehen.

Das Kulturerbe wird als etwas angesehen, das in der Entwicklung der menschlichen Art das biologische Erbgut überwachsen hat. In diesem Zusammenhang ist das Konzept der Transmission bedeutsam. Ein Konfluieren der Meinungen in bezug auf psychologische Phänomene, wie man sie beim Einzelnen, in der arbeitenden Gruppe und auch im größeren Rahmen, z. B. im Krankenhaus beobachten kann, ist festzustellen. Gruppenpsychotherapie stellt den Versuch dar, das gesamte krankmachende *Netzwerk* entweder am Ursprung, in der Keim- oder Primärgruppe, zu behandeln, oder, indem das kranke Individuum unter

Übertragungsbedingungen einer Gruppe von Fremden, einer stellvertretenden Gruppe, ausgesetzt wird.

Der Begriff des Netzwerkes (*network*) kann, zusammen mit dem der Kommunikation als zentrales Konzept gelten. Es wird angenommen, daß sowohl der einzelne Patient wie auch seine spezifische Störung nur ein Symptom von Konflikten und Spannungen seiner Stammgruppe darstellt. Psychopathologische und psychotherapeutische Prozesse entwickeln sich aus verschiedenen Konfigurationen im gesamten dynamischen Feld dieser Gruppe. Der Patient ist gewissermaßen der Sündenbock, der Träger des Konfliktes in seinem Interaktions-Netzwerk. Dementsprechend findet man einen fast automatischen Widerstand auf der Seite der »Verwandten« gegen eine Wandlung des neurotischen Mitgliedes, das sich einer Behandlung unterzieht. Dieses Netzwerk von untereinander verbundenen transpersonalen Prozessen ist der eigentliche Bezugsrahmen, bzw. die zu beobachtende Einheit.

Die Interaktions-Matrix in der therapeutischen Gruppe bietet das Beispiel eines Netzwerkes. Das Individuum nimmt teil an seiner Bildung und errichtet dabei wieder die Bedingungen des Netzwerkes seiner eigenen Primärgruppe, wie es sie erfahren hat. Das ist das Äquivalent der Übertragungsneurose, wie sie am deutlichsten in der psychoanalytischen Situation beobachtet wurde.

Die *Matrix* ist das hypothetische Gewebe von Kommunikation und Beziehung in einer gegebenen Gruppe. Sie ist die Basis, die letzten Endes Sinn und Bedeutung aller Ereignisse bestimmt und auf die alle Kommunikationen, ob verbal oder nicht verbal, zurückgehen. Dieses Konzept hängt mit dem der Kommunikation zusammen.

Kommunikation ist ein Prozeß von zentraler Bedeutung für jede Psychotherapie. Sie bahnt jedem anderen Agens den Weg. Sie kann als Gruppenprozeß verstanden werden. Es gibt verschiedene Kommunikationsebenen, die gleichzeitig wirken, aber nicht im selben Ausmaß in Anspruch genommen (besetzt) werden. Es lassen sich vier Ebenen unterscheiden (aktuelle Ebene, Übertragungsebene, projektive Ebene, primordiale Ebene). In der therapeutischen Situation werden alle Phänomene als Kommunikation betrachtet. Der therapeutische Prozeß – »vom Symptom zum Konflikt« – kann als wachsende Kommunikationsfähigkeit verstanden werden. Gruppenanalytische Arbeit lohnt sich am meisten im Zusammenhang mit dem Studium des *therapeutischen* Prozesses, auf dem eine Theorie der Psychotherapie aufgebaut werden kann. Sie beleuchtet mehr den vor sich gehenden Wandel, als daß sie die Genese aufhellen würde. Die Individuen wiederholen alte Verhaltensweisen in der Gruppe, insbesondere nicht abgeschlossene, ungelöste, internalisierte Konflikte. Diese manifestieren sich dauernd in der Gruppe und wirken, als Antwort auf die gegebene Situation, laufend störend auf das Verhalten. So arbeitet der Patient in ständiger Interaktion an seinen pathogenen Grundkonflikten. Durch neue Erfahrungen als Ergebnis neuer Antworten und Reaktionen und neuer Einsicht infolge Analyse modifiziert sich sein Verhalten und schließt sich der Neu-Orientierung auf.

Wir haben von »Ichstärkung in Aktion« gesprochen, von der Anregung analytischer und integrativer Prozesse, von korrigierenden Erfahrungen in der Beziehung zu anderen, zur Autorität, und, im Zusammenhang damit, von der Modifikation des Ichs und Überichs.

T-Situation

Jede Psychotherapie ist als Verfahren eine konzentrierte Revision in einer speziell bezeichneten und kontrollierten Situation. Ich habe vorgeschlagen, eine so definierte Situation als T-Situation zu bezeichnen. Das steht für therapeutisch im Sinne von psychotherapeutisch. Das Zeichen »T« wurde mit Vorbedacht gewählt in Anlehnung an Übertragungs- (*transference-*) Situation, weil sie die Charakteristika einer solchen Situation einschließt, aber auch andere Parameter enthält, die mit der Übertragungssituation nichts zu tun haben. Das gilt auch für die psychoanalytische Einzelsitzung. Idealiter enthält eine T-Situation alle Elemente, die für eine gründliche und, soweit möglich, andauernde Wandlung im Patienten notwendig sind, aber nicht mehr. Wenn wir sie charakterisieren, beschränken wir uns auf jene Kennzeichen, welche einen Wandel ermöglichen, aber im gewöhnlichen Leben *nicht* vorherrschen.

Der Einfluß einer Person auf die andere, das empathische Verstandenwerden durch einen guten Freund, guter Rat, Teilnahme, ja Liebe, Ermutigung und Erfolg, Überredung, Suggestion und Autosuggestion und so weiter, wie sie sich im Leben finden, sind tatsächlich wertvolle Kräfte. Sie können alle auch innerhalb der Psychotherapie wirksam werden, aber sie werden nur dann ein Bestandteil der T-Situation, wenn man sie mit Vorbedacht für bestimmte Zwecke nutzt. Übertragung ereignet sich immer und überall im Leben, aber der Gebrauch, den der Psychoanalytiker davon macht, bleibt im Alltag aus. Hinsichtlich der Übertragung tun wir gut daran, zwischen der klassischen Wiederholung infantiler, inzestuöser Fixierungen und Übertragung im weiteren Sinne zu unterscheiden. Wir kennzeichnen sie als TR, beziehungsweise tr. Dasselbe gilt für die Gegenübertragung (*counter-transference*, CTR, beziehungsweise ctr). Wenn wir die Art und Weise, in der der Therapeut das Verhalten des Patienten aufnimmt, annimmt und beantwortet, in den Mittelpunkt stellen, dann können wir sagen, daß die gruppenanalytische (ga) Situation (ebenso wie die psychoanalytische ([psa-] Situation) eine Übertragungssituation ist (T = tr). Das ist jedoch eine Konsequenz der analytischen Haltung des Therapeuten: Vermeidung von Urteil und Wertung und von persönlichen Reaktionen, Vermeidung von Beziehungen außerhalb der Behandlung, von physischem Kontakt und von Ratschlägen; Ermunterung zur Abstinenz; die Art seiner Interpretation, die Theorie, die seinem Vorgehen zugrunde liegt, usw.

Die T-Situation enthält über das Verhalten des Therapeuten hinaus ganz andere wesentliche Elemente. Dies betrifft unter anderem die Art und Weise, in der Material gebracht wird (z. B. verbale oder agierende oder bildhafte Darstellung) oder die Art, in der die Beziehungen behandelt werden, kurz gesagt die Kennzeichen, die unter den Überschriften »Anordnung« und »Situation« erörtert werden einschließlich der Behandlungsbedingungen, Zeitfaktoren, Bezahlung usw. Es ist nicht nötig, hier stärker ins Detail zu gehen. Die zwei Grundmodelle einer solchen T-Situation, die uns interessieren, nämlich die psa- und ga-Situation, werden in bezug auf ihre Gemeinsamkeit und Unterschiede ausreichend beschrieben.

Ein besonderes Konzept soll im folgenden detaillierter behandelt werden, sowohl wegen seiner besonderen Bedeutung, wie auch wegen der Notwendigkeit, die T-Situation präzise zu definieren. Es ist das Konzept der Grenzzone (*boundary*).

Grenzzone (der T-Situation)

Jede psychotherapeutische oder T-Situation wird durch ihre Parameter bestimmt. Sie können in Entsprechung zu den unterschiedlichen Bedingungen definiert werden. Die Störung des Patienten gehört natürlich zu diesen unterschiedlichen Bedingungen. Nun beinhalten diese Parameter die Grenzen oder Einschränkungen der T-Situation, und umgekehrt beeinflussen die Begrenzungen der T-Situation diese Parameter. Die Frage ist einfach die: Was gehört in die therapeutische Situation und was überschreitet sie? Wir wollen das an einem einfachen Beispiel zeigen.

Nehmen wir an, ein Patient fehle in einer Sitzung; der Therapeut kann entweder abwarten, bis er von dem Patienten hört, oder er kann ihm, zum Beispiel, nach einiger Zeit schreiben. Nun hat er, sobald er ihm schreibt, in gewisser Hinsicht die Behandlungssituation um den Briefwechsel, d. h. um die Zulassung von Kommunikation außerhalb des Behandlungsraumes erweitert. Er kann nur ganz amtlich schreiben, etwa: »Ich stelle fest, daß Sie in den letzten drei Sitzungen gefehlt haben. Würden Sie so gut sein und mich wissen lassen, ob Sie die Absicht haben, wiederzukommen, oder ob ich nicht damit rechnen kann, daß Sie weiterhin an der Behandlung teilnehmen wollen.« Oder er kann eine Interpretation geben. Zum Beispiel: »Ich stelle fest, daß Sie seit Ihrer Meinungsverschiedenheit mit Frau X der Gruppe ferngeblieben sind, und es schien mir, daß damals Ihre eigenen Konflikte mit Ihrer Mutter berührt wurden. Ich denke, es wäre für Sie in jedem Fall besser zu kommen, teilzunehmen und alle Gedanken und Gefühle in die Gruppe zu bringen.« Wir wollen um der Argumentation willen annehmen, daß dieser Patient antwortet, sein Fehlen habe keineswegs etwas mit dem zu tun, was sich in der Gruppe ereignete. Tatsächlich mußte er sich schnell entscheiden, seinen Aufgabenbereich zu wechseln und nach Birmingham zu ziehen. Der Therapeut mag wohl zurückschreiben: »Vielen Dank für Ihre Nachricht. Ich wünsche Ihnen viel Glück in Birmingham.« Er hat nun davon Abstand genommen, die therapeutische Situation weiter auszudehnen.

Das sind natürlich simple Beispiele, nur um in *einer* Richtung zu kennzeichnen, was mit der Grenzzone der T-Situation gemeint ist. Es ist nebenbei ein gutes Prinzip, alles, was in die Sitzung eingebracht wird, auf welchen Wegen auch immer, als einen Teil der therapeutischen Situation zu betrachten, auch wenn es endgültig die therapeutische Situation durchbricht. Das schließt andererseits ein, daß alles, was der Therapeut innerhalb der therapeutischen Situation nicht bemerkt, »außerhalb« ist. Die einzige hierher gehörende Ausnahme sind auffallende Versäumnisse, die der Therapeut aktiv in die Situation hineinbringen muß. Wie ich in diesem Buch widerholt hervorhebe, entpuppen sich solche Vorfälle, wie sie sich an den Grenzen oder Schranken der therapeutischen Situation ereignen, stets als etwas besonders Wichtiges. Sie sollten genau beachtet werden. Es ist auch wichtig, daß sie sorgfältig und beharrlich in bezug auf mögliche Ausweitungen der therapeutischen Situation selbst berücksichtigt werden. Solche Ausweitungen sollten nicht ohne triftige Gründe vorgenommen werden.

Orientierungsprinzip

Gruppenanalytische Beobachtungen und Konzepte sind natürlich in jeder beliebigen Gruppe von Bedeutung. Der spezielle Beitrag, den wir zu geben haben, leitet sich aus der therapeutischen Natur unserer Arbeit her. Das hat insofern eine besondere Bedeutung, als Leiden und Schmerzen den Zugang zu menschlichen Gefühlen und Motivationen öffnen, die sonst verborgen sind. Gleichzeitig regen sie die Menschen an, sich einer analytischen Behandlung zu unterziehen. Da wir eine Situation und Methode haben, uns ihnen zu nähern, können diese unbewußten Prozesse beobachtet und studiert werden. Es scheint gut zu sein, daß ohne eine derartige spezielle Motivation kein Zugang zu diesen Schichten der Psyche besteht.

Es gibt drei Bereiche, die für einen gruppenanalytischen Ansatz besonders geeignet sind. Der erste ist die Keimgruppe oder Primärgruppe, zu der jedes Individuum gehört. Ursprünglich ist das die Familie oder ihr Äquivalent, aber später beschränkt sich dieses Netzwerk nicht auf die Familie. Unsere eigene Arbeit auf diesem Sektor wurde bis heute nicht systematisch veröffentlicht, aber es wurden einige Beispiele gebracht. Neuerdings zollt man diesem Gebiet unter dem Namen »Familientherapie« mehr Aufmerksamkeit.

Der zweite Bereich betrifft die selektiven Gegebenheiten, in denen Störungen entstanden sind und die nun in vivo behandelt werden können. Ich habe das im Northfield Neurosis Centre ausgiebig praktiziert. Es werden Beispiele gebracht, die das Prinzip illustrieren. Ein gemeinsames Kennzeichen dieser beiden Gruppen besteht darin, daß die analytische Beobachtung und Behandlung dem Patienten in die augenblickliche Situation folgt (operative Gruppe).

Der dritte Bereich ist die gruppenanalytische Gruppe selbst, die im Mittelpunkt dieses Buches steht.

In jedem Fall sehen wir die Beobachtungseinheit »Gruppe« als Ganzes. Von besonderer Bedeutung ist hier die Figur-Grund-Konfiguration in der Gruppe und der damit in Verbindung stehende Gedanke der Lokation.

Zur »Gruppen-Situation«: Jede Gruppe hat genau definierte Kennzeichen wie Größe, Besonderheiten der Mitglieder, Versammlungsbedingungen, offen bekundeten Zweck (siehe Okkupation), Grad und Art der Organisation, bevorzugte Begrenzung usw., die insgesamt die *Gruppensituation* ausmachen.

Die Gruppensituation ist eine soziale Situation, und die Interaktion der Mitglieder stellt das Medium des Kontaktes dar. Ihre Dynamik wirkt in der gemeinsamen Matrix dieser interpersonellen Situation. Das sehr komplexe Netzwerk multipersonaler Beziehungen darf nicht gleichgesetzt werden mit der Übertragungssituation, die ihr Gegenstück in der psychoanalytischen Situation hat.

Die *gruppenanalytische Situation* ist ein Beispiel einer solchen Gruppensituation. Alle Prozesse und Interaktionen werden in bezug auf sie und die Grenzzone gesehen.

Die multipersonale, aber intrapsychische, mentale *Matrix* bildet für alle unsere Interventionen und Operationen die Orientierungsbasis. Die gruppenanalytische Situation ist weiterhin gekennzeichnet durch ihren analytischen Charakter und andere Aspekte der T-Situation. Therapeutische Gruppenanalyse legt den Grund für eine wahrhaft *soziale Psychopathologie und Psychiatrie.*

Neurose ist keine Krankheit, sondern entsteht aus Problemen, die jeden betreffen. Jedes Kranksein wird als etwas Interpersonales betrachtet, das die Gemeinschaft miteinbezieht. Die therapeutisch-analytische Gruppe ist eine Modell-Gemeinschaft, die den Zugang zum sozialen und interpersonellen Unbewußten ermöglicht. Diese Art Gruppe gibt die notwendige Basis für eine *vergleichende* Beobachtung. Derselbe Reiz löst unterschiedliche Reaktionen aus. Es fällt ein Licht auf die Gründe für die Abwehr der »gut angepaßten« normalen Bürger gegen eine wahrhaft psychotherapeutische, aufdeckende Methode. Praktische Gruppenanalyse sollte eine psychotherapeutische Wissenschaft begründen, an der die Gemeinschaft Anteil haben kann. Sie sollte bei den Aufspaltungen in einzelne Schulen eine gemeinsame Plattform schaffen und den Weg für eine wissenschaftliche Verifizierung von Konzepten und Methoden bereiten.

Vergleichende Psychopathologie

Psychopathologie ist ihrem Wesen nach vergleichend. In der Gruppe können wir außer den Interaktionsprozessen auch die unterschiedlichen Reaktionen der Personen auf dasselbe aktuelle Material studieren. Die Gruppe ist daher eine ideale Voraussetzung für eine vergleichende Psychopathologie, die sich mit der aktuellen, lebendigen Realität beschäftigt. Über dies hinaus sind die unterschiedlichen Reaktionen dynamisch, das heißt, sie wandeln sich. Wir können daher sagen, wann, warum und wie sie sich wandeln. Gruppenbeobachtung kann zeigen, ob, wie und warum eine Persönlichkeitsstörung, etwa eine Schizophrenie, das Individuum für die Gruppe untragbar macht. Sie kann zeigen, wieso das Individuum zu krank oder nicht zu krank ist, um zum mindesten von der therapeutischen Gruppe toleriert zu werden, oder wieso es umgekehrt selbst dann diese Gruppe nicht tolerieren kann, wenn ihr Stil ihm zuliebe abgeändert wurde. Dieser Punkt ist von besonderer Wichtigkeit sowohl für Klinik und Praxis wie auch für die Theorie der Gruppenpsychotherapie.

In meiner *Einführung in die Gruppenanalytische Psychotherapie* führte ich aus: »Der eigentliche Grund, weshalb unsere Patienten in der therapeutischen Gruppe ihre normalen Reaktionen erstarken lassen und ihre neurotischen Reaktionen korrigieren können, liegt darin, daß sie *kollektiv die eigentliche Norm, von der sie abweichen, konstituieren*«. Es ist notwendig, diese Feststellung in der Gegenwart zu erneuern, obwohl ich sie in dem vorliegenden Buch nicht wiederhole. Diese Feststellung wurde oft zitiert, meist übereinstimmend, gelegentlich ablehnend. In beiden Fällen hatte ich manchmal den Eindruck, daß sie nicht ganz verstanden wurde, wahrscheinlich weil ich sie in meinem Einführungsbuch nicht weiter erklärt hatte, da ich glaubte, das Buch selbst biete eine Grundlage für diese Feststellung. Nach weiteren zwanzig Jahren Erfahrung und Nachdenken muß ich, genau genommen, sagen, daß ich diese Feststellung nach wie vor aufrecht erhalte. Es ist vielleicht nicht abwegig, hier ein paar Worte zu ihrer Verteidigung zu sagen. Was unsere Patienten, die Psychoneurotiker, Psychosomatiker, Psychotiker, die Kriminellen oder die antisozialen Psychopathen, die dauernden Pechvögel, die ewig Unfallkranken – was alle diese potentiellen Patienten gemeinsam haben, kann umfassend so definiert werden: Sie haben ihre Kindheitsneurose nicht zu Ende gelebt. Sie sind zu sehr durch ödipale oder präödipale, psychosexuelle Fixierungen und Prägungen eingeengt. Sie können mit der Wirklichkeit und mit den Mitmenschen nicht zurechtkommen, oder die Mitmenschen können mit ihnen nicht zurechtkommen. Sie rebellieren gegen die Autorität und sind in infantiler Abhängigkeit von dieser Autorität usw. Es erhebt sich daher die Frage: Wenn sie alle von dem abweichen, was in jeder gegebenen Gemeinschaft als normal und gesund betrachtet wird, wie kann es möglich sein, daß sie sich gegenseitig von therapeutischem Nutzen sind und wie kann die Behauptung möglich sein, daß das therapeutische Kriterium des Normalen weitgehend aus ihrer eigenen Interaktion stammt? Sie möchten alle gern in einer anderen Welt leben. Folgerichtig müßten sie einen völlig anderen Bezugsrahmen, völlig andere Maßstäbe von Gut und Böse, von dem, was sie wünschen und hassen, vom sozial Tragbaren und Unerträglichen haben. Sie müßten sich auf eine völlig andere Orientierung einlassen. Statt dessen schien die Erfahrung zu zeigen, daß diese Devianten genau dieselben Grundwerte anerkennen, die ihre eigene Gemeinschaft hochschätzt.

Diese Hypothese müßte auch für andere Gemeinschaften zutreffen. Ob Individuen für oder gegen gewisse Tendenzen kämpfen, ob sie bewußt für oder gegen gewisse Urteile sind, wenn auch ihre Reaktionen sehr voneinander wie auch von dem Kulturkreis, dem sie angehören, abweichen, eines haben sie gemeinsam: Sie selbst machen dieselben Parameter zu letzten Richtern über die Grundgesetze des Zusammenlebens. Das ist nur eine rohe Skizze einer Hypothese, die ich hiermit zur Diskussion stelle.

Wenn sie stimmt, wäre es hochinteressant, deviante Gruppen, wie Delinquenten, Kriminelle oder allgemein Psychopathen zu studieren und zu prüfen, ob sie als Gruppe oder Individuen wirklich wesentlich von anderen abweichen. Wenn es nicht so ist, wäre ihre Abweichung lediglich eine Auseinandersetzung mit diesen Werten, die sie ja doch anerkannt haben und im Grunde überbetonen. Vom rein klinischen Standpunkt aus ist dieses differential-diagnostische Kriterium bedeutsamer als das diagnostische Etikett, das die Statistik dem Individuum anheftet.

Die soziale Natur des Menschen ist eine nicht mehr reduzierbare Grundtatsache. Wir fassen jede Krankheit als einen Vorgang innerhalb des komplexen Netzwerkes von interpersonellen Beziehungen auf. Gruppenanalyse versucht das gesamte Netzwerk von Störungen unter Übertragungsbedingungen in einer Stellvertretergruppe zu behandeln.

Das Studium und die Verwendung der starken Einflüsse, die in sozialen Gemeinschaften, Teams und kleinen Gruppen wirksam werden, kann von größtem sozialen Wert sein. Sie alle können mit Hilfe eines wachsenden theoretischen Verständnisses, das auf der Gruppenanalyse fußt, therapeutisch genutzt werden.

I

Die Gruppenanalyse

Eine Studie zur Behandlung in Gruppen nach psychoanalytischen Richtlinien
(In Zusammenarbeit mit Eve Lewis)
(1944)

Vorbemerkung: Die Arbeit, auf der dieses Kapitel basiert, hatte eine gewisse historische Bedeutung und war nicht nur in bezug auf die »Gruppenanalyse« von Interesse, sondern auch für die Gruppenpsychotherapie im allgemeinen. Sie wird aus diesem Grunde hier in aller Vollständigkeit wiedergegeben.

Sie ist besonders geeignet als Einführung in diese Darstellung meiner Arbeit, bei der ich nun auf eine fast dreißigjährige Entwicklung zurückblicke. Sie soll ganz bewußt eine Art Ouvertüre zu den folgenden Hauptthemen sein. Es wird klar werden, wie sehr sich die Methode seitdem geändert und entwickelt hat.

Der Aufsatz gründet sich auf eine zweijährige Arbeit mit fünfzig Patienten in Exeter während der ersten Hälfte des Zweiten Weltkriegs und wurde 1942 geschrieben, erschien aber erst 1944.

In den hier beschriebenen Gruppen waren die Teilnehmer vorher meist in Einzelpsychotherapie gewesen. Durchschnittlich bestand diese seit einem Jahr aus drei Sitzungen pro Woche. Sie wurde nun, die Gruppensitzung nicht gerechnet, auf eine Sitzung pro Woche reduziert. Andererseits hatten die Patienten in den Klinikgruppen meist keine vorhergehende oder gleichlaufende Einzelbehandlung.

Damals schon wurde die reziproke Bedeutung der Einzel- und der Gruppensituation entdeckt. Der Unterschied in der technischen Handhabung der beiden Situationen wurde klar gesehen. War der Therapeut vorher die wichtigste Beziehungsperson gewesen, so wurde nun die Gruppe zum entscheidenden Bezugsrahmen. Der spezifische Charakter der Gruppensituation wurde richtig eingeschätzt und das Prinzip aufgestellt, Schwierigkeiten in der Gruppe selbst zu behandeln. Die Teilnehmer dieser ersten vier Gruppen waren jeweils gleichen Geschlechts, aber wir merkten schon bald, daß kein grundsätzlicher Einwand gegen gemischte Gruppen bestand.

Die Kommunikationsform wurde zunächst der freien Assoziation entsprechend entwickelt (Gruppen-Assoziation). Veränderungen in der Übertragungssituation, kollektive Widerstände wurden festgestellt und »gruppenspezifische Faktoren« erstmals erkannt. Der Therapeut nahm die Haltung des Psychoanalytikers ein, aber bezogen auf die Gruppe als Ganzes. Die Patienten saßen rund um einen Tisch. In diesem Stadium wurde die »kombinierte Behandlung« (gleichzeitige Einzel- und Gruppenpsychotherapie) als die sinnvollste Methode angesehen, da die Komplikationen, die sich aus dieser Doppelsituation ergeben, noch nicht überblickt werden konnten. Spätere Erfahrung ließ die Vor- und Nachteile der kombinierten Behandlung gegenüber der Gruppenanalyse allein klar hervortreten. Wir neigen jetzt im ganzen mehr dazu, die Gruppensituation nicht zu komplizieren, solange sich der Patient an einer Gruppe beteiligt.

Mrs. Eve Lewis, Psychologin und analytische Psychotherapeutin, beteiligte sich bereitwillig und mit ungewöhnlichem Verständnis an dieser Arbeit und unterstützte mich auch bei dieser ersten Veröffentlichung. Die Fälle 1, 2, 5, 6, 10 und 11 hat sie selbst beobachtet.

Jahrelang hatte ich mir den Kopf über die Möglichkeiten einer Kollektivbehandlung zerbrochen. Ich war daher besonders froh über eine Gelegenheit, meine Ideen in der Praxis zu testen. Die Erwartungen wurden nicht nur erfüllt, sondern weit übertroffen. Eine derartige Gruppenbehandlung verstärkt tatsächlich die Wirkung und kürzt so die Behandlungsdauer ab.

Mrs. Lewis und ich berichten nun über vier Gruppen, zwei männliche und zwei weibliche. Zwei (M. 1 und W. 1) bestanden aus Privatpatienten, wobei die Einzelbehandlung mit der Gruppenbehandlung kombiniert wurde. In den klinischen Gruppen (M. 2 und W. 2) wurde die Gruppenbehandlung nur durch gelegentliche kurze Einzelgespräche ergänzt.

Es ist klar, daß das therapeutische Ziel unter den letzteren Umständen bescheidener ist, als wenn die Möglichkeit einer vollen Analyse besteht. Die praktische Aufgabe bestand darin, das seelische Gleichgewicht des Patienten herzustellen, damit er innerhalb einer vernünftigen Zeitspanne zu befriedigenden Leistungen in seinem sozialen, familiären und beruflichen Leben kam. Das sollte soweit als möglich durch eine grundlegende Änderung im seelischen Haushalt erreicht werden, die daher auf einem dauerhaften Fundament ruhen mußte. Das ist kein geringer Anspruch, aber Gruppenenalyse kann ihn tatsächlich erfüllen. Unter günstigen Bedingungen kann der Patient die empfangenen Reize durcharbeiten, seine Konflikte in einer wirklichkeitsgerechteren Art als bisher lösen und weit über die unmittelbare Besserung hinaus Nutzen ziehen. Über das ausschließlich therapeutische Ziel hinaus gibt es da viele Nebenaspekte, mit denen wir uns hier allerdings nicht befassen können. Wir möchten aber den erzieherischen Wert einer solchen Behandlung erwähnen. Die Menschen werden durch die konkrete Erkenntnis, daß ihre quälenden Probleme auf sozialen Voraussetzungen beruhen, daß ihre persönlichen Konflikte soziale Aspekte haben, zu kritischem Denken veranlaßt. Sie erkennen die Rollen, die sie, aktiv oder passiv, als Werkzeuge oder Objekte dieser Vorbedingungen spielen. Das ist alles in allem ein wünschenswerter Beitrag für eine Erziehung zum verantwortungsbewußten Bürger, insbesondere in einer freien und demokratischen Gesellschaft.

Die Teilnehmerzahl der Gruppen schwankte zwischen fünf und zehn. Die eine Gruppe bestand im Durchschnitt aus etwa fünf, die andere aus acht bis zehn Personen. Einige Patienten nahmen von Anfang an teil. Andere beteiligten sich nur während einer kurzen Zeitspanne. Ihre Plätze wurden anschließend von neuen Patienten eingenommen. Diese Beobachtungen stützen sich auf ungefähr fünfzig Fälle. Das Optimum für eine Gruppe scheint bei acht Teilnehmern zu liegen, wobei eine etwas größere Zahl einer kleineren vorzuziehen ist. Eine größere Gruppe kann auch einige Personen verkraften, die aus dem einen oder anderen Grunde gehemmt sind. Eine kleine Gruppe ist abhängig von der Aktivität aller. Grundsätzliche Einwände gegen gemischte Gruppen gibt es nicht. Wir haben sogar den Eindruck, daß manche Menschen von einem engeren Kontakt mit den Problemen und Ansichten des anderen Geschlechts profitieren. Wir haben aber dieses Experiment bis jetzt noch nicht gemacht. Die möglichen Schwierigkeiten erschienen zu groß, so daß wir es nicht für wünschenswert hielten, noch unnötige Komplikationen hinzuzufügen. Wir können jetzt immerhin feststellen, daß sich keine Schwierigkeiten ergaben, die nicht schon im Entstehungsstadium innerhalb der Gruppe selbst hätten behandelt werden können.

Die Gruppen trafen sich einmal in der Woche für einundeinhalb Stunden. Die Mehrzahl der Patienten in M. 1 und W. 1 hatten ein- oder zweimal wöchentlich auch noch eine Einzelsitzung. Meist trat die Gruppensitzung an Stelle der früheren Einzeltherapie. In den meisten klinischen Gruppen ersetzte die Gruppenbehandlung die Einzelbehandlung. Die Patienten hatten in diesem Fall entweder alle zwei oder drei Wochen oder jedesmal dann, wenn sie über etwas Persönliches sprechen wollten, Einzelkonsultationen. In dieser Form erwies sich die Gruppe für die Überprüfung der Diagnose und der medikamentösen Behandlung als brauchbar.

Da es den Patienten freigestellt war, solange und so regelmäßig oder unregelmäßig zu kommen, wie sie wollten, wählten sie ihre Behandlungsdauer so, wie es ihre individuellen Nöte erforderten. Alle waren stark interessiert, ja, für manche schien eine gewisse Faszination von der Gruppenarbeit auszugehen. Sogar, als keine Notwendigkeit zur Teilnahme mehr bestand, schauten sie noch gelegentlich herein oder kehrten für eine kurze Zeit zurück, wenn sie aus irgendeinem Grunde einen leichten Rückfall erlitten hatten (»Offene Gruppen« in der späteren Terminologie).

Wir führten die Gruppen grundsätzlich gemeinsam und können diese zwar aufwendige Arbeitsweise nur wärmstens empfehlen. Es ergab sich, daß während des letzten Jahres M. 2 hauptsächlich nur von mir geführt wurde, während Mrs. Lewis W. 2 allein leitete. Momentan vereinfachte das die Führung, aber gewisse Übertragungsreaktionen können sich besser entwickeln, wenn zwei Analytiker verschiedenen Geschlechts zugegen sind.

Anwendungsbereich

Die Fälle erstreckten sich über die ganze Skala der üblichen Erkrankungen. Diagnostisch: alle Formen von Psychoneurosen, Psychopathien, ein guter Teil leichtere Psychosen, aber auch akutere psychotische Zustände, sowie für Psychotherapie empfängliche organische Fälle wie Epilepsie, epileptiforme und choreiforme Syndrome waren vorhanden.

Auswahlprinzip

Es wurde weder die Diagnose noch die Symptomatik als Selektionsprinzip angesehen. Die entscheidenden Punkte waren außer praktischen Erwägungen, (a) ob die Persönlichkeit und der Zustand des Patienten insgesamt ihn für die Gruppe geeignet erscheinen ließen; (b) ob er in der Einzelbehandlung eine Entwicklungsstufe erreicht hatte, die für seine Aufnahme günstig schien, so daß man Nutzen für ihn erwarten konnte; (c) ob, vom Standpunkt der Gruppe aus, Besonderheiten seiner Situation, seiner Person oder seines Zustandes bestanden oder fehlten, die sie stören könnten; (d) seine eigene Reaktion auf den Vorschlag, an der Gruppe teilzunehmen, und zwar nicht nur die Einstellung, die er äußerte, sondern auch seine emotionelle Reaktion, die sich natürlich nach weiterer Analyse völlig ändern kann. Die meisten Patienten waren in Einzelanalyse gewesen, aber wir machten auch interessante Erfahrungen mit einigen, die vor irgendeiner Einzelbehandlung in eine Gruppe eingeführt wurden. Es war überraschend, wie leicht sich diese Personen eingewöhnten, obwohl wir sie in keiner Weise dazu überredeten. Natürlich wirkte die Anhänglichkeit an den Analytiker, der Wunsch, den Kontakt mit ihm weiterzuführen und ihm in einer freieren sozialen Situation zu begegnen, als starkes Stimulans.

Methode und Ansatz

Die Erklärungen und Instruktionen für die Patienten schildern am besten unsere eigene Haltung und unsere Ansatzpunkte. Sie bewegen sich auf folgender Linie:

»Sie haben nun eine Vorstellung von seelischen Konflikten und Problemen, die Ihre Störung verursachen und in welchen Ihre verschiedenen Symptome wurzeln. Sie sind vertraut geworden mit der Existenz und der Macht des Unbewußten und mit seinen vielen Verkleidungen als scheinbar rein körperliche Störung. Sie haben auch einige Erfahrung erworben in der Methode, wie wir dem begegnen. (Freie Assoziation, Interpretation usw.) Sie haben erfahren, wie sich etwas ändern kann, wie sich Symptome wandeln oder wie sie verschwinden, so, wie Sie selbst sich geändert haben. Obwohl alles einen individuellen Aspekt hat, werden Sie finden, daß Sie viel mit anderen Leuten gemein haben, wie verschieden auch deren Symptome von den Ihren sind. Wir sind tatsächlich alle in einem Boot. Es sind allgemeinmenschliche Probleme, die aus dem Zusammenprall von Grundimpulsen und -ängsten mit der Wirklichkeit entstehen: insbesondere mit den Anforderungen der Gemeinschaft, in der wir leben, mit den verschiedenen Verboten und Einschränkungen, die man uns von früh an auferlegt hat und die uns überall hin begleiten. Während Sie einerseits frei über Ihre Schwierigkeiten reden und zur Sprache bringen können, was Sie wollen, sind andererseits auch die Probleme der übrigen Patienten interessant und auch oft genug unmittelbar bedeutsam für Sie. Viele Dinge kann man besser mit einer Anzahl von Menschen erklären und besprechen, die gleichzeitig auch ihre eigenen Ansichten und Erfahrungen äußern wollen. So haben wir Gelegenheit, viele wesentliche Probleme zu berühren, deren Erörterung im Einzelgespräch viel mehr Zeit erfordern würde. Wir laden Sie zur Teilnahme und zu freier Aussprache ein. Sie brauchen sich nicht auf einen Diskussionspunkt zu konzentrieren. Es geht nicht vorwiegend um Diskussion. Man erwartet nicht von Ihnen, daß Sie besonders gebildete oder gescheite Bemerkungen machen. Äußern Sie nur, was Ihnen in den Sinn kommt, genauso wie in der Einzelsitzung.«

Die Betonung lag daher auf der Förderung einer Art »Gruppenassoziation«. Trotzdem tendierten alle unsere Gruppen mehr zu einem Diskussionszirkel oder *brains trust.*

Wenn nur eine kurze Behandlungszeit vorausgegangen war oder die Patienten gleich nach der ersten Sprechstunde in die Gruppe eingeführt wurden, gaben wir nur eine knappe Erklärung darüber ab, was stattfinden sollte und wie ihnen die Teilnahme helfen würde.

Die technischen Grundprinzipien der Einzel-Psychoanalyse leisten gute Dienste. Man kann annehmen, daß der erfahrene Psychoanalytiker keine Schwierigkeiten haben sollte, sie der neuen Situation anzupassen. Allerdings gibt es hier entscheidende Unterschiede. Die Gruppe reagiert als Ganzes und nicht nur als Summe der einzelnen Teilnehmer. Die Übertragungsreaktionen der Gruppe als Ganzes sind etwas anderes als die der betroffenen Individuen. Wir durchschritten zweifellos Perioden, in denen die Analyse des Kollektivwiderstandes den Hauptteil bildete. Die Interaktionen der Mitglieder sind vielfältig und müssen sorgsam beobachtet werden. Ihre Deutung verlangt viel Geschick und Takt. Der Therapeut muß natürlich auch die indirekte Wirkung beobachten, welche die Haltungen und Äußerungen der Patienten auf die anderen haben. Wo es möglich war, wurde die eigentliche Analyse dieser Reaktionen der Einzelsitzung überlassen. Es ist interessant zu berichten, daß das Einzelgespräch meistens um die Gruppe kreiste, nicht umgekehrt. Eine geschickte *Handhabung schweißt jedoch beides zusammen.* Wir können uns hier nicht mit ausgefeilten technischen Regeln befassen, mit Einzelheiten, die ohnehin Sache einer auf Erfahrung fußenden Intuition sind.

Die Übertragungssituation der Einzelsitzung hat sich verändert. In der Einzelanalyse bleibt der Analytiker als Realperson völlig im Hintergrund. Das geschieht zu dem Sinn und Zweck, die unbewußten Phantasien des Patienten über seine Elternimagines oder Teile derselben ganz ins Spiel kommen und sich mittels Übertragung auf den Analytiker manifestieren zu lassen. In der freieren Situation der Gruppe gewinnt der Analytiker als Person an Kontur. Damit wird den tiefsten Schichten der unbewußten Übertragungsphantasien die Intensität genommen. Dies ist der Hauptgrund dafür, weshalb Gruppenbehandlung nicht, wenigstens nicht gleichzeitig, mit analytischer Vollbehandlung kombiniert werden kann. Diese tief unbewußten Phantasien kommen nichtsdestoweniger zur Wirkung, aber man kann nicht erwarten, daß sie voll bewußt werden. Das bedeutet mit anderen Worten, daß Übertragung in der Gruppe nicht voll analysiert werden kann.[1] So werden Übertragungsreaktionen in maßvolleren Grenzen gehalten, der Ebene der Realität näher, was nur gut ist, wenn eine verhältnismäßig oberflächliche Wiederanpassung angestrebt wird.

Die Schreiber dieser Studie zogen es vor, ihre eigene Persönlichkeit im Hintergrund zu halten, um der analytischen Situation näherzukommen. Immerhin, kein Nachteil ohne einen Vorteil: Indem der Analytiker sich mehr exponieren muß, hat er auch mehr Freiheit, hier durch ein Nicken oder Lächeln zu ermutigen, dort abzuschwächen. Er kann ein Thema intensivieren oder fal-

[1] Anm. d. Übers.: In späteren Arbeiten wird diese Anschauung weniger nachdrücklich vertreten.

lenlassen. Seine Rolle ähnelt der des Orchesterdirigenten. Aber er hält seine Grundposition als Analytiker aufrecht, indem er seine Macht nicht gebraucht, um die Entscheidungen der Patienten und ihr Tun im eigentlichen Leben zu beeinflussen, sondern nur zum Zweck der Analyse.

Es besteht an sich kein Grund, daß sich der Analytiker nicht wie irgendein anderes Gruppenmitglied verhalten und seine eigenen Erlebnisse und Einfälle vorbringen sollte. Unsere Erfahrung gebietet jedoch Vorsicht in diesem Falle. Es schien, daß alle Gruppen den Analytiker in einer Autoritätsposition lassen wollten, um ihn zu dem Repräsentanten der Ideale zu machen, von denen sie sich gerne führen lassen wollten. Wir hatten in Befolgung der analytischen Prinzipien den Eindruck, daß man das bis zu einem gewissen Grade zulassen sollte.

Qualifikation des Psychotherapeuten

Natürlich sollte jeder, der eine Gruppe nach analytischen Grundsätzen leiten möchte, ein gut ausgebildeter Psychoanalytiker sein, sowohl in seinem eigenen wie im Interesse der Gruppe. Unerläßlich ist eine beträchtliche Erfahrung in der Psychiatrie. Gründliche Kenntnisse in Medizin, Biologie, Sexualwissenschaft, Soziologie usw. sind sehr erwünscht. Je umfassendere Vorstellungen von der Beziehung zwischen Psyche und Physis er besitzt, um so besser ist es, da er bei jedem Schritt diesen Fragen begegnet. Dasselbe gilt für Fragen, die das Übernatürliche betreffen.

Unter diesen Konditionen ist die Leitung einer Gruppe ein faszinierendes Erlebnis. Sie ist eine Quelle unendlicher Information und Anregung und gleichzeitig ein Werkzeug von großer Wirksamkeit und weitem Anwendungsbereich. Man bedarf keiner großen Vorstellungsgabe, um sich ihre Reichweite, die insbesondere in ihrer großen Flexibilität begründet ist, vorzustellen. Man kann mit Sicherheit voraussagen, daß sie wohl eine der unentbehrlichen Einrichtungen der zukünftigen Psychotherapie werden wird.

Themenbeispiele

Alle überhaupt nur denkbaren Themen kamen zur Diskussion. Dabei wurde nicht ein einzigesmal – alle Gruppen zusammengenommen – derselbe Gesprächsgegenstand mehrfach behandelt. Hier einige Beispiele der Themen: die Angst, geisteskrank zu werden oder durchzudrehen, Kopfschmerzen, Menstruation, Phobien (vor Spinnen, Insekten, Vieh, Fledermäusen usw.), Straßenangst, Geburt, Babies, Nahrung, Erziehung, Kinder und Eltern, traumatische Erfahrungen, Symbole, Beziehung der Geschlechter zueinander, eheliche Beziehungen, Aberglaube, das Verhältnis von Seele und Körper, Rache, Zwang, Homosexualität, Religion, Haare und Kopf, innere Objekte, Hypochondrie, Schlaf. Jeder Gesprächsgegenstand stand für den Großteil einer Sitzung im Mittelpunkt, obwohl viele untergeordnete Themen berührt wurden. Die meisten ergaben sich aus dem Bedürfnis nach Information. Man muß sich wirklich wundern, welch großer Wissensdurst sich zeigte, welche Auskünfte verlangt wurden und welch konzentrierte Aufmerksamkeit für die Diskussion von abstrakten philosophischen Themen aufgebracht wurde, wenn auch einfache Worte gebraucht wurden. Ich machte besonders in Gruppe 2 diese Erfahrung, die sich aus Angestellten und gelernten und ungelernten Arbeitern zusammensetzte. Gleichzeitig machte unbewußtes Material aus den sogenannten Tiefenschichten keinen geringen Teil aus, verglichen mit den Alltagsproblemen in Verbindung mit Verhaltensweisen, Gewohnheiten, der Einstellung zur Arbeit, zu Vorgesetzten und Untergebenen, Hemmungen, mit sozialen Behinderungen, Liebhabereien usw. Sie alle führten zu einem lebendigen Austausch von Ansichten. Ebenso anregend war der Bericht von Erfahrungen aktueller Ereignisse in der Armee. Eine wichtige Rolle spielte die Analyse von Ideologien auf jeder Ebene. Die Gesamteinstellung zu Krankheit und Gesundheit, zu nervösen oder seelischen Affektionen insbesondere wurde implicit und explicit ständig behandelt.

Therapeutische Wirkungen

Ganz allgemein kann man von sehr guten Wirkungen berichten. Von kaum einem Fall könnte man sagen, daß er nicht seinen Nutzen davon hatte, während bei einem großen Teil der Patienten die Besserung beträchtlich war, manchmal erstaunlich. Die auffallendsten Besserungen zeigten die psychotischen oder leicht psychotischen Fälle. Mancher konnte uns mit einer fundamentalen Wandlung seiner Einstellung, die er vielleicht seit Jahren, ja sein ganzes Leben lang gehabt hatte, überraschen. Diese Reorientierung war echt und anhaltend. Im Gegensatz zu unserer Erwartung hatte die Vervielfältigung der Kümmernisse keine ansteckende Wirkung: Dagegen sahen wir ein ständiges Ansteigen des therapeutischen Niveaus, wenn man so sagen will. Am Anfang gab es gelegentlich Klagen, daß kein Ratschlag gegeben wurde, und daß ja alles recht interessant sei, aber in den gegenwärtigen Nöten nicht helfen würde. Diese Einwände kamen insbesondere von Hypochondern, die darauf beharrten, ihre Symptome als organisch zu betrachten. Nichtsdestoweniger kam es auch da nach einer Weile zu einer Besserung, oft mit einem überraschenden, ja dramatischen Frontenwechsel.

Es ergab sich auch, daß die Gruppe eine große Hilfe war bei Patienten, die sich dem Ende der Behandlung näherten oder solchen, die die Einzelbehandlung überhaupt aufgegeben hatten. In diesen Fällen diente sie als allmähliche Übertragungs-Entwöhnung. Als besonders hilfreich erwies sie sich bei jenen infantilen Persönlichkeiten, die dauernde Unterstützung brauchen, um ihr Alltagsleben mit einem geringen Maß an Erfolg zu führen. Für diesen Typ stellte sie einen dauernden Hort der Hilfe dar, zu dem er mehr oder weniger freiwillig bei jedem Rückschlag oder anderen Schwierigkeiten zurückkehren konnte.

Die Gruppensitzungen ergänzten die Einzelbehandlung durch Mobilisierung neuen Materials. Symptome und andere Äußerungen unbewußter Konflikte wurden aus unterschiedlichen Gesichtswinkeln gesehen, etwa als Manifestierung in anderen (Spiegelreaktion, Personifizierung). Da dieser Effekt gegenseitig ist, intensiviert er sich mannigfaltig. Die individuellen Probleme kommen ins Blickfeld, der geschwächte Sinn des Patienten dafür, daß man fit zu sein hat, sein »defektes Gesundheitsgewissen« (Kohnstamm) kann wieder hergestellt werden.

Wir wollen jene Fälle skizzieren, deren merkliche Änderung zweifelsohne ganz oder teilweise der Gruppe zuzuschreiben war. Diese wenigen Beispiele aus jeder Gruppe sollen eine Art Querschnitt bieten.

Gruppe M. 2

Fall 1. Es handelte sich um einen jungen Mann, der wegen eines Nervenzusammenbruches aus der Armee entlassen worden war und Grund hatte, im Zusammenhang mit homosexuellen Impulsen Ungelegenheiten zu befürchten. Er hatte eine schockierende Frühgeschichte, gespickt mit seelischen Traumen. Er beteiligte sich etwa ein halbes Jahr lang regelmäßig und reduzierte dann seine Besuche auf etwa einen pro Monat. In der Gruppe sprach er frei über die Dinge, die ihn beunruhigten und brach manchmal in Tränen aus. Selbst kam er auf homosexuelle Probleme nicht zu sprechen, war aber merklich berührt von den unterschiedlichen Haltungen der anderen, als das Thema ein- oder zweimal angeschnitten wurde. Er machte beträchtliche Fortschritte, überwand seine Depression und gewann mehr Selbstvertrauen im Dienst. Seine Libido wendete sich eindeutig dem anderen Geschlecht zu. Er will sich weiterhin beteiligen.

Fall 2. Ein Mann, der aus der Armee entlassen worden war, als er nach Dünkirchen in einen Dämmerzustand geraten war. Zuerst konnte er kaum artikuliert sprechen und ließ an eine schizophrene Sprachdesintegration denken. Er nahm einige Monate lang unregelmäßig an den Sitzungen teil. Bei der Diskussion war er sehr interessiert und aktiv, ermutigt durch die positive Reaktion, die sein trockener Humor bei den anderen fand. Die Sprache besserte sich auffallend, seine Stimmung wurde wesentlich stabiler. Dieser Patient war im Hospital mit Natriumamytal behandelt worden. Er erinnerte und verarbeitete das Erlebnis. Er löste eine unbefriedigende Verlobung und verlobte sich aufs Neue. Mit der Arbeit ging es besser.

Fall 3. Er gehörte zu einer Gruppe von schweren hypochondrischen Neurotikern, die im Lauf von drei bis vier Monaten gleichmäßig Fortschritte machten. Er war der schwerste Fall dieser Gruppe, dessen krankhafter Zustand wie bei den meisten anderen sein bisheriges Leben lang bestanden hatte. Er war ein sehr intelligenter Mann von dreißig und brachte das meiste Material zutage. Er ließ auch alle möglichen Einwände und Zweifel laut werden. Er wurde sozusagen in Gemeinschaft analysiert, wobei die anderen partizipierten, indem sie eigenes Material brachten. Der Zustand dieses Patienten besserte sich so, daß er kaum wiederzuerkennen war. Er erlaubte sich zum erstenmal im Leben, seine physischen Symptome als psychische Aussagen, die er zu verstehen begann, zu betrachten. Ziemlich plötzlich änderte er auch seine Einstellung zur Arbeit in einem günstigen Sinne. Er beobachtete viele unbewußte Vorgänge, die sich auf seine Frau und seine beiden Söhne bezogen. Es ergab sich, daß sich die anderen sozusagen in seinem Kielwasser mehr oder weniger im stillen im selben Sinne geändert hatten.

Fall 4. Ein Zwangsneurotiker, dessen Zustand sich hinsichtlich seiner Konversionssymptome, aber auch ganz allgemein, besserte. Seine schizophrene Frau war gleichzeitig in Gruppe W 2. Man riet den beiden, ihre unmögliche Ehe aufzulösen, die nach mehreren Jahren ohnehin nicht vollzogen war. Das war für beide gut. Bis dahin (ungefähr ein Dreivierteljahr) hatten sich seine Zwangssymptome noch nicht gebessert, er nahm jedoch eine intensivere Einzelbehandlung auf.

Gruppe W. 2
Fall 5. Straßenangst und Klaustrophobie, die sich innerhalb von drei Jahren verschlechtert hatten. Die Patientin war nie länger als ein paar Wochen arbeitsunfähig gewesen, aber sie konnte das Haus nicht einmal für einen einzigen Abend verlassen, konnte nicht zum Tanzen, in die Kirche oder ins Kino gehen. Sie litt unter Depressionen, extremer Müdigkeit und Ohnmachtsanfällen. Man hatte sie nach nur zehnminütiger Vorbereitung direkt in die Gruppe gebracht. Nach zwei Monaten, in denen sie lediglich sechzig Minuten Privatbehandlung gehabt hatte, erlangte sie eine gewisse Einsicht in die Sexualängste, die die Ursache der Erkrankung waren. Zweimal ging sie, ohne krankhafte Reaktion (außer einer momentanen Panik) ins Kino. Sie konnte für vierzehn Tage ihre erste Feuerwache an ihrem

Arbeitsplatz übernehmen. An manchen Tagen fühlte sie sich nun wieder »ganz die Alte«.

Fall 6. Schwere Depression, Selbstmordimpulse, wobei die Patientin »beide Kinder mitnehmen« wollte. Heftige, ununterbrochene Kopfschmerzen, Angst vor Anfällen, extreme Müdigkeit, paranoide Angst vor Nachbarn. In den insgesamt vier Stunden Einzelkonsultation hatte sie all das berichtet, wobei sich der Zustand etwas besserte. Bei der ersten Gruppensitzung erzählte sie mit starker emotionaler Beteiligung von ihren Suizid- und Mordimpulsen. Die folgende Woche war »die beste, die sie seit mehr als acht Monaten erlebt hatte«. Es schien ihr zu helfen, über diese Impulse vor anderen Leuten zu sprechen, statt ständig sich zu bemühen, sie zu unterdrücken. Es half ihr auch, zu wissen, daß die anderen sie nicht furchtbar böse fanden.

Gruppe M. 1

Fall 7. Ein junger Mann mit epileptiformen Anfällen seit seiner Schulzeit. Es besteht zweifellos eine organische Komponente, aber nach einjähriger analytischer Behandlung kamen die tief unterdrückten emotionalen Faktoren immer klarer zum Vorschein. Er hatte nun nur noch gelegentliche Attacken, mit artikulierten, wenn auch manchmal konfusen Äußerungen anstelle des früheren Kreischens und Schreiens. Es bestand noch völlige Amnesie, aber die Analyse war anhand genauer Berichte der Mutter möglich. Während dieser Attacken war er sehr heftig, insbesondere gegen seine Mutter, die er gleichzeitig um Hilfe anflehte. Er zeigte, sogar während der Anfälle, sehr große Angst vor den Annäherungsversuchen seines Vaters. Die oral- und insbesondere die anal-sadistischen Impulse herrschten bei enorm aufgestauter Aggression vor. Die Ambivalenz gegenüber beiden Eltern war sehr ausgeprägt; manifest bestand Heldenverehrung für den Vater und eine sehr zarte Zuneigung zur Mutter. Der Zustand des Patienten hatte sich schon erheblich gebessert, als er nach einjähriger Behandlung an der Gruppe teilnahm. Nun hatte er wieder einen sehr heftigen Anfall, wobei er Einrichtungsgegenstände zertrümmerte und seine Mutter durch Schläge schwer verletzte. Unmittelbar danach kam er in die Gruppe, noch etwas benommen, aber in euphorischer Stimmung. Die Analyse des Vorgefallenen nahm fast zwei volle Gruppensitzungen in Anspruch. Die Gruppe legte eine bemerkenswerte Haltung an den Tag. Sie war extrem human und tolerant, nahm das Vorgefallene leicht, ohne sich darüber lustig zu machen. Das hatte eine äußerst wohltuende Wirkung auf den Patienten, der danach eines der aktivsten Mitglieder wurde. Er machte in der Folge sehr beträchtliche Fortschritte und hat seit einem halben Jahr keine Anfälle mehr gehabt. Es muß allerdings erwähnt werden, daß er seit seinem letzten Anfall nicht mehr zu Hause wohnt, eine Maßnahme, die insbesondere wegen einer kleinen Schwester, die mit im Haushalt lebte, wünschenswert schien. Er nimmt jetzt nur ganz gelegentlich anstelle der bisherigen zwei Tabletten eine halbe Tablette Luminal, und zwar immer dann, wenn er in ein Stadium der Depersonalisation, gewöhnlich Vorbote eines drohenden Anfalls, kommt.

Fall 8. Ein Schizophrener, der als Ausbildungsunteroffizier der Armee wegen eines »Nervenzusammenbruchs« verabschiedet worden war. Er litt auch unter schwerem Stottern. Er wurde nach einigen Stunden Behandlung wesentlich stabiler und konnte seine Arbeit im Büro wieder aufnehmen. Er kam, bevor er wegging, lediglich einmal in die Gruppe. Er sprach völlig frei und informierte die Gruppe, alle völlig Fremde für ihn, lebendig über psychologische Probleme, indem er darstellte, was mit ihm in seinen Einzelinterviews passiert war. Die Gruppe wurde durch seine Erfahrung sehr angeregt.

Fall 9. Im Gegensatz dazu besserte sich ein neurotischer, lebenslanger Stotterer mit unglücklicher Kindheitsgeschichte bisher nicht, weder innerhalb noch außerhalb der Gruppe.

Gruppe W. 1

Fall 10. Schizophrenie. Heftige »hysterische« Anfälle mit Schreien und Kreischen, Aufreißen der Kleider der Frauen, die die Patientin sexuell anzogen, Weglaufen von Zuhause, Autoaggressionen. Sehr gehemmt, mit ausgeprägtem Negativismus und viel Opposition. Sie wurde nach einem Jahr der Gruppe zugesellt. Zu dieser Zeit wurde Mrs. Lewis ganz klar, daß ihre Berufswahl (Kinderkrankenpflege) durch den unbewußten Wunsch nach Sexualverkehr mit kleinen Knaben veranlaßt wurde. Sie war auch ganz sicher, daß die Patientin schwere sadistische Phantasien einschließlich Tötungsphantasien gegenüber Kindern hatte, und sie hatte erfolglos versucht, diese herauszulocken. Bei der ersten Sitzung erwähnte eine andere Patientin zufällig, »sie habe Angst, mit Kindern allein zu sein, weil sie in diesem Fall in die Versuchung käme, sie zu töten oder zu verletzen.« Die Patientin sagte während der Gruppe nichts, aber sie kam zwei Stunden später zurück und meinte, Mrs. Lewis versuche sie verrückt zu machen, sie habe sich mit jener Patientin verabredet, um sie hereinzulegen. In dieser und den folgenden Sitzungen berichtete sie bereitwillig über alle ihre Phantasien. Zuerst zeigte sie vermehrt kleinere destruktive Akte, aber diese hörten seit fünf Monaten völlig auf, obwohl sie sechs Jahre lang ununterbrochen bestanden hatten. Der Zustand hat sich so weit gebessert, daß sie imstande ist, Sexualverkehr mit Kindern direkt zu träumen und den ersten Phantasie-Verkehr mit dem in ein Baby verwandelten Vater zu haben.

Fall 11. Hysterisch – hypochondrisch – psychotisch (?). Kam mit Ekzem und Ischias (beide ursprünglich organisch, aber nach Stimmungslage wechselnd). Unterdrückt paranoid-homosexuelle Impulse, was sich in Haß- und Eifersuchtsausbrüchen äußerte. Primärsituation: eine stark inzestuöse Einstellung zum Vater, vollständig unterdrückt und kompensiert durch eine strenge und besorgte Haltung gegenüber der Mutter. Auch die Eifersucht gegenüber Bruder und Schwester war unterdrückt und in devote Zuneigung verwandelt. Sie hatte jede offene Sexualität verdrängen müssen und konnte sich über nichts Schönes, wie Musik, Literatur, Kunst usw., freuen. Obwohl sie eine sehr gut ausgebildete Hebamme war, haßte sie die Männer und hatte es fertig gebracht, bis achtunddreißig nichts über das männliche Genitale und über den Vorgang des Coitus zu erfahren. Vor der Teilnahme an der Gruppe war sie ein Jahr lang behandelt worden. Der unmittelbare Erfolg bestand in einer beträchtlichen Lockerung in den Einzelsitzungen und einer Einsicht in ihre Haltung gegenüber Bruder und Schwester. Bei der fünften Teilnahme begannen die anderen Patienten über ihre »Gefühle« gegenüber Wasser, Feuer und über Walt Disneys *Fantasia* zu sprechen, insbesondere über die Farbwirbel und ihre Veränderungen in Größe und Form. Jeder drückte seine unbewußten sexuellen Schwierigkeiten aus. aus. Patientin fühlte sich dauernd »schrecklich aufgewühlt und angespannt« und wunderte sich, wieso sie »absolut unfähig war, über eine so harmlose Sache auch nur ein Wort zu äußern«. Beim Weggehen fühlte sie sich »erlöst und ausgeruht«, aber wußte nicht, warum. Nachdem sie das in der nächsten Einzelsitzung berichtet hatte, schwieg sie ungefähr drei Minuten lang und sagte dann, sie denke, sie müsse sich wirklich mit der Sexualfrage auseinandersetzen. Sie war immer ganz sicher gewesen, daß sie überhaupt keine sexuellen Gefühle habe, aber jetzt machte sie sich klar, daß sie durchaus welche besitze und, mehr noch, sie konnte darüber sprechen und Fragen stellen.

Fall 12. Diese Patientin war, als ich sie das erstemal sah, in einem ziemlich akuten schizophrenen Stadium. Es war zweifelhaft, ob man sie außerhalb der Heilanstalt würde behandeln können. Ihr Zustand besserte sich sehr. Innerhalb einiger Monate hatte sie sich so vollständig gewandelt, daß man kaum die frühere Diagnose gestellt hätte. Sie fand in ihrem Beruf eine neue Stelle, wo sie sehr zufriedenstellend arbeitete. Der Behandlungsverlauf ist an sich von besonderem Interesse. Er beruhte auf einem sehr guten Kontakt, der es ihr und dem Analytiker ermöglichte, ihre tiefsten Probleme in ihrer eigenen Sprache zu verstehen. Der Erfolg war hier nicht der Gruppe zu verdanken, aber der Analytiker zweifelte nicht, daß es sehr half, daß man ihr Mut machte, sich an der Gruppe zu beteiligen, sobald eine gewisse Besserung erreicht war. Jedesmal absolvierte sie dasselbe Zeremoniell: Wenn sie morgens den Analytiker sah, erklärte sie, es sei nicht recht von ihr, nachmittags die Gruppe zu besuchen. Alle anderen Patienten galten ihr als ehrlich, litten wirklich und wollten geheilt werden, während sie selbst dies nur vorgebe und eine Schwindlerin sei. Man machte ihr Mut, trotzdem zu kommen. Dann kam sie und nahm wachsend Anteil. Sie half den anderen viel, sowohl durch ihr großes Verständnis als auch durch die Verbalisierung ihrer eigenen Probleme, und profitierte, sich selbst zum Trotz, eine ganze Menge. Sie erkannte in verschiedenen Berichten der anderen Patienten Stadien, die sie schon vorher durchschritten hatte. Im Gegensatz zu den meisten anderen war sie auffallend frei, sadistische Neigungen bei sich selbst zuzugeben. Obwohl es keine Bedeutung für unser Thema hat, sei hier ein interessanter Punkt erwähnt: Sie kennzeichnete ihren typisch schizophrenen Defekt in Gefühlen und Emotionen als ein »sich getötet haben«.

Es kam heraus, daß sie mit heftigen sadistischen Phantasien zu masturbieren pflegte. Von einem bestimmten Moment an unterdrückte sie dies abrupt und vollständig, indem sie vorsätzlich alle libidinösen Empfindungen tötete. Wir konnten ihre allgemeine Besserung an dem schrittweisen Zurückkehren von Libido, Empfindungen und Gefühlen feststellen. Sie kam allmählich seltener zur Behandlung, als sie sich in einen Mann verliebt hatte, der eindeutiger Ersatz für den Analytiker war. In diesem Fall war die Übertragung nicht analysiert worden, sondern, soweit es die Patientin betraf, ganz hinter der Kulisse geblieben. Ihre beabsichtigte Ehe schien jedoch sehr realitätsangepaßt, und sie hatte darüber hinaus nicht die Absicht, sie früher als in zwei Jahren einzugehen. Die Besserung hat bisher voll angehalten und sich wünschenswert weiterentwickelt.

Therapeutische Faktoren

Während in der Gruppentherapie im selben Ausmaß wie in jeder anderen Psychotherapie die Grundmittel Kartharsis, Übertragung und Bewußtmachung des Verdrängten durch Interpretation und Analyse sind, scheinen die Faktoren Identifikation, Gegenidentifikation[2] und Projektion von besonderem Interesse zu sein.

In der Gruppe werden jedoch einige spezifische therapeutische Faktoren wirksam. Wir wollen die wichtigsten, die wir bis jetzt zu unterscheiden lernten, erwähnen.

(1) Der Patient wird aus einer Isolierung heraus- und in eine soziale Situation hineingebracht, in der er sich als Gleichwertiger erleben kann. Während er sich seinen Neigungen entsprechend frei ausdrücken darf, kann er sich von den anderen verstanden fühlen und Verständnis für andere zeigen.

(2) Wenn der Patient gewahr wird, daß andere Menschen dieselben krankhaften Gedanken, Ängste und Impulse haben, so wirkt das als machtvolles therapeutisches Mittel, insbesondere indem es Angst und Schuld lindert. Die Tatsache, daß andere

[2] Gegen-Identifikation (*counter-identification*): ein Prozeß, in dem jemand seine Haltung mittels Kontrastierung zu einem anderen bildet. Der Ausdruck ist besonders geeignet, um die enge Beziehung dieses Prozesses zu dem psychischen Mechanismus, den wir als Identifizierung kennen, auszudrücken.

zusammenbrechen oder nicht genug Willenskraft zeigen, um mit Schwierigkeiten fertig zu werden, fördert den Entschluß, es besser zu machen.

Man kann leichter die Probleme der anderen als die eigenen erkennen. Die Verdrängung und das Verdrängte zum Beispiel kann erkannt werden, wenn es bei anderen aufgezeigt wird. Das wirkt aber gleichzeitig als analytische Kraft in einem selbst. Die Diskussion, Interpretation oder Analyse von derartigem Material wirkt sich gleichzeitig in einer ganzen Anzahl von Menschen aus, auch dann, wenn sie nur zuhören. Ein großer Teil der therapeutischen Wirkung, insbesondere auch Erleichterung von Angst- und Schuldgefühlen, kommt daher in Form von Projektion zustande. Abgesehen von einem Abbau des Narzißmus sind hier Kräfte von Identifikation und Kontrast am Werk. Wir haben das Bedürfnis, die einzelnen Faktoren voneinander zu unterscheiden, indem wir ihnen einen speziellen Namen geben, und wir schlagen die Bezeichnung »Spiegelreaktion« (*mirror reaction*) vor.

(3) Die lockernden und stimulierenden Wirkungen der Gruppe sind zum Teil auch spezifischer Natur. Es werden wesentlich mehr Themen vorgebracht, und es ist leichter, über sie zu sprechen, wenn sie von anderen vorgebracht wurden. Etwas ähnliches spielt sich in einer tieferen Schicht ab, so daß sogar tief unbewußtes Material bereitwilliger und vollständiger ausgedrückt wird. Das kollektive Unbewußte wirkt als Kondensator. Das wurde insbesondere anhand von Träumen und Symbolen, allgemeinen Ängsten und ähnlichem gezeigt. Das Zusammenströmen von Assoziationen in der Gruppe scheint ein besonders geeignetes Mittel zu sein, um Gebilde, die, wie Symbole, Produkte des kollektiven Unbewußten sind, plastisch hervortreten zu lassen.

(4) Erklärungen und Informationen, für die eine besonders überraschende Nachfrage besteht, sind natürlich nicht kennzeichnend für die Gruppensituation, aber es besteht in gewisser Hinsicht ein bedeutsamer Unterschied: in bezug auf das Element des *Austausches*. Dadurch wird einerseits die Diskussion lebendiger und reicher, es ändert sich aber auch die emotionale Situation, genau so, wie Kinder vieles voneinander übernehmen, was sie ablehnen würden, wenn es von ihren Eltern käme.

Die von uns herausgeschälten Faktoren sind also:

(1) Die Gruppensituation fördert die soziale Integration und lindert die Isolierung.

(2) »Spiegelreaktion«.

(3) Aktivierung des kollektiven Unbewußten, Kondensator-Phänomene.

(4) Austausch.

Anwendungsbereiche

Aus dem Gesagten ergibt sich, daß die Nützlichkeit der Gruppenmethode für die Behandlung nervöser Störungen augenfällig ist. Sie kann natürlich auch in Kliniken angewandt werden. Ihre ambulante Anwendungsmöglichkeit ergibt sich aus unseren Beobachtungen als besonders interessanter Aspekt. Sie könnte von ebenso großem Wert in Verbindung mit funktionellen und organischen Erkrankungsfällen sein. Sie kann als Erziehungsfaktor für das Pflegepersonal von Institutionen zur psychischen Krankenbehandlung wie auch von Krankenhäusern großen Nutzen bringen. Das gilt auch für Medizinstudenten und insbesondere für zukünftige Psychiater. Die Gruppe ist ein ausgezeichnetes Medium für Lehrzwecke. Vom Standpunkt des Psychiaters oder Psychologen aus muß sie als besonders wertvolle Quelle der Information und Massenbeobachtung betrachtet werden. Sie eignet sich auch für die diagnostische Abklärung. Die vielfältigen anderen, nicht eigentlich medizinischen Anwendungsmöglichkeiten gehen allerdings über den Rahmen dieser Arbeit hinaus.

Indikation und Kontraindikation

Die Indikationen entsprechen den bzw. ergänzen die aller anderen Psychotherapieformen (eine vollständig durchgeführte Psychoanalyse ausgenommen). Auch für diesen Fall mag sie eine nützliche Rolle spielen, aber wohl eher nach der Analyse als zur gleichen Zeit.[3] Die Gruppenbehandlung sollte, wo dies mög-

[3] Heute glaube ich, daß die individuelle Analyse auch der Gruppenanalyse folgen kann, wenn sie überhaupt nötig ist.

lich ist, mit analytisch orientierter Einzelbehandlung kombiniert werden, kann aber auch für sich stehen, wie unsere Klinikgruppen beweisen.

Kontraindikationen gibt es selten, sie zeigen sich am Einzelfall, wenn jeder für sich allein betrachtet wird. Unsere bisherige Erfahrung erlaubt uns nicht, hier eine Grenze zu setzen. Paranoia oder schwer paranoide Merkmale sind sicher ungeeignet und verlangen Vorsicht. Die beiden Epileptiker, von denen wir berichteten, entwickelten sich gut. Psychosen sollten nicht überwiegen. Eigentliche Psychotikergruppen sind davon zu unterscheiden. Einzelne Psychotiker in einer Gruppe von Psychoneurotikern entwickelten sich sehr gut und hatten einen günstigen Einfluß auf die Gruppe als Ganzes.

Empfehlungen

Was die Patientenzahl anbetrifft, kann keine strenge Regel aufgestellt werden, es muß jedoch betont werden, daß es sich um eine Gruppen- und nicht um eine Massenbehandlung handelt. Persönlicher Kontakt mit jedem Teilnehmer, auch wenn man mit ihm nur in der Gruppe zusammentrifft, muß aufrechterhalten bleiben. Wenn möglich, sollte die Behandlung durch eine gründliche Einzeltherapie ergänzt werden. Plötzliche Änderungen in der Zusammensetzung der Gruppe widersprechen ihrem Grundcharakter. Eine gewisse Kontinuität der Basis ist notwendig. Gleichzeitig ist eine mäßige Fluktuation von Vorteil. Sie verringert die Gefahr der Stagnation für die Gruppe. Glücklicherweise fällt dieses Erfordernis mit den tatsächlichen Umständen zusammen. Man muß zugeben, daß auch die Zaungäste viel für sich gewannen und ihrerseits die Gruppe anregten.

Zusammenfassung

Es wurde eine neue Methode der Gruppenpsychotherapie beschrieben.

Die Ergebnisse waren sehr ermutigend. Ein hoher Prozentsatz fast vollständiger Heilungen wurde erreicht, fast alle anderen

Fälle zeigten nennenswerte Fortschritte, nur wenige reagierten bis heute kaum. In keinem Fall konnte ein dauernder nachteiliger Effekt festgestellt werden.

Es wurden die Vorbedingungen, die Methode, die therapeutischen Faktoren und die Indikation besprochen.

II

Gruppentherapie

Überblick, Orientierung, Klassifizierung (1950)

Die Bedingungen, unter denen der moderne Mensch lebt, zwingen ihn, sich mit Massen- und Gruppenproblemen in einem bisher unbekannten Maße auseinanderzusetzen. Es braucht nicht betont zu werden, wie dringlich ein wissenschaftliches Studium der Gruppe und die Entwicklung von Techniken für den Umgang mit ihr ist, falls wir diesen Konflikten entkommen wollen.

Allmählich werden die Probleme immer bedrohlicher, Gruppe und Einzelmensch verwickeln sich in Schwierigkeiten, sie leiden und brauchen Behandlung. Diese Situation wird auf dem Gebiet der Psychiatrie durch die Entwicklung der Gruppenpsychotherapie widergespiegelt. Sie kompensiert den Einsatz, den sowohl Einzelne wie auch Gruppen für die größere Verantwortlichkeit, die wieder Bedingung für eine größere Freiheit ist, leisten müssen.

Wenn ich im Folgenden den Versuch einer Orientierung unternehmen will, kann ich nichts Besseres tun, als einige Methoden anschaulich zu schildern. Dabei werde ich, zur einfacheren Darstellung, vom Individuum und von der Gruppe sprechen, obwohl ich glaube, daß diese beiden in der Praxis nie getrennt werden können und nicht einmal theoretisch isoliert betrachtet werden sollten.

Drei Kategorien der Gruppentherapie lassen sich grob klassifizieren.

(1) Alle Arten von Betätigungen in Gruppen, so wie sie im Leben spontan oder auch organisiert entstehen. Zu dieser Kategorie gehören religiöse Bewegungen, wie etwa die Oxford-Gruppe, Körperkultur-Bewegungen, Betätigungen zur Erholung und Erziehung, Diskussionsgruppen usw. Diese Gruppentätigkeiten können zufällig oder beiläufig beträchtliche therapeutische Wirkungen haben, die nutzbar gemacht werden können oder auch nicht. Als solche sind sie keine Gruppenthera-

pie. Einige der ersten derartigen Arbeiten im Bereich der Psychiatrie, wie etwa Pratts *Thoughts Control Clinic* in Boston oder das Vorgehen von Marsh (siehe Klapman, 1946) liegen, was die Mechanismen anbetrifft, auf dieser Linie.

(2) Gruppenbetätigungen, die mit Vorbedacht zu therapeutischen Zwecken arrangiert wurden. Fast alles kann Gegenstand dieser Gruppenbetätigungen sein: Musik, Tanz, Puppenspiel, Theatervorführungen, Kunst, Spiele, Denksport, Diskussion, Vorlesen und ähnliches. Das ist Beschäftigungstherapie in Gruppen. Wir können mit einem einfachen Wort bezeichnen, ab wann diese Beschäftigungen Therapie sind. Wir wollen die eigentliche, manifeste Beschäftigung der Gruppe Okkupation nennen. Die manifeste Okkupation der Gruppe muß von ihrer verborgenen oder latenten Okkupation, oder wenn man so will, von ihrer Prä-Okkupation unterschieden werden.[1] Wenn die Okkupation als wesentlich betrachtet wird, geht es um Beschäftigungstherapie in Gruppen. Wenn umgekehrt die Gruppensituation als wesentlich angesehen wird, die Beschäftigung aber als etwas Nebensächliches, dann haben wir es mit Gruppentherapie zu tun. Diese Unterscheidung ist für eine präzise Diskussion in der Gruppentherapie Voraussetzung.

Es ist von entscheidender Bedeutung, daß die Dynamik der obenerwähnten Gruppen alle eine Wesensverwandtschaft zu den strikt psychotherapeutischen oder analytischen Gruppen hat. Wenn unsere Konzepte stimmen, dann muß man mit ihnen die Dynamik all dieser Gruppen ebenso gut beschreiben und definieren können. Vice versa sollten uns allgemeine, die Dynamik betreffende Formulierungen in die Lage versetzen, die Charakteristika der speziellen Gruppe in der für uns bedeutsamen therapeutischen Situation zu definieren.

(3) Gruppenpsychotherapie. Wenn Gruppentherapie Gruppenpsychotherapie sein soll, muß sie drei Voraussetzungen erfüllen:

(a) Verbale Kommunikation muß die Hauptbeschäftigung der Gruppe sein.
(b) Die Behandlung muß die einzelnen Mitglieder und ihre Interaktionen voll berücksichtigen.
(c) Der Therapeut muß sich der Gruppe gegenüber vor allem

[1] im engl. *preoccupation* (Haupt-)Beschäftigung, aber auch Voreingenommenheit.

derjenigen Hilfsmittel bedienen, die ihm die Gruppe anbietet.

Ich bin der Ansicht, daß die gruppenanalytische Methode diese Prinzipien am reinsten wahrt. Daneben hat sie, historisch betrachtet, dieselben auch als erste aufgestellt.

Ohne schon eine exakte Definition geben zu wollen, sei gesagt, daß in diesem Zusammenhang unter Gruppe eine kleine Anzahl von Menschen verstanden wird, die untereinander in einer gewissen Beziehung stehen. Diese Beziehung ist nicht hochorganisiert, aber auch nicht völlig unstrukturiert.

Alle Beobachter sind sich einig darüber, daß solche Beziehungen entstehen, aber es gibt einige, die annehmen, daß sie nur eine Summe aller Reaktionen sind, die jeder in die Gruppe einbringt. Weit davon entfernt, die individuellen Reaktionen aus dem Gruppen-Kontext begreifen zu wollen, versuchen sie im Gegenteil Gruppendynamik auf der Grundlage allzu gebräuchlicher und abgenutzter Konzepte der Individual-Psychologie, insbesondere der Psychoanalyse zu erklären. Der theoretische Ansatz Slavsons ist ein gutes Beispiel für diese Kategorie von Wissenschaftlern.

Andere Forscher gehen einen Schritt weiter und erkennen an, daß das Interaktions-Pattern der Beziehungen zwischen Menschen ein neues Phänomen mit Eigengesetzlichkeit ist. Ich würde meinen, daß, wenn sich zwischen zwei Menschen A und B eine Interaktion abspielt, eine dritte Person notwendig ist, um diese Interaktion perspektivisch erfassen zu können. Dieser Dritte kann seine Ansicht über A mit Bs Ansicht über A vergleichen. Er kann A durch B und B durch A sehen. Vor allem kann er von außen die Beziehung von A und B betrachten, was weder A noch B können. Dieses Modell, das man das »Dreiermodell« nennen könnte, ist für mich das einfachste Modell zum Verständnis interpersoneller Beziehungen. C repräsentiert jene dritte Dimension, welche durch die Gruppenbeziehung hinzugefügt wird.

Eine dritte Gruppe von Wissenschaftlern, zu denen ich gehöre, hat das Bedürfnis, die Gruppe selbst als gemeinsame Matrix aller sich entwickelnden Beziehungen zu sehen. Man muß hier eine Unterscheidung treffen zwischen einer Gruppe, die ein Gruppenziel hat und der ad-hoc-Gruppe, die nur dazu da ist, die Probleme ihrer einzelnen Mitglieder zu lösen, die sich selbst von innen begreift in der Sprache ihrer ständig sich wandelnden Erfahrung.

Diese Anschauung stellt als Axiom auf, alles, was in der Gruppe vor sich geht, als etwas zu betrachten, was nicht nur jedes einzelne Mitglied, sondern ebenso die *Gruppe als Ganzes* einbezieht. Es ist eine Frage von außerordentlicher Bedeutung, in welcher Weise jeder betroffen ist, ja sogar, welche Aspekte des Einzelnen eben gerade mobilisiert wurden. Eine unendliche Vielfalt von Konfigurationen, den Leiter in seiner besonderen Position eingeschlossen, kann beobachtet werden. Zu dieser Kategorie von Konzepten gehört auch die Idee der Lokation einer Störung in der therapeutischen Gruppe.

Wenn man über eine Gruppensituation in dieser Weise berichtet, hat der Zuhörer manchmal das Gefühl, als berichte man über etwas Mythisches oder über etwas, das nur in der Phantasie existiert. Gruppendynamik ermöglicht aber ganz im Gegenteil eine Behandlung mit geradezu mathematischer Genauigkeit.

Betrachtungsweisen, die die Tatsache respektieren, daß die Gruppe das Individuum nicht nur durchdringt, sondern dasselbe Individuum bis ins Letzte bestimmt hat und immer weiter bestimmt, kann man als im eigentlichen Sinne gruppenorientiert bezeichnen. Dieser soziale Einfluß ist nicht eine oberflächliche Begleiterscheinung, sondern reicht bis in die Wurzeln. Offenbar ist aus diesem Grunde eine kleine therapeutische Gruppe ein nützliches Instrument, um die Reaktionen derer, aus denen sie sich zusammensetzt, zu beobachten und möglicherweise zu ändern.

Diese meine eigene Orientierung war von Anfang an in der Situation enthalten, die ich entwickelte und später die *gruppenanalytische Situation* nannte. Dieser Ansatz ist inzwischen weitgehend anerkannt. Seine Grundelemente sind ebenso einfach wie wesentlich.

(1) Die Gruppe begegnet sich wortwörtlich von Angesicht zu Angesicht (*face-to-face-group*). Die Anordnung ist informell. Es gibt keinerlei Vorschriften für das Vorgehen.

(2) In Hinblick auf die diskutierten Themen gibt es kein Programm und keinerlei Plan. Sie können spontan aufgegriffen werden. Die Betätigung der Gruppe besteht darin, daß die Mitglieder sprechen können, worüber sie nur wollen.

(3) Die Mitglieder werden ermutigt, ihre Gedanken frei zu

äußern. Jeder Beitrag ist zu jeder Zeit erlaubt, ob er nun für die eben laufende Diskussion wichtig ist oder nicht. Man muß den Mitgliedern auch zu verstehen geben, daß Bemerkungen über einander oder über den Leiter nicht der üblichen sozialen Zensur unterliegen.

(4) Die Haltung des Leiters, nicht zu verwechseln mit seiner Technik, ist ein wesentlicher Bestandteil dieses Vorgehens. Die Technik sollte sich aus der Haltung entwickeln.

Der Leiter veranlaßt die Mitglieder, aktiv am therapeutischen Prozeß teilzuhaben. Die Integration, die sich entwickelt, wird wieder durch den Einbruch neuen Materials aus tieferen Schichten aufgehoben. Diese Integration ist ein wichtiges stützendes Agens. Man muß sich allerdings klar machen, daß diese Integration nicht das eigentliche Ziel einer derartigen Gruppe ist. Manchmal, keineswegs immer, erlaubt der Leiter der Gruppe, ihn in die Führerrolle zu drängen. Meiner Ansicht nach sollte seine Position variabel sein, damit die Mitglieder ihn als das ansehen können, was ihnen vorschwebt. Vielleicht kann ich diesen Aspekt am besten erläutern, wenn ich erwähne, daß einer meiner Patienten mich »Puck« nannte, seine Vorstellung von mir aber später änderte und mich zu dem düsteren Dr. Mabuse machte. Ich bin der Ansicht, daß diese Technik sowohl vom therapeutischen wie auch vom wissenschaftlichen Standpunkt aus vorzuziehen ist. Diese Interpretationen der Patienten haben natürlich keine Bedeutung für die eigentlichen Funktionen und Zielsetzungen des Therapeuten. Wenn der Leiter eine Haltung dynamischer Neutralität einnimmt, können sich bestimmte Basisprozesse in einer Primärschicht, die für die Überichstruktur im psychoanalytischen Sinn bedeutsam ist, abspielen. Auf dieser Ebene wird der Therapeut unweigerlich zu einer Führer- oder Vater-Imago, einem Archetypus, um mit den Worten Sir James Frazers zu sprechen. Nur in diesem Sinne würde ich die therapeutische Gruppe als eine Entsprechung der Familiengruppe ansehen. Wir vereinfachen die Gegebenheit übermäßig, wenn wir das auf der manifesten Ebene allzu regelmäßig tun.

Es ist klar, daß die Analyse der Beziehung jedes einzelnen zu jedem anderen, jedes Individuums zur Gruppe, der Gruppe zu jedem Individuum ein integrierender Bestandteil der gruppenanalytischen Methode ist. Außerdem stellt die unmittelbar gegenwärtige Situation den Kontext dar, in welchem sich dies abspielt. Die gruppentherapeutische Situation als solche legt die Analyse nahe. Allerdings sehe ich nicht den geringsten Grund, daraus ein Monopol zu machen. Wenn sich die Gruppe zu sehr auf ihre eigenen Prozesse konzentriert, dann werden dadurch eben diese Prozesse gestört und verfälscht. Es geht dann der Gruppe wie jenem Tausendfüßler, der sich nicht mehr bewegen konnte, als er darüber nachdachte, wie er es tat, oder, wie jenem langbärtigen Mann, der auf die Frage hin, was er beim Schlafen mit dem Bart mache, schlaflos wurde. Ich meine, daß die Gruppe eine andere Okkupation als nur Selbstbeobachtung und Selbstreflexion haben sollte. Es ist unmittelbares Engagement notwendig, aber auch Langeweile, ja sogar Abwehrhaltungen sollen sich äußern dürfen. In der gruppenanalytischen Gruppe kann man deutlich sehen, daß die Beschäftigung der Gruppe den Prozeß behindert, durch welchen Menschen Anteil nehmen und sich enthüllen. Die Beschäftigung, auch dann, wenn es darum geht, die »Probleme von jemandem zu besprechen«, kann als ein Schirm benutzt werden, um zentralere Probleme dahinter zu verbergen.

Darum überläßt man es der gruppenanalytischen Gruppe, sich ihre eigene Beschäftigung auszudenken. Der Schirm bleibt dadurch transparent. Er wird zu einer ad-hoc-Reaktion auf das, was die Gruppe latent beschäftigt.

Die Mehrzahl der therapeutischen und diagnostischen Faktoren, die man am Werk sieht, zentrieren sich um das Bedürfnis nach verbaler Kommunikation. Wir können den Weg von einem autistischen Symptom zu der mehr und mehr artikulierten Erkennung jenes Problems, das hinter dem Symptom steht, als eine wichtige Markierung des therapeutischen Prozesses selbst beschreiben. Wir können es in gewissem Sinne als das Bewußtmachen des Unbewußten bezeichnen: Allerdings beleuchtet die gruppenanalytische Situation, im intensiven Umgang mit dem Unbewußten im Freudschen Sinne, einen völlig anderen Bereich, den das Individuum weniger erkennen kann. Im Gegenteil, das Individuum wird von diesen starken Kräften ebenso getrieben und geformt wie von seinem *Es* und verteidigt sich ebenso sehr gegen ihre Anerkennung, ohne sich dessen bewußt zu sein, aber in ganz anderer Art und Weise. Man möchte von einem sozialen oder interpersonellen Unbewußten sprechen. Diese Dynamik kann teilweise unter extrem spezialisierten Bedingungen, wie sie die analytische Übertragungssituation darstellt, beobachtet werden.

Analytische Orientierung bedeutet, daß eine grundlegende Wandlung, eine Wandlung der Persönlichkeit angestrebt wird, nicht nur eine symptomatische Besserung. Der Gruppenanalytiker betrachtet eine Besserung, die auf Befreiung von Schuld und Angst durch Teilnahme und Ermutigung beruht, als nicht gleichwertig gegenüber diesen grundlegenden Wandlungen, die erreicht werden können. In der Sprache der Psychoanalyse bestehen die Ziele in anhaltenden Wandlungen von Ich, Überich und Libidoverteilung. Die Gruppenanalyse bietet viele Möglichkeiten beziehungsweise Hilfestellungen für die Durchführung dieser Wandlungen.

Auf seiten des Therapeuten setzt diese Methode ein beträchtliches Maß an Erfahrung und Ausbildung voraus. Ihre wesentlichen Prinzipien können jedoch auch auf jene Diskussionsgruppen angewendet werden, die man Hilfsgruppentherapie nennen könnte. Ich denke z. B. an die Müttergruppen in *child-guidance*-Kliniken oder an die Gruppen von Eltern Schizophrener im Bellevue-Hospital in New York.

Ich hoffe, eine gewisse Vorstellung von den vielfältigen Möglichkeiten dieses Arbeitsgebietes gegeben zu haben. Die Psychiater haben sowohl vom praktischen wie auch vom theoretischen Gesichtspunkt her wichtige Beiträge zu leisten. Auch ich versuchte einen Abriß bestimmter spezieller Methoden des Vorgehens zu bringen und ihre Positionen in eine gewisse Perspektive zu setzen.

Ich möchte diesen Überblick schließen, indem ich drei Bereiche nenne, in denen Gruppentherapie oder Gruppenpsychotherapie, insbesondere die hier dargestellte, angewendet werden kann:

(1) Die Behandlung spezieller Gruppen im Hinblick auf ihre spezifischen Gruppenprobleme.

(2) Die Behandlung von Problemen einzelner in ihrer ursprünglichen Umgebung, wie etwa der Familiengruppe. Auf diesem wichtigen Gebiet ist bisher nicht allzuviel geschehen. In diesem Fall wird Gruppenpsychotherapie in ursprünglichen Gruppen durchgeführt. Es kann sowohl in der eigentlichen Lebenssituation therapiert werden, von Moreno in situ genannt, wie auch im Behandlungsraum.

(3) Die Behandlung von Patienten in Gruppen, welche zu dem besonderen Zweck gebildet wurden, die Probleme des Individuums zu therapieren. Diese Ad-hoc-Gruppe ist gewöhnlich gemeint, wenn man von einer psychotherapeutischen Gruppe spricht. Eine derartige Gruppe ist von transitorischem Charakter, sie löst sich auf, wenn sie ihren Zweck erfüllt hat. Sie dient jenem langsamen Prozeß, der viele Jahrhunderte gebraucht hat, um zu reifen: der Entwicklung des Individuums aus der gemeinsamen Gruppenmatrix. Gleichzeitig kann man, ohne daß dies ein Widerspruch wäre, behaupten, daß die Gruppenpsychotherapie hilft, das Individuum wieder mit der Gruppe zu versöhnen und es stärker in ihr zu verwurzeln, eine Verwurzelung, die oft durch die Kompliziertheit des modernen Lebens aufgehoben ist.

Es gibt einen Bereich, der die wesenhafte Einheit zwischen Gruppe und Individuum klar hervortreten läßt, einen Bereich, in dem, allgemeinverständlich ausgedrückt, Gruppe und Individuum verschmelzen und von dem aus sie auch dynamisch definiert werden müssen.

Was sich in diesem Bereich vollzieht, kann nur dann vollständig verstanden werden, wenn es sowohl vom Standpunkt des Einzelnen wie auch vom Standpunkt der Gruppe aus geschildert wird. Gruppenanalyse, so wie ich sie auffasse, hebt diesen wichtigen Bereich zum Zwecke therapeutischen Wirkens und wissenschaftlichen Forschens hervor.

III

Gruppenanalytische Psychotherapie

Methode und Dynamik

Man könnte annehmen, daß, entsprechend den einzelnen Schulen, denen der Therapeut angehört (Freud, Adler, Jung, Horney usw.) unterschiedliche Formen von Gruppenpsychotherapie entwickelt werden. Eine derartige Entwicklung würde die grundsätzliche Bedeutung der Gruppensituation an sich übersehen: das heißt, daß mehr als ein Patient, gewöhnlich eine kleine Anzahl zwischen fünf und zehn Personen, zu ein und derselben Zeit teilnimmt.

Die Gruppensituation hat ganz neue, spezifische Kennzeichen, die es in der Einzelsituation zwischen einem Patienten und einem Therapeuten nicht gibt. Das gilt, obwohl dies die Mehrzahl der Gruppentherapeuten heute nicht beachtet. Gruppenanalyse mit den besonderen Merkmalen, wie sie hier dargestellt werden, wurde vom Autor 1940 erstmalig in der Privatpraxis und in Polikliniken (*out-patient-clinics*) durchgeführt.

Die Bezeichnung Gruppenanalyse will zwei Tatsachen Rechnung tragen: erstens, daß sie in ihrer allgemeinen klinischen und theoretischen Orientierung auf demselben Boden steht wie die Psychoanalyse, und zweitens, daß ihr Platz innerhalb der Gruppentherapie, was Intensität und Intention betrifft, dem der Psychoanalyse innerhalb der Psychotherapie entspricht. Man geht dabei allerdings das Risiko ein, daß der Name Gruppenanalyse die Leute fälschlicherweise dazu verführt, zu denken, daß es sich um eine Art Psychoanalyse in Gruppen, um eine Art von Ersatz oder billiger Ausgabe handelt, auf die man sich nur einließ, um Zeit und Geld zu sparen. Die psychoanalytische Situation kann als Methode allein nur zwischen einem Therapeuten, dem Psychoanalytiker, und einem Patienten, dem Analysanden, etabliert werden. Die Quintessenz der psychoanalytischen Therapie, die Analyse des unbewußten, infantilen Ödipus-Konfliktes in der Übertragungssituation erlaubt nichts anderes. Im Gegensatz dazu zentriert sich Gruppenanalyse auf die Dynamik innerhalb der Gruppe (zwischen allen Mitgliedern). Die ausgefeiltere Bezeichnung »gruppenanalytische Psychotherapie« läßt beiden eben erwähnten Punkten Gerechtigkeit widerfahren: Sie ist eine Form der psychoanalytischen Psychotherapie, und ihr Bezugsrahmen ist die Gruppe als Ganzes. Wie jede Psychotherapie stellt sie das Individuum in den Mittelpunkt ihrer Aufmerksamkeit.

Wie spielt sich Gruppenanalyse ab? Eine kleine Anzahl von Patienten, die für ein gemeinsames Vorgehen geeignet sind, vorzugsweise sieben bis acht Personen, versammeln sich regelmäßig zu vereinbarter Zeit und am vereinbarten Ort, in der Regel einmal in der Woche. Der Raum sollte bequem und von geeigneter Größe, die Sitzgelegenheiten am besten flexibel sein, so daß alle Teilnehmer sich sehen und miteinander sprechen können. In der Regel sitzen die Teilnehmer im Kreis oder Halbkreis, etwa um einen Kamin oder Tisch.[1] Die Atmosphäre ist nicht formell, Details dürfen entsprechend den waltenden Umständen flexibel sein. Eine Sitzung dauert ungefähr eineinhalb Stunden. Die Gruppe kann entweder aus Männern oder Frauen allein oder aus Vertretern beider Geschlechter zusammengesetzt sein.

In der Regel sollte kein weiterer Kontakt zwischen den Patienten oder zwischen einem von ihnen und dem Therapeuten bestehen. Man kann sich starr daran halten, aber die Erfahrung hat gelehrt, daß die Möglichkeit, mit dem Therapeuten allein zu sprechen, nicht verweigert werden sollte. Das läßt sich am besten ermöglichen, indem sich der Therapeut unmittelbar vor oder nach der Sitzung zur Verfügung stellt oder indem man vielleicht an einem besonderen Tag eine Sitzung für diesen Zweck festsetzt. Solange diese Möglichkeit klug gehandhabt wird, wiegen ihre Vorteile mögliche Nachteile auf. Es ist fast unmöglich zu erreichen, daß Patienten außerhalb der Gruppensitzung den Kontakt völlig vermeiden; ein Versuch, diese Regel zu forcieren würde eine ungerechtfertigte Starrheit und Künstlichkeit mit sich bringen. Dennoch ist es wichtig, zu vermeiden, daß solche Kontakte von Patienten außerhalb der Gruppe ein Kern zur Bildung von Untergruppen werden. Man kann das vermeiden, indem man an das Verständnis der Teilnehmer appelliert und rechtzeitig die

[1] In der späteren Entwicklung wurde der Kreis zur Standardsituation (1962).

nachteiligen Wirkungen klarstellt. Gewöhnlich verzichten die Mitglieder auf die Diskussion von Themen, die mit der Gruppe in Verbindung stehen, oder sie bringen, wenn eine Diskussion stattfand, die diskutierten Themen wieder in Gegenwart aller vor.

Die Gruppe kann alternierend mit Einzelbehandlung kombiniert werden. Das kann regelmäßig ein- oder mehrmals pro Woche geschehen oder gelegentlich, falls ein besonderes Bedürfnis besteht.

Zwei Gruppenformen haben sich entwickelt und beginnen sich klarer abzuzeichnen: Die *offene* und die *geschlossene* Gruppe. In der offenen Gruppe kommen und gehen die Einzelnen nach ihren eigenen Bedürfnissen. Die Zahl kann etwas größer, die Auswahl lockerer sein und die Regelmäßigkeit der Teilnahme wird nicht allzusehr betont. Diese Gruppe hat die Neigung, sich mehr auf das Individuum und den Leiter zu zentrieren: die Diskussion scheint weniger leicht tiefe psychopathologische Schichten zu erreichen.

Das Wesentliche der geschlossenen Gruppe liegt darin, daß die Teilnehmer ihre Behandlung gemeinsam zur selben Zeit beginnen und beenden. Hier ist Regelmäßigkeit der Teilnahme notwendig. Diese Art Gruppe empfiehlt sich mehr für eine überlegte Auswahl, den Problemen oder Syndromen entsprechend. Die Gruppe kann dabei stärker gruppenzentriert werden und tiefere Schichten erreichen. Diese Gruppe kann während einer vorbestimmten Zeitspanne bestehen, drei oder sechs Monate lang, ein Jahr lang und mehr.

Ein Kompromiß zwischen diesen beiden Gruppenformen ist die sogenannte *halbgeschlossene* (*slow-open*) Gruppe. Das ist die Gruppenform, die sich scheinbar unverändert in der Praxis immer wieder ergibt, falls die Umstände eine intensivere Behandlung über einen längeren Zeitraum von mehreren Jahren hinweg erlauben. Es ist eine geschlossene Gruppe für alle praktischen Zwecke in dem Sinne, daß die Teilnehmer über eine längere Periode dieselben bleiben. Die Einzelnen treten nichtsdestoweniger nach ihren eigenen Bedürfnissen aus oder ein und werden durch andere Personen ersetzt. Die Gesamtdauer ist unbegrenzt. Für den Einzelnen ist die untere Grenze neun Monate und die obere fünf Jahre, der Durchschnitt liegt bei zwei bis drei Jahren. Auf regelmäßige Teilnahme wird Wert gelegt, die Mitgliederzahl ist zu jeder bestimmten Zeit festgesetzt und auf sieben bis acht Patienten beschränkt.

Hauptmerkmale der gruppenanalytischen Sitzungen sind das Fehlen jeder Förmlichkeit und eine Spontaneität der Beiträge, die zu dem führt, was ich als »frei strömende Diskussion« bezeichnet habe. Der Leiter gibt ein Minimum an Instruktionen. Er nennt keine Hauptthemen und macht keinen Plan. Obwohl er in der Position eines Führers ist, hält er sich in der aktiven Führung der Gruppe zurück. So entwöhnt er die Gruppe von ihrem Bedürfnis nach Führung, von ihrer Neigung, ihn als Führungsautorität zu sehen, etwa als den Arzt, der sie heilen wird. Das schätzt die Gruppe nicht, besonders nicht eine Gruppe von Psychoneurotikern, weil es die stärksten neurotischen Abwehrhaltungen unterminiert. Je mehr Erfolg der Arzt mit seiner Entwöhnungskur hat, um so mehr macht die aktive Teilnahme auf seiten der Patienten Fortschritte. Sie engagieren sich aktiver und können beobachtet werden, wie sie ihr dynamisches Wechselspiel ablaufen lassen.

Was in dem einen latent ist, tritt beim anderen manifest hervor. Symptome und Abwehrhaltungen können in ihrem Ablauf beobachtet werden, ihr Sinn und ihre Bedeutung werden in einer lebendigen Situation offenbar. Unterschiedliche Haltungen, Charaktere und Symptombildungen werden von lebenden Personen dargeboten. Die Gruppenmitglieder müssen mit diesen Erfahrungen fertig werden Die Wandlungen lassen sich direkt beobachten, man ist von den Ergebnissen der Selbstreflektion, die der Patient mitteilt, unabhängig.

Das Bedürfnis, verstanden und angenommen zu werden, bildet einen ständigen Anreiz zur Kommunikation. Wir finden unter den therapeutischen Faktoren in erster Linie diejenigen, die wir von der Einzelanalyse kennen: Das Bewußtwerden des verdrängten Unbewußten, Katharsis, Einsicht, Analyse der Abwehrmechanismen und – vor allem – »Durcharbeiten«. Darüber hinaus gibt es gruppenspezifische Faktoren wie Anregung, Austausch, Spiegelreaktion, aktive Teilnahme, soziale Interaktion und Kommunikation.

Eine der besonderen Erfahrungen, die ein Patient in der Gruppe machen kann, besteht darin, daß er feststellen muß, daß sich beunruhigende Ideen, Zwänge oder Impulse, von denen er glaubte, daß sie nur bei ihm vorhanden seien, in der zufälligen

Auswahl von Menschen in dieser Gruppe wiederfinden lassen.

Im Gegensatz dazu beobachtet er seltsame Manifestationen bei anderen Teilnehmern, die er im ersten Moment als lächerlich oder grundlos bezeichnet. Er selbst hat am meisten, und vorwiegend unbewußt, gefürchtet, was andere Leute denken würden, wenn sie derartiges von ihm wüßten. Nun gehört er selbst zu diesen »anderen Leuten«. Mit anderen Worten, der Patient in einer Gruppe sitzt in beiden Lagern eines neurotischen Konfliktes, eines Konfliktes, dessen Symptomatik keinen leichten Kompromiß darstellt. Er lernt beide Seiten aktiv und passiv kennen. Er erfährt auch Haltungsänderungen, bei Enthüllungen, beim Richtigstellen von Entstellungen, beim Entwirren von Verwicklungen. Der Patient lernt, daß seine Nöte genau wie die der anderen aus Konflikten menschlicher Grundbedürfnisse entstehen, mit denen sich alle, nicht nur die Teilnehmer dieser besonderen Gruppe, auseinandersetzen müssen. In diesem Prozeß hilft es ihm sehr, zu sehen, wie andere zu ihrer Tarnung dieselben Mechanismen, insbesondere Abwehrmechanismen, benutzen, aber auch,wenn sie ganz andere gebrauchen. Im letzteren Falle kann er weniger unmittelbares Verständnis aufbringen, ist dafür aber emotionell stärker berührt. Aus der Distanz gewinnt er eine bessere Auffassungsfähigkeit für die Dynamik eines solchen Ablaufs, die ihm da wieder hilft, wo er stärker betroffen ist. Der hier beschriebene Prozeß kann sich zu einer Transformation autistischer neurotischer Symptome in einen besser artikulierten Ausdruck von Problemen, die bei allen erkennbar sind, entwikkeln. Diese Voraussetzung unterscheidet sich sehr von der oben geschilderten, die eine Unmenge von Klagen beinhaltet, für die man einen Doktor sucht, der sie kurieren soll. Inzwischen wurde Isoliertheit durch sozialen Kontakt ersetzt. Kommunikation wurde sogar in solchen Bereichen möglich, die man bisher als besonders intim betrachtete, als privat, geheim und mit Angst und Schuld verbunden. Rivalität und Konkurrenzneid werden durch Kooperation, unklare Vorstellungen über das Denken anderer Leute durch echte Information, die auf freier und gegenseitiger Exploration gründet, ersetzt. Individualität erweist sich als Komplement zur Gruppe. Aberglaube und Vorurteil weichen Einsicht und Aufklärung, einer Einsicht, die, was besonders wichtig ist, gewonnen wurde durch eigene lebendige Erfahrung, durch eigene Anstrengung, mit eigenen Mitteln. Da kann nichts statisch bleiben, man muß sich ändern, wenn man diese Erfahrungen macht.

Hier seien ein paar Worte über die Funktion des Leiters gesagt, wenn wir auch noch nicht mit der Diskussion seiner Technik beginnen. Er ist ein Teilnehmer, er beobachtet, er sieht sowohl die Gruppe als Ganzes, wie auch die einzelnen Mitglieder, die er auf diesem Hintergrund erfaßt.

Er erlaubt zwar der Gruppe ihn zu dem zu machen, was sie möchte, mit Vorliebe zu einer omnipotenten Vater-Führer-Figur, aber er beansprucht diese Rolle nicht aktiv, nützt sie aber bestens im Interesse der Gruppe, als ihr treuester Diener. Während die unreife Gruppe Sanktionierung und Unterstützung durch eine derartige Führer-Imago braucht, schwindet dieses Bedürfnis mit wachsender Reife und Integration. Der Gruppenanalytiker bewirkt einen entscheidenden Fortschritt, wenn er die Gruppe (und ihre Mitglieder) zur Unabhängigkeit ermutigt, so daß sie ihn eventuell als Leiter auf einer reifen Ebene annehmen können. Dieser Prozeß spielt eine große Rolle für die Modifizierung des Überichs jedes Einzelnen.

Der Leiter muß darauf achten, daß diese stärkere Realitätsbezogenheit ein allmählicher Prozeß ist, geboren aus der wachsenden Unabhängigkeit der Gruppe, und sie nicht als plötzliche enttäuschende Ernüchterung überfällt und damit Verwirrung und Schock auslöst.

Der Therapeut muß auf der Hut sein und die Balance zwischen analytischen, aufwühlenden Prozessen und integrativen und stützenden halten. Eine seiner Aufgaben besteht darin, alles, was der Integration entgegenwirkt, aufzuzeigen, zu klären und zu interpretieren, indem er Widerstände und Abwehrhaltungen, die den therapeutischen Prozeß behindern, analysiert.

Die gruppenanalytische Situation ist durch die beschriebene Haltung des Leiters charakterisiert, mit ihrer Betonung von aktiver Teilnahme, freier Diskussion interpersoneller Beziehungen, Einsicht, die sich auf die Artikulierung aller spontan, ohne Direktive oder Selektion auftretenden Beiträge stützt. So wird sie der unbewußten Dynamik voll gerecht.

Bei den therapeutischen Faktoren muß man analytische und stützende Faktoren unterscheiden. Erstere sind im ganzen von längerer Wirkung und versprechen mehr dauerhaften Wandel.

In ihrer unmittelbaren Wirkung sind sie viel aufwühlender und störender für den Patienten. Die stützenden Faktoren helfen unmittelbarer, sie lindern, stärken und ermutigen. Da diese beiden Faktorengruppen Hand in Hand arbeiten, gehört die lenkende Beeinflussung zur Erreichung ihrer günstigsten Legierung zu den wichtigsten Aufgaben eines Leiters. Es muß gesehen werden, wie sie (a) jedes einzelne Individuum, (b) die Gruppe als Ganzes affizieren. Sie können, getrennt oder gemeinsam, auf einem der folgenden Wege mobilisiert werden; durch Aktionen oder Worte, die sich richten:

(1) vom Leiter gegen die Gruppe als Ganzes;
(2) vom Leiter gegen einen Einzelnen;
(3) von jedem Mitglied gegen die Gruppe als Ganzes;
(4) von jedem Mitglied gegen jeden Einzelnen oder Einzelne;
(5) von der Gruppe als Ganzes gegen jedes einzelne Mitglied.

Das obige Schema sollte man sich bei allem, was in der Gruppentherapie passiert, vor Augen halten. Es beinhaltet die Wirkungen auf die Patienten. Es läßt die Wirkungen auf den Leiter außer acht, der letzten Endes auch ein Gruppenmitglied und denselben Einflüssen unterworfen ist. Er muß als Einziger in der Gruppe diese Prozesse beobachten, einschließlich ihrer Bedeutung für ihn und seine Position. Aus diesem Grunde kann er sich nicht ganz in die Gruppe integrieren lassen, sondern muß eine gewisse Distanz bewahren.

Die Indikation für Gruppenpsychotherapie schließt alle Formen von Psychoneurosen, diejenigen Psychosen, die ansprechbar sind, psychosomatische Erkrankungen, Psychopathien, Kriminalität ein. Ihr Indikationsbereich ist einerseits so weit wie die gesamte Psychotherapie, aber zusätzlich kann man sagen, daß sie eine Gruppe von Patienten, die auf Einzel-Psychotherapie nicht ansprechen würden, für die Behandlung erreichbar macht. Man möge beispielsweise an den günstigen Effekt der Gruppenmethode bei Psychotikern denken. Die Indikationen für die Gruppenbehandlung sollten nicht als Alternative, sondern als Unterstützung und Ergänzung zur Einzelbehandlung gesehen werden. Hier spielen auch unvermeidliche praktische Erwägungen eine Rolle.

Wenn ich nun ein paar Worte über die Indikation und besondere Auswahl sage, will ich mich auf die Gruppenanalyse und auf den Patiententyp beschränken, für den sie als Optimalbehandlung gelten kann. Durch das unvermeidliche Überlappen werden dadurch auch jene Patienten miteinbezogen, die ebensogut auf andere Formen der Psychotherapie oder auf Psychoanalyse ansprechen würden. Man muß im Auge behalten, daß Gruppenanalyse eine intensive, tiefgehende Form der Psychotherapie ist. Sie stellt hohe Ansprüche an Qualität und Schulung des Gruppenanalytikers. Ich würde nicht wagen, mehr als drei parallel laufende Patientengruppen und nicht mehr als eine pro Tag zu führen. Wenn man sich Spezialisten vorstellt, die in der Zukunft sich ganz auf diese Arbeit konzentrieren, könnte dieses Programm verdoppelt werden, aber ich glaube nicht, daß sie mehr als fünf Gruppen bewältigen würden, ohne ihre Frische, ihr Interesse und ihre Spontaneität zu verlieren. Ich erwähne dies, weil die Indikation und die Auswahl der Patienten davon ausgehen sollte, ob eine solche Behandlung für sie geeignet ist, und sich lohnt, und weniger, ob sie ihnen vielleicht guttut. Dies bedenkend, wollen wir folgende Voraussetzungen genauer betrachten:

Allgemeines

1. Grad der Kooperation; ursprüngliche Bereitschaft, mehr über sich zu erfahren und sich zu wandeln (nicht oberflächlicher Eifer).
2. Eine gewisse, zum mindesten potentielle charakterliche Stabilität und die Möglichkeit sozialer Integration.
3. Die Fähigkeit, etwas zu lernen und Einsicht zu gewinnen. Die Intelligenz sollte nicht unterdurchschnittlich, eher höher sein.
4. Potentieller sozialer Wert des Einzelnen.

Spezifisches

Günstig: Charakterstörung, soziale Schwierigkeiten, Erfolglosigkeit, Hemmungen aller Art, wiederholte neurotische Konfliktsituationen (»Schicksalsneurose«), Angstzustände, Phobien, gewisse psychotische und psychosenahe Zustände, bei denen die Persönlichkeit noch erhalten ist (z. B. Depersonalisation und bestimmte Formen der Schizophrenie), psychosomatische Erkrankungen.

Weniger günstig: Zwangsneurosen, Hysterie mit überwiegender Konversionssymptomatik, Epilepsie, Perversionen, manifeste Sexualstörungen (z. B. Vaginismus, Frigidität, Impotenz), Süchte, schwere hypochondrische Syndrome. Für alle Patienten dieser Art kann jedoch Gruppenanalyse von Nutzen sein, und einige von ihnen können sich in speziell ausgewählten Gruppen möglicherweise gut entwickeln.

Ungünstig: Paranoia oder vorwiegend paranoide Zustände, Depressionen.

Ein solches Verzeichnis ist natürlich allzu pauschal. Der beste Test für jeden Einzelnen ist oft die Gruppe selbst. Viel hängt von der jeweiligen Gruppe und vom Leiter ab.

Diese Liste faßt die Voraussetzungen der ambulanten Praxis ins Auge. Innerhalb eines geeigneten Rahmens, der den stationären Voraussetzungen entspricht, können sich ausgewählte Gruppen von Psychopathen, Kriminellen, Süchtigen sehr gut entwickeln, wie Erfahrungen in den USA sowie die von Dr. J. C. Mackwood mit Gruppen in Gefängnissen zu zeigen scheinen.

Zum Abschluß dieses kurzen Überblicks über die Gruppenanalyse als Therapie, möchte ich betonen, daß ihre Ziele und Wirkungen nicht denen einer symptomatischen Behandlung entsprechen, die sich auf Erleichterung, Beruhigung und Ermutigung usw. beschränkt, sondern ein Aufdecken und Bearbeiten der eigentlichen Basis der neurotischen Konflikte und Leiden sind. Sie mobilisiert die »Charakter-Basis« (W. Reich) selbst und kann zu radikalen Änderungen oder zu entscheidenen Modifikationen der Persönlichkeit führen. In dieser Hinsicht ist sie nur der Psychoanalyse vergleichbar bzw. ähnlichen tiefreichenden psychotherapeutischen Verfahren.

Für praktische Zwecke allerdings und für eine klare Einschätzung ihrer Ergebnisse muß man sich die Zeitersparnis und den geringeren finanziellen Aufwand im Vergleich zu langwierigen

Methoden vor Augen halten. Nehmen wir an, ein Psychoanalytiker behandelt nach der klassischen Methode acht Patienten mit täglichen (= wöchentlich fünf) Sitzungen, dann muß er für diese acht Patienten vierzig Arbeitsstunden pro Woche aufbringen. Bei kombinierter gruppenanalytischer Behandlung muß er für diese acht Patienten nur neuneinhalb Stunden Arbeitszeit opfern, die sich zusammensetzen aus der eineinhalbstündigen Gruppensitzung und acht einstündigen Einzelsitzungen. Die gesamte Behandlungsdauer wäre in beiden Fällen dieselbe, und zwar im Durchschnitt etwa zwei Jahre. Der Gruppenanalytiker kann also ohne Schwierigkeit zur selben Zeit mehr als viermal so viel Patienten behandeln.

Nach meiner Erfahrung sind im großen und ganzen die therapeutischen Erfolge – ich meine genuine und anhaltende Ergebnisse – im Verhältnis zu der aufgebrachten Zeit bei der gruppenanalytischen Behandlung unvergleichlich viel größer. So wichtig diese Zeitersparnis zweifellos im Hinblick auf das weltweite Problem neurotischen und seelischen Leidens auch ist, möchte ich doch noch einmal betonen, daß das meiner Ansicht nach nicht das wesentliche Verdienst der Gruppenanalyse darstellt. Der eigentliche wesentliche Beitrag der Gruppentherapie, insbesondere der Gruppenanalyse für die Psychotherapie besteht darin, daß sie eine weitere Dimension hinzufügt und so zum erstenmal den sozialen Grundkontext der menschlichen Psychologie und Psychopathologie voll ins Blickfeld bringt.

IV

Führertum und gruppenanalytische Psychotherapie

Dieses Kapitel basiert auf einem Vortrag, der im Januar 1949 vor der American Group Society Association in New York gehalten wurde, die mich eingeladen hatte, über Führertum zu sprechen. Sie hatten lediglich den Wunsch, über die Technik des Therapeuten in der Gruppenanalyse etwas zu hören. In dieser Hinsicht schien mir die Bezeichnung »Führer« ungeeignet, da sich der Therapeut nicht im üblichen Sinne als Führer einer Gruppe verhält. Außerdem war das Wort politisch anrüchig (durch Hitler und Mussolini). »Direktor« wäre irreführend, da er in technischer Hinsicht »nichtdirektiv« ist. Ich hatte schon, für den Gebrauch der Gruppenanalyse, den Ausdruck »Leiter« (*conductor*) eingeführt. Dieses Wort ermöglicht es, genauer auszudrücken, wann der Gruppenanalytiker als Führer handelt und wann nicht. Das Wort »Führer« wird hier im üblichen Sinne angewendet. Gemeint ist damit in gewisser Hinsicht das genaue Gegenteil von dem, was ein guter Gruppenanalytiker tut, wenn er versucht, die Gruppe von ihrem Wunsch nach Führung zu entwöhnen. Der Gruppenanalytiker fungiert nicht oft als Führer im üblichen Sinne. Indem er auf Führung verzichtet, macht er deutlich, eben durch sein »Nicht-Tun«, was die Gruppe von einem Führer wünscht und erwartet. Ich benutzte diese besondere Beobachtung der gruppenanalytischen Erfahrung, um die Idee des Führertums zu beleuchten. Ich erkläre das ausdrücklich, weil dies damals von einem Teil der New Yorker Hörerschaft nicht ganz begriffen wurde. Nichtsdestoweniger befaßt sich der Aufsatz explizit mit dem, was der Therapeut und Leiter in der Gruppenanalyse tut und läßt.

Die gruppenanalytische Situation hat bestimmte Charakteristika, die sich aus ihren therapeutischen Intentionen entwickelt haben. Eine derartige Gruppe ist aus Menschen zusammengestellt, die in ihrer Beziehung zu anderen Menschen besonders gestört sind. Wenn sie sich treffen, haben sie keine andere Absicht, als ihre Störungen zu behandeln. Sie haben kein Ziel, kein Diskussionsprogramm. Instruktionen werden auf ein absolutes Minimum beschränkt. Die Diskussion ist völlig frei und ungezwungen, eine freie Ideenassoziation, die am besten als »frei fließende Diskussion« beschrieben werden kann. Die übliche Höflichkeit des sozialen Umganges wird über Bord geworfen, und es wird zu freier Äußerung der gegenseitigen Gefühle, Reaktionen und Einstellungen ermutigt.

Der Therapeut, der natürliche Führer dieser Gruppe, beansprucht nicht aktive Führerschaft. Darüber hinaus ist er nicht primär daran interessiert, daß sich die Mitglieder zu einer guten und wirkungsvollen Gruppe formieren. Falls er dieses Interesse hätte, würde er das genaue Gegenteil von alledem tun: Er würde der Gruppe ein konkretes Ziel setzen, eine starke Führung geben und darauf achten, daß die Mitglieder gute Voraussetzungen zu sozialer Zusammenarbeit und ein hohes Maß an individueller und sozialer Integration mitbringen.

Es wird also eine recht eigentümliche Gruppe als Ausgangspunkt einer Aussage über Gruppenformation und Führerschaft genommen. Nichtsdestoweniger gilt das, was uns diese Gruppe mit ihren ganz besonderen Merkmalen lehren kann, auch für andere Gruppen, und zwar sowohl vom wissenschaftlichen als auch vom praktischen Gesichtspunkt aus. Diese Gruppe beleuchtet Prozesse der Gruppenbildung durch Betonung ihrer Störungen. Es fällt Licht auf die Funktion des Führers gerade durch den Verzicht auf Führung. Es seien nun einige Aspekte herausgestellt, die sie insbesondere als Forschungsinstrument qualifizieren.

(1) Die Gruppe umfaßt sieben oder acht Patienten und den Therapeuten, die sich von Angesicht zu Angesicht gegenübersitzen. Daraus ergeben sich reiche Möglichkeiten, psychologische Reaktionen in ihrem sozialen Kontext zu beobachten. Die Gruppe ist auch groß genug, um die größere Gemeinschaft zu repräsentieren. Sie ist aber auch intim genug, um den einzelnen Reaktionen jedes Mitglieds nachzuspüren und ihre Wurzeln im Individuum zu erforschen.

(2) Die Persönlichkeiten werden offenbar im Licht ihrer gegenseitigen Interaktionen. Der Vorhang ist nun weggezogen, und man kann das bisher Verborgene unverhüllt sehen.

(3) Da sich die Gruppe aus Psychoneurotikern und, gelegentlich, aus leichten Psychotikern zusammensetzt und da sie therapeutisch wirken will, werden die unbewußten Aspekte und Primitivreaktionen bedeutsam. Was gewöhnlich latent ist, wird in der Gruppe manifest.

(4) Der Führer ist – wie wir jetzt sehen werden – in einer glücklichen Ausgangslage als teilnehmender Beobachter.

In einer derartigen Gruppe ist alles multidimensional; wir können sie nach verschiedenen Ebenen oder Querschnitten beschreiben. Wir wollen zwei derartige Ebenen auswählen, die entgegengesetzte Pole einer gleitenden Skala bilden. Wir wollen sie die manifeste und die latente oder Primärebene nennen. Die manifeste Ebene bietet das dar, was gerade in dieser Gruppe zwischen dem Patienten und dem Arzt manifest vor sich geht. Sie bezieht sich auf die gegenwärtige Realität des Erwachsenen. Die Primärebene betrifft vorwiegend unbewußte Prozesse und Mechanismen und primitives, infantiles, primordiales Verhalten. Grob ausgedrückt, entsprechen diese beiden Ebenen den Sekundär- und Primärprozessen des Traumes. Um der Darstellung willen wollen wir etwas simplifizieren und Führer und Gruppe gesondert betrachten, obwohl sie in ständiger gegenseitiger Interaktion sind, sich gegenseitig bedingen und eigentlich nicht voneinander getrennt werden können. Es wird auch hilfreich sein, analytische und integrative Prozesse einander gegenüberzustellen, obwohl auch diese wieder unvermeidlich Hand in Hand gehen. Analytische Prozesse wirken aufstörend und trennend, während integrative konstruktiv und stützend sind.

Wir wollen zuerst betrachten, was auf jeder dieser beiden Ebenen, der manifesten und der latenten oder primären, passiert und später für sich ihre wechselseitige Bedeutung in Augenschein nehmen. Setzen wir voraus, wir hören auf zwei verschiedenen Wellenlängen Radio, hören dabei aber nicht zwei verschiedene Konzerte, sondern ein und dasselbe. Nehmen wir an, daß wir bei einer Symphonie die Rolle, die die Saiten- und die Blasinstrumente spielen, analysieren möchten. Nehmen wir weiter an, wir hätten unsere Aufnahmegeräte so eingestellt, daß wir auf der einen Wellenlänge die Saiteninstrumente hören, während die Blasinstrumente nur schwach angedeutet sind, und auf der anderen Wellenlänge wäre es genau umgekehrt. Wir würden dann zuerst auf die eine, dann auf die andere Wellenlänge hören und schließlich beide zusammen. Das ist eine Analogie für den Weg, auf dem ich vorgehen möchte.

Die Gruppe betreffend wirken die zu betrachtenden Ebenen durch zwei Grundprobleme aufeinander ein. Grundproblem eins betrifft, auf der manifesten Ebene, die Beziehung zu anderen Menschen im Erwachsenenleben und in der Realität der Gegenwart. Grundproblem zwei bezieht sich auf das Verhältnis zur elterlichen Autorität, welche in der primordialen Führer-Imago repräsentiert wird und korrespondiert mit der vergangenen, infantilen, ursprünglichen Realität.

Wir haben gesagt, daß der Therapeut auf der manifesten Ebene nicht führt. Das ist allerdings eine negative Definition. Man kann nicht einfach nicht führen. Man muß etwas tun. Das Nicht-Führen leitet sich weniger von dem, was der Therapeut tut, als von der Auffassung seiner Rolle ab. Sein Tun und Nicht-Tun hat mehr von einem Leiten oder Lenken. Um dies von der Führerrolle zu unterscheiden, werden wir auf dieser manifesten Ebene von ihm als dem Leiter (*conductor*) sprechen.

Insofern können wir sagen, daß der Therapeut, während er aktive Führerschaft der Gruppe nicht beansprucht, sie ununterbrochen lenkt. Wir wollen nicht näher auf die Art und Weise seines Tuns eingehen, weil dies die ganze gruppenanalytische Technik beinhalten würde. Wir können hier nur ein paar Punkte aufzeigen, die für unser Thema besonders wichtig sind. Was seine Person anbetrifft, hält sich der Leiter im Hintergrund. Er folgt der Führung der Gruppe und macht sich zu ihrem Instrument. Soweit die Gruppe Führer-zentriert ist, stellt er von Anfang an die Gruppe als Ganzes in den Mittelpunkt und unterwirft seine Funktion vollkommen den Interessen der Gruppe. Er achtet darauf, daß seine Funktion mit der Zeit als Dienst an der Gruppe verstanden werden kann. Als Teil der Gruppe leistet er seinen spezifischen Beitrag. Immer wenn dies möglich ist, läßt er die Gruppe sprechen, indem er Zustimmung und Ablehnung und den unterdrückten Reaktionen diesen gegenüber zum Ausdruck verhilft. So aktiviert und mobilisiert er das Latente, hilft seinen Inhalt zu analysieren und die interpersonellen Beziehungen zu interpretieren. Er ermutigt die Gruppe zu aktiver Teilnahme und bevorzugt die Beiträge ihrer Mitglieder gegenüber seinen eigenen. Die Funktion des Leiters kann, analytisch gesehen, mit der eines Katalysators verglichen werden.

Er behandelt die Gruppe als auf derselben erwachsenen Stufe stehend wie er selbst und übt durch sein Beispiel einen wichtigen Einfluß aus. Er prägt ein Muster wünschenswerten Verhaltens, statt auf die Gruppe einreden zu müssen. Er betont das Hier und Jetzt und fördert Duldung und Bejahung individueller Unterschiede. Der Leiter repräsentiert und fördert Realitätsbezogenheit, Besonnenheit, Duldsamkeit, Verständnis, Einsicht, Äußerungsvermögen, Unabhängigkeit, Freiheit und Offenheit für neue Erfahrungen. Dies vollzieht sich mittels lebendiger, korrigierender emotioneller Erfahrung.

Man sieht also, daß der Leiter sowohl analytische wie auch integrative Prozesse anregt. Verstörtheit und Verwirrung, die verursacht wurden durch das Aufdecken neuen, bisher unbewußten Materials, wird ausbalanciert durch eine wachsende Stärke der Gruppe, welche sich aus der zunehmenden Integration ergibt. Die durch den analytischen Prozeß freigesetzten Kräfte werden tatsächlich im Dienste ihrer Integration verwendet. Wir müssen daher unsere vorige Behauptung, daß der Gruppenanalytiker nicht an der Bildung und Integration der Gruppe interessiert sei, modifizieren. Es stimmt zwar, daß er nicht primär daran interessiert ist, aber es ist nichtsdestoweniger von größter Bedeutung, daß die Gruppe die Belastung durch neue Störungsquellen mit Hilfe eines gesteigerten Toleranzniveaus ausgleichen kann. Das ist etwas ganz anderes als die Bedeutung besserer Integration um ihrer selbst willen. Aus diesem Grunde wendet sich der Leiter an die Gruppe als eine integrierte oder zu integrierende Ganzheit von reifen Erwachsenen.

Außerdem werden die dynamischen, sozial störenden und die Gruppe auseinanderreißenden Aspekte der Symptome nicht deutlich, wenn Integration nicht angestrebt wird. Man könnte sagen, daß der Leiter eine »erträgliche Gleichgewichtsstörung« anzielt, daß er das Verhältnis von konstruktiven und destruktiven Tendenzen, zwischen aufrüttelnden und stützenden Wirkungen dauernd aussteuern muß. Mit anderen Worten: Er muß ein Urteil fällen, wieviel und, im Hinblick auf die erworbene Tragfähigkeit, auf welcher Ebene neuer Grund umbrochen werden kann. Das betrifft sowohl die Einzelnen wie auch die Gruppe als Ganzes.

Es ist klar, daß diese Rolleninterpretation den Leiter in eine besonders günstige Position als Beobachter der Gruppe, sich selbst eingeschlossen, versetzt. Er wird gewahr, daß er in keinem Falle einen lebendigen Prozeß beobachten kann, ohne an ihm teilzunehmen und Einfluß und Änderung auszulösen. Indem er sich gleichzeitig innerhalb und außerhalb der Gruppe befindet, kann er jedoch besonders gut die Kraftströme in der Gruppe, auch die durch seinen eigenen Einfluß ausgelösten, beobachten.

Jedes Gruppenmitglied wird aktiv mit der Frage konfrontiert, die ich für unsere Zwecke das Grundproblem eins des sozialen Lebens genannt habe: die Beziehung zu anderen Menschen und zur Gruppe als Ganzes. Er muß sie aktiv lösen. Der Zusammenprall eigener egoistischer Bedürfnisse und Impulse mit den Einschränkungen, die die Gruppe verlangt, wie sie sich in der Formel »Individuum und Gruppe« ausdrücken, wird durch die Formel »Das Individuum in der Gruppe« ersetzt. Explizit: das Individuum lernt, daß es die Autorität der Gruppe als Schutz und Sicherheit gegen die Übergriffe der Impulse der anderen braucht. Es muß daher die Autorität der Gruppe schaffen und aufrechterhalten, indem es bereitwillig notwendige Modifikationen seiner eigenen instinktiven Impulse bejaht. Es lernt auch, daß es als Gegenleistung für sein Opfer an ungehemmter Aktivität die Unterstützung der Gruppe für seine eigene besondere Individualität bekommt. Es nimmt an einem zweifachen Prozeß teil: Es muß die Wünsche und Bedürfnisse der anderen tolerieren, wenn es den Anspruch erhebt, daß seine Ansprüche anerkannt werden, und es muß das Verhalten bei sich einschränken, das es bei den anderen ablehnt.

Diese Haltung wird sich als Ergebnis emotioneller und psychologischer Prozesse unvermeidlich einstellen, sie kann aber auch auf intellektuellem Wege erworben werden. Diese notwendige Anpassung an die Realität und an die Regeln des sozialen Umgangs kann um so mehr angenommen werden, als der analytische Prozeß gleichzeitig den Patienten von Angst und Abhängigkeit gegenüber den primordialen Autoritätsfiguren befreit.

Dieser Vorgang ist auf manifester Ebene nur deshalb möglich, weil der Leiter nicht die Rolle des Führers spielt.

Wenn wir zusammenzählen, was auf dieser manifesten Ebene vor sich geht, dann wäre zu nennen: analytische und integrative Prozesse bewirken im Zusammenspiel ein Wachsen (eine Reifung) der Gruppe. Der Leiter macht die Gruppe zu aktiven Teilnehmern. Er wird vorzugsweise mittels der Gruppe aktiv. Seinen

Hauptbeitrag leistet er als Katalysator und Beobachter. Er stärkt die Gruppe, indem er analytische und integrative Prozesse anregt. Dem Decrescendo seiner aktiven Teilnahme entspricht ein Crescendo von Integration und Selbstvertrauen auf seiten der Gruppe.

Wir wollen nun die andere Wellenlänge einschalten und dort mithören.

Diese Ebene ist natürlich normalerweise eine unbewußte. Sie kann bis zu einem gewissen Grad in der Gruppenanalyse bewußt gemacht werden, aber das geschieht gewöhnlich nur in einer Gruppe, die eine sehr lange und extensive Behandlung hinter sich hat. Das korrekte Vorgehen auf dieser Ebene ist wichtiger als das Ausmaß, in welchem sich die Gruppe dessen bewußt werden kann. Die Interpretation beruht auf den Erkenntnissen psychoanalytischer Forschung und insbesondere auf Freuds *Massenpsychologie und Ich-Analyse* (1921).

In den unbewußten Phantasien der Gruppe wird der Therapeut zu einer primordialen Führerfigur; er ist allwissend und allmächtig, und die Gruppe erwartet von ihm magische Hilfe. Natürlich ist er ein Vater, aber es ist allzu einfach, seine Stellung als die eines wirklichen Vaters oder einer Mutter zu interpretieren und dann in der Gruppe eine Repräsentanz der Familie zu sehen. Diesen Eindruck habe ich nicht. Während Familienübertragungen zwischen den Gruppenmitgliedern gelegentlich erkannt werden können, braucht sich die Gesamtkonfiguration keineswegs nach dem Familienmuster zu gestalten. Es stimmt zwar, daß die Familie eine Gruppe ist, aber die Gruppe ist noch keine Familie. Gruppenpsychologie muß ihre eigenen Konzepte ihren eigenen Gesetzen entsprechend entwickeln und darf sie nicht von der Individualpsychologie ausleihen. Die Gruppe ist älter als das Individuum.

Als ich jüngst wieder Freud las, fand ich zu meiner Überraschung in Freud selbst einen Bundesgenossen. Ich zitiere: »Wir müssen schließen, die Psychologie der Masse sei die älteste Menschenpsychologie; was wir unter Vernachlässigung aller Massenreste als Individualpsychologie isoliert haben, hat sich erst später, allmählich und immer noch nur partiell aus der alten Massenpsychologie herausgehoben«.[1]

Später, wenn Freud über die Beziehung eines einzelnen Mit-

[1] Massenpsychologie und Ich-Analyse, Kap. X, Seite 137.

gliedes der Urhorde zum Urvater spricht, führt er aus: »... ein Stück von jener archaischen Erbschaft, die auch den Eltern entgegenkam und im Verhältnis zum Vater eine individuelle Wiederbelebung erfuhr.«[2]

Wir können daraus schließen, daß die Gruppe dieses archaische Erbe unmittelbar wiederbeleben kann.

Wie auch immer, auf dieser Ebene zeigt die Gruppe ein Bedürfnis und ein Verlangen nach einem Führer als einer omnipotenten, gottähnlichen Vaterfigur. Wir können unserem Bild von der gruppenanalytischen Situation ein wichtiges Merkmal beifügen: Die Gruppe setzt den Therapeuten in die Position eines absoluten Führers ein – eine Position, die er nicht verlieren, möglicherweise aber verderben kann. Wir werden später sehen, daß diese Voraussetzung wesentlich ist für die Bedeutung seiner Handlungen auf der manifesten Ebene, als Leiter.

Auf dieser unreifen Stufe braucht die Gruppe die Autorität des Führers. Abgesehen von der Tatsache, daß die Mitglieder auf diese Weise ihre individuellen Konflikte mit Autoritätsfiguren angehen können, vermag die Gruppe als Ganzes so ihre »zweite Grunderfahrung« zu machen, nämlich die Neuordnung der Beziehung zwischen Führer und Gruppe. Was tut auf dieser Ebene der Führer in der Gruppenanalyse? Kurz gesagt: Er nimmt seine Position an, um sie im besten Interesse der Gruppe zu nutzen und die Gruppe eventuell von ihrem Bedürfnis nach einer autoritären Führung zu entwöhnen. Was schließt dies ein? Vor allem muß er die Situation als solche anerkennen. In seiner Position als Beobachter ist er wiederum in einer sehr guten Ausgangslage zum Studium der Entwicklung dieser Beziehung.

Zweitens darf er nicht der Versuchung unterliegen, diese gottähnliche Rolle zu spielen, sie für eigene Bedürfnisse auszubeuten oder sie irgendwie persönlich zu nehmen. Das setzt voraus, daß er selbst nicht unbewußt an diesen Phantasien und Bedürfnissen teilhat. Wenn es so wäre, hätte er Angst, sie anzunehmen, kein seltener Grund, weshalb Therapeuten fürchten, Gruppen zu übernehmen. Sie haben tatsächlich Angst, ihren eigenen unbewußten Phantasien von einem Führer entsprechen zu müssen, was sie natürlich nicht könnten. Wenn ein Führer durch seinen Charakter auf einen Teilaspekt dieser primitiven Rolle festgelegt

[2] Freud, op. cit., S. 142.

ist, mag er für jede Gruppe, die gerade den Führertyp braucht, den er darstellt, ein recht guter Führer sein. Die Situation fixiert sich dann in dieser Beziehung und kann sich nicht ändern. Wir bekommen dann die verschiedenen Beziehungstypen, die Fritz Redl so einleuchtend beschrieben hat. In der gruppenanalytischen Situation sehen wir diese Typen der Gruppe-Führer-Beziehung als vorübergehende Episoden in einem ständigen Fluß.

Der Gruppenanalytiker nimmt jede Position an, welche die Gruppe auf ihn überträgt. Dies bedeutet, daß er weder aktiv eine solche Rolle beansprucht oder auf sie hinarbeitet, noch daß er sie andererseits durch Wort oder Tat ablehnt. Er verhält sich in dieser Hinsicht genau so wie der Psychoanalytiker in der Übertragungssituation. Er tut das vor allem aus zwei Ursachen. Erstens muß er in einer Position sein, die der Gruppe, solange sie es nötig hat, die Sicherheit und Immunität gibt, die aus seiner Autorität als Führer entspringt. Zweitens muß er die Führerposition übernehmen, um sie später liquidieren zu können. Er kann nicht die Gruppe von etwas entwöhnen, was vorher nicht bestand. Der Leiter ist jedoch darauf vorbereitet und unterstützt ein langsames Aufgeben seiner autoritären Position. Auch hier verhält er sich wieder passiv, er läßt es geschehen. Er wandelt sich von einem Führer der Gruppe zu einem Führer in der Gruppe. Umgekehrt ersetzt die Gruppe die Autorität des Führers durch die Autorität der Gruppe.

Das Geschehen auf der Primärebene zusammenfassend, kann man sagen, daß die Gruppe eine wichtige Entwicklung im Sinne der Entwöhnung von ihrem infantilen Bedürfnis, autoritativ geführt zu werden, durchmacht.

Wir wollen nun kurz betrachten, wie diese beiden Ebenen aufeinander einwirken.

Wie beeinflußt die manifeste Ebene die primäre? Fürs erste muß beachtet werden, daß das, was sich auf der Primärebene ereignet, von der manifesten Ebene her beeinflußt ist. Infolge zweier Entwicklungen wirkt die manifeste Ebene auf die primäre, einerseits durch den Führer, andererseits durch die Gruppe.

In bezug auf den Führer sehen wir jetzt deutlich, wie sich die Tatsache auswirkt, daß er sich einer aktiven Führerschaft enthält. Dieses Verhalten allein macht es ihm möglich, seine Neutralität auf der Primärebene aufrechtzuerhalten. Wenn er als Leiter eine aktive Führungsrolle übernehmen müßte, wäre die Gruppe gezwungen, seine Position als die eines primären Führers aufzufassen und diese beiden Rollen zu vermischen. Auf seiten der Gruppe finden wir, wie vorhin gezeigt, wachsende Reife auf der manifesten Ebene als Ergebnis analytischer und integrativer Prozesse. Indem der Leiter diese Prozesse anregt und ständig unterstützt, gräbt er damit sein eigenes Grab als Führer. Wachsende Reife und Kraft auf der manifesten Ebene fördern die so wichtige Verringerung der Abhängigkeit und das Schwinden der Führerautorität.

Den Einfluß der Primärebene auf die manifeste aufzuzeigen, ist schwierig. Die Primärebene ist zwar völlig latent, aber vieles, was sich manifest ereignet, gewinnt Gewicht und Bedeutung erst auf dem Hintergrund, den sie bildet. Wenn der Leiter diese Grundautorität nicht im Rücken hätte, könnte er durch sein spezifisches Verhalten jedes Prestige verlieren. Die Gruppe könnte verwirrt und ängstlich werden, bedrückt durch ein hoffnungsloses Gefühl der Frustration. Sie könnte die zögernde Haltung des Leiters einfach als Schwäche und fehlende Kompetenz deuten. In ihrer Verzweiflung würde sie einen anderen Führer suchen; dies muß nicht notwendig ein Therapeut sein. Sie würde, noch schlimmer, irgendeinen aus ihren Reihen, der eloquent genug ist, zum Führer wählen. Von ihm muß man erwarten, daß er, besonders wenn er neurotisch ist, seine Position mißbraucht und sie bestimmt nicht in der hier beschriebenen Art zum Nutzen der Gruppe verwendet. Die Gruppe hätte anfänglich ohne die Sanktionierung durch den Führer nicht den Mut, den analytischen Prozeß einzuleiten und Werte und geltende Verhaltensregeln in Frage zu stellen. Der Beitrag des Leiters, seine Erklärungen, Interpretationen, sein In-Frage-Stellen von Urteilen und Werten hätte nicht das nötige Gewicht; auch sein eigenes Beispiel hätte nicht das notwendige Gewicht, um Verhalten ändern zu können. Die Gruppenmitglieder brauchen in dem Zusammenprall von Persönlichkeiten unter hoher emotionaler Spannung die dauernde Gegenwart und den Schutz einer Vaterfigur, dessen Unparteilichkeit und Gerechtigkeit sie vertrauen. Ohne seine Sanktionierung könnten die oft so aggressiven interpersonellen Beziehungen nicht offen besprochen werden.

Wenn wir gleichzeitig beide Wellenlängen abhören, finden wir, daß die beiden Ebenen zueinander eine dynamische, reziproke Beziehung haben: ein Crescendo beim Reifeprozeß der Gruppe und ein Decrescendo bei der Autorität des Führers. Das Crescendo der Gruppe auf der manifesten Ebene veranlaßt das Decrescendo des Leiters auf der latenten, der Primärebene. Autoritätsabhängigkeit wird ersetzt durch Vertrauen auf die Gruppe selbst. Der Leiter fördert ununterbrochen den analytischen Prozeß. Diese Analyse intrapersonaler und interpersoneller Schwierigkeiten macht Energien frei und fördert die Integration.

Die Rolle der Integration ist mehrdeutig. Zuerst entlehnt sich die Gruppe Kraft von der Autorität des Führers und neigt dazu, sich durch ihn zu integrieren. Diese vorläufige Integrierung ruht auf infantilem, unreifem Boden und wirkt bis zu einem gewissen Grad der Integration auf einer reifen Stufe, einer gruppenzentrierten Integration entgegen. In seiner Rolle als Leiter unterstützt der Therapeut die gruppenzentrierte Integration direkt. Je stärker die Gruppe wird und je mehr sie sich aus sich selbst heraus integrieren kann, um so weniger hat sie es nötig, sich Kraft zu entlehnen. Während der Leiter diese Vorgänge auf beiden Ebenen beobachtet, muß er sie in dem hier beschriebenen Sinne lenken, indem er das angemessene Gleichgewicht zwischen aufwühlenden Faktoren und der Fähigkeit der Gruppe, sie zu ertragen,ständig wahrt. Dadurch übt er einen aktivierenden Einfluß auf analytische wie auch auf stützende Vorgänge aus.

Die Gruppe selbst vermittelt zwei wesentliche Erfahrungen, die den beiden skizzierten Ebenen entsprechen und sich wiederum gegenseitig beeinflussen und unterstützen. Die eine ist Anpassung an andere (soziale Anpassung) und an die Tagesrealität, die sich vorwiegend auf der manifesten Ebene abspielt. Die andere ist Korrektur einer frühkindlichen Autoritätsabhängigkeit, die sich auf der primären Stufe abspielt. Die gruppenanalytische Situation ist ein wertvolles Werkzeug der Psychotherapie und des wissenschaftlichen Studiums des Menschen in einer bestimmten sozialen Umgebung.

Es scheint besonders wichtig zu sein, daß der Beobachter den voreiligen Schluß vermeidet, Begriffe, die aus der Psychologie des isolierten Individuums gewonnen sind, insbesondere psychoanalytische Begriffe, auf dieses Beobachtungsfeld zu übertragen. Wenn er in Begriffen der Übertragung innerhalb der Familiengruppe, die Vater, Mutter und Geschwister umschließt, des

Widerstandes, der Projektion, Identifikation, Verdrängung, Reaktionsbildung, Fixierung und so weiter denkt, und zwar so, wie sie für die Einzelsituation zutreffen, wird er sicherlich all diese Phänomene vorfinden. Wenn er aber die Gruppensituation, die er vor sich hat, berücksichtigt, wird er eine Fülle neuer Beobachtungen machen, die die Gruppendynamik betreffen und es wird von daher gerade auf die Mechanismen, die in der Einzel-Psychoanalyse wirken, Licht fallen.

Es besteht eine dringende Notwendigkeit, eine wissenschaftliche Sicht der Gruppenpsychodynamik sowie Begriffe zu schaffen, die es uns ermöglichen, in einer allgemein verständlichen Sprache Erfahrungen auszutauschen und Probleme gegenseitig zu verstehen. Durch diesen Austausch können Fragestellungen und Beobachtungen des Gruppentherapeuten und Gruppenanalytikers zum Studium jeder anderen Gruppe beitragen. Mit Hilfe dieser Orientierung des Leiters wird die gruppenanalytische Situation zum naturgegebenen interdisziplinären Studienobjekt für Biologen, Anthropologen, Soziologen und Psychoanalytiker. Erst da entfaltet sich der lebendige Prozeß in voller Wirklichkeit – als ein koordiniertes und konzertiertes Ganzes.

Der zweite Eindruck, den ich hoffe vermittelt zu haben, ist folgender: Daß der Geist, in welchem diese Gruppen geleitet werden, und die Qualitäten, die der Leiter braucht, eine wesenhafte Beziehung zu den Erziehungskonzepten für einen demokratischen Lebensstil und ein offenes Weltbürgertum haben.

Wir haben die für den Therapeuten entscheidenden Vorbedingungen genannt und gezeigt, daß seine Qualifikation der entspricht, die man sich vom Führer einer demokratischen Gemeinschaft wünscht. Er muß in seiner Person leidlich sicher und realitätsbezogen sein. Er muß der schweren Versuchung gewachsen sein, den lieben Gott zu spielen. Er muß immun werden gegen die Gefahr, die Gruppe zu seiner eigenen Befriedigung zu mißbrauchen. Das bedeutet, daß er seinen Ödipuskomplex befriedigend gelöst hat. Er liebt und achtet die Gruppe und will ihre Mitglieder zu selbstverantwortlichen Individuen machen. Er möchte Unterwerfung durch Zusammenarbeit von Gleichen unter gleichen Bedingungen ersetzen. Trotz seiner emotionalen Sensitivität hat er das Selbstvertrauen, das aus Bescheidenheit entspringt. Sein Mut zu führen, entsteht aus sozialer Verantwortung.

Ein letzter Kern wird über das Gesagte hinaus unerklärt bleiben, ein Phänomen, das die Wissenschaft von heute nicht auflösen kann, dessen Darstellung Kunst und Religion vielleicht näherkommen, eine ursprüngliche Beziehung (Charisma hat sie Max Weber genannt), die auf Liebe, Achtung und Vertrauen beruht. Ohne dies kann er »den alten Zauberbann«, wie es der Dichter nannte, niemals lösen.

V

Grundzüge und Entwicklung der Gruppenanalyse

(1955)

Man könnte sagen, daß Gruppenpsychotherapie dann beginnt, wenn mehr als zwei Personen zum Zwecke der psychologischen Behandlung in einem Raum versammelt sind. Drei Personen können als Modell für die damit eingeführte neue Dimension (das »Dreiermodell« des Autors) dienen. In der Praxis aber beginnen unsere Gruppen erst mit einem Minimum von fünf und einem Maximum von acht Teilnehmern, den Therapeuten ausgeschlossen, zu funktionieren. Bei weniger als fünf Personen kann sich Gruppendynamik nicht mit der nötigen Ellbogenfreiheit entwickeln und bei mehr als acht Personen besteht nicht genügend Intimität, um den einzelnen Mitgliedern gerecht werden zu können. Gruppenpsychotherapie basiert auf der Überzeugung, daß Neurosen und andere psychische Störungen in Wahrheit multipersonale Phänomene sind. Das eigentliche Behandlungsobjekt ist das multipersonale Netzwerk von Kommunikationen und Störungen. Die Menschen, die sich versammeln und an der Gruppe teilnehmen, stellen in der Gruppenpsychotherapie auch ein Instrument zur Behandlung dar.

Um den Weg zur gruppenanalytischen Gruppe im strengen Sinne aufzuzeigen, wollen wir drei Gruppentypen vergleichen und einander gegenüberstellen. Alle drei können Gegenstand der Psychotherapie und durchaus auch der Gruppenanalyse ein. Sie sind einerseits um ihrer selbst willen interessant, andererseits beleuchten sie gleichzeitig auch die gruppenanalytische Gruppe als solche. Überdies können alle drei in ihren dynamischen Eigentümlichkeiten am besten mit Hilfe von Vorstellungen, die sich aus dem Studium der gruppenanalytischen Gruppe entwikkelt haben, verstanden werden. Wir lernen so die gruppendynamischen Begriffe kennen und gewinnen ein Bild von der Allgemeingültigkeit der gruppenanalytischen Beobachtungen. Wir wollen daher zuerst diese drei Gruppentypen beschreiben, dann die wesentlichen Konzepte erwähnen und sie schließlich auf die

Analyse dieser drei Gruppen anwenden. So können wir die entscheidenden Kennzeichen der gruppenanalytischen Gruppe sinnvoll darstellen.

Folgende drei Gruppentypen sind zu unterscheiden:

(1) Die funktionale Gruppe (die Gruppe, die eine Funktion auszuführen hat). Im gewöhnlichen Leben ist das eine Arbeitsgruppe, eine Gruppe von Arbeitenden mit einem klar umrissenen Ziel, das sie zu erreichen wünschen, oder ein Team.

(2) Die natürliche Gruppe. (Primärgruppe, Keimgruppe). Der einfachste Typus dieser Gruppe wäre die Familie. Die hier gemeinte Gruppe würde jedoch auch Menschen in enger Beziehung jenseits der Familienbande, wie Freunde, Lehrer, Mitarbeiter usw. umschließen, die alle in lebenswichtiger Abhängigkeit stehen und zu einem Netzwerk gehören. Wenn wir diese Gruppe vom Standpunkt des Einzelpatienten betrachten, dann würde sie grob korrespondieren mit Morenos Vorstellung vom sozialen Atom, oder besser, wenn wir dieses Konzept um einen Schritt erweitern, mit einem sozialen Molekül.

(3) Die gruppenanalytische Gruppe (als Modell einer psychotherapeutischen Gruppe). Eine Gruppe von unabhängigen Patienten, im Idealfall von sieben oder acht Personen und einem Gruppenanalytiker, die einzig und allein zum Zweck der Behandlung zusammenkommen und sich sonst völlig fremd sind.

Die erste dieser drei Gruppen, die Arbeitsgruppe, kann man in der gesellschaftlichen Realität antreffen und entweder an Ort und Stelle behandeln (in situ), oder man kann sie im Studio oder Sprechzimmer rekonstruieren. Ein Beispiel für letztere ist die Beschäftigungsgruppe im Krankenhaus, die sich mit Holzarbeiten oder Malen abgibt.

Beim zweiten Gruppentypus, der natürlichen Gruppe, ergeben sich zwei Alternativen: (1) die Behandlung in der gegebenen Situation (in situ), zum Beispiel in der Familie, also zu Hause, wie es der praktische Arzt gelegentlich tut, (2) die persönliche Teilnahme der Patienten im Sprechzimmer. Morenos Psychodrama, bei dem zwar nur ein oder zwei Zentralfiguren persönlich teilnahmen, während die anderen durch Hilfsakteure, die sogenannten »Hilfsichs« (*auxiliary egos*), ersetzt werden, stellt eine Variation dar.

Es liegt in der Natur der dritten Gruppe, daß sie nur im Behandlungsraum existieren kann, wie etwa eine Gruppe für ambulante Patienten in der Privatpraxis, in psychiatrischen oder anderen Krankenhäusern und, unter bestimmten Modifikationen, auch auf der Krankenhausstation.

Es seien nun die verschiedenen Konzepte kurz erwähnt, um zu zeigen, inwiefern sie für die Charakterisierung verschiedener Gruppensituationen und Gruppenvoraussetzungen in dynamischer und therapeutischer Hinsicht eine Hilfe sein können.

I. Art der gegenseitigen Beziehungen

Beim zweiten Gruppentyp sind die Mitglieder eng miteinander verbunden. Es sind ja oft Mitglieder derselben Familie. In Typ eins sind sie mehr oder weniger eng miteinander in bezug auf einen besonderen Lebensbereich verbunden. In Typ drei haben sie, außer im Behandlungsraum, keine Beziehungen zueinander.

Das betrifft die schon vorher bestehenden Beziehungen. Die Beziehungen, die sich während des psychotherapeutischen Prozesses entwickeln, werden auch charakterisiert und stark beeinflußt durch die speziell angeordnete Behandlungssituation (T-Situation).

II. Okkupation

Es handelt sich hier um einen wichtigen Begriff. Diese Gruppen liegen, wie wir nun sehen werden, auf einer Skala, die von der Beschäftigung als wirklichem oder offenbarem Hauptgegenstand der Gruppenexistenz bis zum völligen Fehlen einer Beschäftigung in der gruppenanalytischen Gruppe einschließlich der daraus folgenden Konsequenzen. Hier möge der Hinweis genügen, daß die Intensität der Beschäftigung (*occupation*) umgekehrt proportional ist der Offenheit der einbezogenen Personen und ihrer gegenseitigen Beziehungen. Mit anderen Worten, die Okkupation dient als Abschirmung, hinter der die intimeren und oft unbewußten gegenseitigen Gefühle der Teilnehmer versteckt werden.

III. Kommunikation

Theorie und Praxis der Gruppenanalyse widmeten dem Kommunikationsprozeß von Anfang an besondere Aufmerksamkeit. Die Kommunikationstheorie wurde inzwischen durch die Arbeiten von Ruesch und Bateson sowie durch die neueren Veröffentlichungen von Ruesch, Masserman u. a. vorangetrieben. Kommunikation kann verbal oder nichtverbal, bewußt oder unbewußt sein. Die letztere ist für uns natürlich von besonderem Interesse. Der Autor betonte schon früher den Prozeß der Übersetzung (*Translation*). Er entwickelt sich durch Kommunikation vom unartikulierten und autistischen Ausdruck mittels eines Symptoms bis zur Erkenntnis der dahinterliegenden Konflikte und Probleme, die alle angehen und mitteilen und von allen in der Alltagssprache besprochen werden können. Aus meiner heutigen Sicht ist noch mehr miteinbezogen: Der Prozeß, der den Grad der Kommunikation ansteigen läßt, verläuft in zwei Richtungen, nach oben wie auch in die Tiefe. Sowohl die Gruppe wie auch die Einzelnen zeigen wachsendes Verständnis für die primitive, symbolische, unbewußte Bedeutung der Kommunikationen. Die Gruppe eignet sich wieder das an, was Erich Fromm die »vergessene Sprache« nennt. So wird der Bereich dessen, was die Gruppe mitteilen, gemeinsam haben, austauschen kann im Fortgang des psychotherapeutischen Prozesses ausgeweitet. Prinzipiell wird alles, was sich ereignet, unter dem Aspekt der Kommunikation gesehen. Über diesen Punkt soll in Verbindung mit der gruppenanalytischen Gruppe noch mehr gesagt werden.

Im Gegensatz dazu bezieht sich in unserer »Arbeitsgruppe« die Kommunikation vorwiegend auf das in Aussicht genommene Objekt und muß als etwas Vordergründiges bewertet werden. Sie wird auf die normale Umgangssprache oder auf andere vereinbarte Symbole beschränkt bleiben. Die inoffizielle und die nichtverbale Kommunikation zwischen den Mitgliedern bleibt weitgehend unbeachtet und wird bewußt übersehen.

IV. Führertum

In der funktionalen Gruppe ist Führertum etwas Positives und Direktes. Der Psychiater, der beauftragt wurde, der Gruppe zu helfen, wird in seiner Tätigkeit der Funktion eines guten Führers nahekommen, selbst dann, wenn sein Vorgehen analytisch ist. Wir wollen später auf diesen Punkt zurückkommen. Im Gegensatz dazu unterscheidet sich gute Leitung oder Führung der gruppenanalytischen Gruppe bemerkenswert von gutem Führertum im üblichen Sinne. Dies geht Hand in Hand mit der Tatsache, daß kein Ziel vorhanden ist und daß das gute Funktionieren der Gruppe zur Erreichung eines Zieles oder Zweckes in einer derartigen Gruppe nicht seiner Absicht entspricht. Man kann sagen, daß die Funktion des Psychiaters um so mehr gutem Führertum im üblichen Sinne entspricht, je mehr Leistung und ein gutes Funktionieren der Gruppe wichtig sind, und daß dies um so weniger zutrifft, je mehr die Analyse an Bedeutung gewinnt.

V. Betätigung

Eine Betätigung kann der Hauptzweck der Gruppe oder das Hauptmittel der Behandlung sein. Andererseits fehlt in einer analytischen Gruppe eine derartige Betätigung. Es sei bemerkt, daß die Aufhebung jeder Tätigkeit, die für das analytische Vorgehen, sei es nun psychoanalytisch oder gruppenanalytisch, so charakteristisch ist, große therapeutische Bedeutung hat. Nur infolge der Suspendierung jeder Aktion wird die Analyse des Hier und Jetzt und die für die analytische Methode so charakteristische Chance einer spezifischen Wandlung möglich. Es scheint allerdings notwendig (siehe Ruesch), daß wir lernen, eine spezifische Entscheidung zu treffen, welche Persönlichkeitstypen und welche Störungen sich für eine derartige analytische Behandlung besonders anbieten und für welche anderen Typen Aktionsmethoden, für welche das Psychodrama ein Beispiel bietet, am besten geeignet sind.

VI. Das Konzept der Gruppe als Ganzheit

Dieses Konzept, das das gruppenanalytische Vorgehen besonders charakterisiert, scheint schwer verständlich zu sein und Widerstände gegen seine operative Anwendung hervorzurufen. Was wir damit im Sinn haben, beschränkt sich nicht auf die Individuen und ihre Interaktion in einer Gruppe. Wir denken an eine psychologische Einheit, eine »Psyche-Gruppe« wie Helen Jenning sie genannt hat. In diesem Zusammenhang sprechen wir von einer Matrix, von einem Kommunikations-Netzwerk. Dieses Netzwerk ist nicht bloß interpersonal, sondern sollte genauer als transpersonal oder suprapersonal beschrieben werden. Wie Neurone im Netzwerk eines Nervensystems sind die Individuen in einem derartigen Netzwerk nur Knotenpunkte in einer strukturierten Einheit.

Wenn wir dieses Konzept benutzen, um die verschiedenen Formen von Gruppen, die hier beschrieben wurden, zu charakterisieren, müssen wir uns folgende Fragen vorlegen:

(a) Wird die Gruppe als Gruppe oder als eine Ansammlung von Individuen behandelt?

(b) Wird die Gruppe um der Gruppe willen oder um des Individuums willen behandelt?

(c) Wird die Gruppe mittels der Gruppe oder durch den Therapeuten als Führer behandelt?

(d) Wenn sie durch den Therapeuten als Führer behandelt wird, wirkt er vorwiegend mit Hilfe der Gruppe?

Gemäß diesen Fragen wollen wir nun die drei Gruppentypen definieren, nachdem wir sie nacheinander betrachtet haben.

1) *Die funktionale oder Arbeitsgruppe*

So, wie sie in der gesellschaftlichen Realität anzutreffen ist, geht uns diese Gruppe hier weniger an. Es ist unmittelbar klar, daß sich ihre Mitglieder nur zwecks einer besonderen Funktion treffen und sonst zu anderen Gruppen gehören. Wir sagten schon, daß ihre Beziehungen zueinander latent bleiben, während ihre Beschäftigung evident ist. Die Betätigung beschränkt sich auf das Ziel der Okkupation. Wenn diese Gruppe Gegenstand psychologischer Beratung wird, ergibt sie das klarste Beispiel einer Gruppe, die um der Gruppe willen behandelt wird. Wenn man eine solche Gruppe zum Zwecke der Behandlung z. B. im Krankenhaus zusammenstellt, für ein Projekt oder eine Okkupation, wirkt sie therapeutisch fast ausnahmslos durch erfolgreiche Teilnahme und Sozialisierung. Dies sind in der Tat starke Kräfte, die wir als ichstärkend und unterstützend, als wiederherstellend und ermutigend oder wie immer man will, bezeichnen können. Wir entdeckten in Northfield vielleicht als erste in vollem Ausmaß den soziotherapeutischen Aspekt dieses Gruppentyps, der bis dahin mehr als ein Nebenprodukt der Okkupation erschienen war. Wir waren beeindruckt von der Bedeutung interpersoneller Beziehungen in dieser Art Gruppe und sehen darin ihren eigentlichen therapeutischen Wert. Wir betrachteten die Beschäftigungen und Pläne nur als ein Mittel zum Zweck, nämlich als Ermutigung zu menschlichen Kontakten und Beziehungen einschließlich ihrer therapeutischen Wirkungen und auch als ein Hilfsmittel der Beobachtung. Indem wir einen Schritt weitergingen, sahen wir, daß diese Gruppen umgekehrt für ein psychoanalytisches Vorgehen genutzt werden konnten, welches eine genuine korrigierende Neuerfahrung und Einsicht ermöglichte.

An dieser Stelle möchte ich feststellen, daß in all diesen Gruppen das unterstützende, resozialisierende Moment ebenso bedeutend ist wie das analytische. Die Feststellung, daß in der rein analytischen Gruppe stützende Faktoren neben den analytischen am Werk sind, bedeutet nicht, daß diese Gruppen, wie Kelnar und Sutherland anzunehmen scheinen, mit Vorbedacht so geführt werden. In der rein analytischen Gruppe ist meine Haltung eine rein analytische. Die analytische Haltung in einer Gruppe ist ein Äquivalent der psychoanalytischen Haltung in der Einzelsituation, ist aber nicht mit dieser identisch. Ich möchte annehmen, daß auch in der psychoanalytischen Situation stützende Faktoren eine beträchtliche Rolle spielen. Das bedeutet aber nicht, daß der Psychoanalytiker oder Gruppenanalytiker diese Faktoren mit Vorbedacht fördert. Ich glaube, daß in der hier besprochenen Gruppe die gleitende Skala vom sozialisierenden, stützenden Effekt zum analytischen besonders klar hervortritt.

2) *Die natürliche Gruppe (das ursprüngliche Netzwerk)*

In dieser Art Gruppe sind die Mitglieder miteinander eng verbunden. Sie hat als Gruppe keine bestimmte Okkupation, aber die Mitglieder stehen in bezug auf die Grundinhalte ihres Lebens in gegenseitiger Abhängigkeit. Dieses natürliche Netzwerk, z. B.

die Familie oder Großfamilie, ist ein wichtiges Gebiet der gruppenanalytischen Therapie und Forschung. Ich konnte im allgemeinen nur kleine Teile eines solchen Netzwerkes gleichzeitig behandeln, wie etwa Ehepaare oder Mutter, Vater und Tochter. Diese Erfahrungen sind allerdings sehr lehrreich gewesen.

Es ist zu erwarten, daß man in dieser Art Gruppe alle Formen menschlicher Reaktionen antrifft, normale und anormale, physische und psychische, psycho-neurotische und psychopathische, psychotische und psychosomatische. Bisher wurden alle diese Störungen weitgehend vom endopsychischen Standpunkt aus erforscht. Hier kann man sie als Facetten des multipersonalen Interaktionsnetzwerkes, in dem die Störungen des Individuums ausgetragen werden, erkennen. Es wird angenommen, daß sogar Teilreaktionen, wie etwa Symptome, in gegenseitiger Abhängigkeit stehen. Daher kann man erwarten, daß bei dieser Art Vorgehen auch auf die Dynamik der Individual-Psychopathologie ein Licht fällt.

Das Problem der Übertragung zwischen so eng verbundenen Mitgliedern und zwischen ihnen und dem Therapeuten ist sehr kompliziert.

3) *Die gruppenanalytische Gruppe*

Wir kommen nun zur gruppenanalytischen Gruppe im engeren Sinne, der Gruppe, an die wir gewöhnlich denken, wenn wir von gruppenanalytischer Behandlung sprechen. Wir sehen, daß die Mitglieder vorher keine Verbindung untereinander hatten. Sie sind sich völlig fremd und sollten außerhalb der Behandlungssituation so wenig Kontakt wie möglich haben. Sie haben außer der Behandlung keinen Anlaß, zusammenzukommen, keine Okkupation, kein Therapie-Programm. Das hat, wie wir sahen, die Wirkung, daß die Persönlichkeiten und ihre wechselseitigen Beziehungen offenbar werden; die Abschirmung durch eine Okkupation wurde beseitigt, und es öffnet sich der Weg für ein analytisches Vorgehen. Von besonderer Bedeutung ist die Art der Kommunikation und wie man sich ihrer bedient. Auf der Basis eines freien Sich-Offenbarens ist letztere Hauptobjekt der Beobachtung und Interpretation und wichtiger Ansatzpunkt für die Therapie. Soweit die manifeste Kommunikation verbal ist, wird Zensur soweit wie möglich zurückgestellt. So wird sie zum Äquivalent der freien Assoziation in der Psychoanalyse (freie Gruppenassoziation). Jahre des Studiums und der Beobachtung lehrten mich, daß es für den Leiter wichtig ist, die Kommunikationen der Gruppe als gemeinsames Gruppenprodukt zu betrachten. Sie sind es insbesondere dann, wenn man zuläßt, daß sie sich als freie Gruppenassoziation entfalten. Indem wir die Hauptbedingungen und Parameter einer Gruppe in dieser Richtung verfolgen, bestimmen wir ihre besondere »Situation«. Ich konnte beobachten, daß es eine genaue Relation zwischen der Gesamtgruppen-Situation und dem Annäherungsgrad der Kommunikation an die freie Assoziation gibt. Eine genau funktionierende Arbeitsgruppe, wie unter (1) beschrieben oder ein sehr konventionelles soziales Zusammensein wird die unter der Oberfläche liegenden latenten Gefühle, Phantasien und Impulse stark unterdrücken. Aber eine Gruppe unter entspannten Bedingungen, wie es z. B. eine lange Eisenbahnfahrt oder Seereise ist, wird sie weit mehr enthüllen, obwohl die Teilnehmer das bewußt kaum wahrnehmen können. Als ich mit einer kleinen Touristengruppe im Bus durch Spanien reiste, einer Gruppe, die keine andere Beschäftigung als Besichtigungen hatte, konnte ich z. B. beobachten, daß die Unterhaltung sehr viel Aufschluß über die Persönlichkeiten, ihre Beziehungen, ihre Interaktion und über die Gruppe als Ganzes gab, während die Aussagen immer tangential und weitgehend unbewußt blieben. Wie dem auch sei, in der gruppenanalytischen Gruppe wird das Hervortreten einer ursprünglicheren Kommunikationsweise vor allem durch die vorherrschenden Bedingungen begünstigt. In einer derartigen Gruppe sind alle beabsichtigten und unbeabsichtigten nichtverbalen Kommunikationen gleich wichtig, und die Äußerungen und Reaktionen werden durch die Emotionen hervorgerufen, die zwischen den Mitgliedern entstehen. Kommunikation ist eine Voraussetzung für den analytischen Prozeß. Die Entwicklung der Kommunikation geht mit dem analytischen Prozeß parallel. Neurotische und psychotische Störungen sind immer mit Hemmungen im Kommunikationssystem und gehemmter Sozialisierung des Patienten verbunden. Es ist eben das Ziel der Analyse, das autistische Symptom in ein Problem zu übersetzen, das verbalisiert werden kann. Der Vorteil, den jeder Einzelne durch das Hinarbeiten auf einen freien Ausdruck erreicht, steht in unmittelbarer Verbindung mit den Kommunikationsebenen, die eine derartige Gruppe erreichen kann. Das allgemeine Verständnis erstreckt sich von der Ebene der Träume und Symbole bis zu der bewußten manifesten Bedeutung, aber diese gemeinsame Basis kann dauernd erweitert werden. Gruppenanalyse zeigt den Menschen nicht nur, wieviel sie – oft ganz unerwartet – mit anderen gemein haben, sondern auch ebensooft, wie sehr sie sich als individuelle Persönlichkeiten voneinander unterscheiden. In dieser Hinsicht gleicht der Prozeß einer erzieherischen Erfahrung von sehr tiefer und grundlegender Art.

Die gruppenanalytische Gruppe ist vor allem eine Übertragungsgruppe. Die Mitglieder können, ihren unbewußten Phantasien entsprechend, nicht nur auf den Leiter, sondern auch untereinander übertragen. In dieser Hinsicht ist es hilfreich, sich daran zu erinnern, daß der Ausdruck Übertragung heute im Wesentlichen in zwei verschiedenen Bedeutungen verwendet wird. Die spezifischere entspricht dem klassischen Konzept der Übertragung. Bei der anderen wird sie für *alle* Beziehungen in der therapeutischen Situation gebraucht. Persönlich bin ich der Meinung, daß nicht alle Beziehungen in einer therapeutischen Situation Übertragung genannt werden sollten und ziehe es daher vor, mich auf die Gesamtsituation mit ihren besonderen Kennzeichen als auf eine therapeutische oder T-Situation zu beziehen anstelle der mehr allgemeinen Übertragungs- (tr-) Situation. Das Wesentliche einer T-Situation ist, daß alte Erfahrungen und Haltungen in einer Situation, für die Toleranz, Annehmen, relative Freiheit Selbstverständlichkeiten sind, ohne Hemmungen wieder aufleben können. Es wird nicht gewertet, jede Reaktion eines Patienten wird akzeptiert, die Beziehungen zwischen den Mitgliedern entwickeln sich in einer bevorzugten Atmosphäre, in der Verhaltenskonsequenzen nicht entstehen können. So lassen sich alte neurotische Reaktionen in gegenseitigem Prozeß korrigieren. Die Art, wie Kommunikationen, verbale und nichtverbale, behandelt werden, entwickelt sich als eine Begleiterscheinung der besonderen Kennzeichen der therapeutischen (T-)Situation.

Es gibt verschiedene signifikante Kommunikationsebenen. Eine davon ist die Übertragungsebene. Eine andere ist die autistische Ebene, bei der die Gruppe als Ganzes oder Mitglieder für projizierte innere Bilder stehen. So kann die Gruppe auf einer bestimmten Ebene eine Mutter sein: Jener Körper, der, vom eigenen unterschieden, zuerst die Äußerungen eines Menschen aufnimmt. Auf dieser Ebene dehnt sich selbst das Körperschema auf die Gruppe aus. Eine andere Ebene ist die reale, diejenige der aktuellen Wirklichkeit, in welcher der Therapeut der Arzt ist, der andere Patient Herr X. Y., der in der Z-Straße wohnt und als Ingenieur arbeitet. Auf dieser Ebene können Beziehungen je nach Charakter realistisch, konventionell, habituell, angstvoll sein. Auf diese Überlegungen wird hier nur hingewiesen, um die große Skala und die Bedeutung der Beziehungen und Kommunikationen zu zeigen, mit denen die Gruppenanalyse zu tun hat.

Was die Tätigkeit des Leiters betrifft, habe ich schon gesagt, daß er nur in bezug auf die funktionale Gruppe als Führer gelten kann. In Kapitel IV habe ich mehr über die Art und Weise gesagt, wie die manifeste analytische Haltung des Leiters gleichzeitig dazu dient, bestimmte ursprüngliche Einstellungen gegenüber einer Führerfigur (Autorität, Großer Vater, Gott) zu korrigieren. Es mag genügen, wenn ich sage, daß die Haltung des Gruppenanalytikers der des Psychoanalytikers entspricht. Die Unterschiede zwischen den beiden Techniken, wie ich sie sehe, liegen nicht etwa in dem Umstand, daß der Gruppenanalytiker in irgendeiner Hinsicht weniger »analytisch« in seiner Haltung wäre als der Psychoanalytiker, sondern darin, daß seine Rolle und die Mittel, deren er sich bedient, sich verändern, da er sich inmitten der Gruppensituation befindet. Die sachgerechte Führung solcher Gruppen lassen die Gruppe mehr und mehr zu einem Werkzeug der Therapie werden, das sich selbst vorantreibt, indem die Mitglieder ihre Probleme selbst in die Hand nehmen. Aktivität im Sinne von Ausagieren ist aufgehoben. Die Tendenz zur Aktion wird gewissermaßen mitten in ihrem Fluß eingefroren und zur Betrachtung herangezogen. Diese Aufhebung der Aktivität widerspricht nicht meiner Aussage, daß gruppenanalytische Therapie in vieler Hinsicht Stärkung der Ich-Aktivität sei. In diesem Zusammenhang ist die innere Aktivität des Ich im analytischen Sinne gemeint. Die Gruppensituation, mit ihren ständig wechselnden Anforderungen, befähigt die Teilnehmer, diesen ständig wechselnden Situationen gegenüber eine bestimmte Haltung zu entwickeln, so daß das Ich in diesem Arbeitsprozeß beobachtet und analysiert werden kann.

Was die Gruppe als Ganzes anbetrifft, so war es von Anfang an ein Charakteristikum der Gruppenanalyse, alle Ereignisse in der Gruppe als bedeutsam im Lichte der gesamten Gruppenmatrix zu sehen. So wachsen die Individuen unserer gruppenanalytischen Gruppen, obwohl sie im realen Leben Fremde bleiben, gleichzeitig zu einer einheitlichen Struktur zusammen, zu der »Psyche-Gruppe«.

Alle Interpretationen werden im Hinblick auf die Gruppe als Ganzes, auf die Psyche-Gruppe, gegeben. Der Leiter hat eine andere Funktion als sie der Führer gewöhnlich hat. Er ist ein Mitglied mit besonderen Funktionen, das teilnimmt, aber nicht als Privatperson. Alle die besonderen Anordnungen der gruppenanalytischen Gruppe, die wir hier im Detail nicht nennen können, machen sie zu einer wirklichen T-Situation. In einer derartigen Situation ist es möglich, daß lange existierende Haltungen, auf die der Einzelne fixiert ist, wiederholt und wieder erlebt werden und daß ihre unbewußten Aspekte manifest und bewußt werden. Damit ist eine echte emotionale Erfahrung gegeben. Durch das Durcharbeiten wird eine Korrektur möglich und der Weg für schöpferische und neue Lösungen eröffnet. Diese Handhabung durch den Leiter führt dazu, daß die Gruppe aktiv teilnimmt und die T-Situation für eine genuine therapeutische Wandlung und Einsicht nutzt.

Der therapeutische Anstoss

Der therapeutische Anstoß ist sehr beträchtlich, intensiv und unmittelbar wirksam. Im großen und ganzen scheint die Gruppensituation das stärkste uns bekannte therapeutische Agens zu sein. Vermutlich wird es mehr und mehr der gewöhnliche therapeutische Weg werden, aus dem sich dann die Einzelbehandlung für besondere Zustände, Persönlichkeitsformen oder Ziele ergibt. Psychoanalyse wird z. B. immer die geeignetste Methode für das intime und detaillierte Durcharbeiten der infantilen Neurose, der persönlichen Übertragungsneurose unter Regressionsbedingungen sein. Andererseits ist die Gruppenanalyse nicht weniger intensiv als die Psychoanalyse, wenn vergleichbare Bedingungen gegeben sind, ja in vieler Hinsicht intensiver.

Therapeutische Faktoren

Wir unterscheiden hier gruppenspezifische und unspezifische Faktoren. Wenn analytische Mittel nicht spezifisch genutzt werden, wirken, wie ich gezeigt habe, vorwiegend stützende, sozialisierende Faktoren. Der gruppenanalytische Ansatz selbst setzt am anderen Ende der Skala an. Die Analyse in der T-Situation, die Übertragungssituation wie sie sich unmittelbar darbietet, das Hier und Jetzt spielen eine zentrale Rolle. Es sollte vielleicht gesagt werden, daß das Hier und Jetzt als solches unbewußt ist.

Die wichtigsten spezifischen Faktoren gehören zu den Spiegelreaktionen, zum Rollenspiel und zur Dramatisierung. Der Begriff der Personifizierung (Impersonation), der zu den Spiegelreaktionen gehört, hat damit zu tun, daß sich in einer Gruppe ganz verschiedene Persönlichkeiten unmittelbar begegnen. Dadurch kann einer einem manifesten, aber unerkannten Teil seiner selbst oder einem unterdrückten eigenen Aspekt, der mit seinem Wesen stark kontrastiert, im anderen begegnen, und er wird neue Aspekte seiner selbst durch die Art und Weise kennenlernen, wie die anderen auf ihn reagieren.

Diagnostik: Die Einführungsgruppe

Es erübrigt sich zu sagen, daß die Beobachtung in der Gruppe von großem Wert für die Diagnose der Dynamik ist. Dafür bietet meine Einführungsgruppe im Maudsley-Hospital ein gutes Beispiel. Vier oder fünf Patienten kommen in Gegenwart der Ärzte in der Station zu mir. Keiner kennt irgendeinen anderen. Wir bleiben eine Stunde beieinander. Es steht außer Frage, daß wir danach eine ganze Menge über die Patienten wissen: ihre Art und Weise, aufeinander zu reagieren und sich zu ihren Störungen und der Behandlung einzustellen, von ihrer Haltung gegenüber der Information mit Fakten ganz abgesehen. Nach der anfänglichen leichten Schockreaktion, während der wir den Leuten über ihre Befangenheit hinweghelfen, beginnen sie sich aktiv am Wechselgespräch zu beteiligen. Manchmal endet diese kurze Sitzung mit einem recht lebhaften Gedankenaustausch. Diese Menschen haben sich nie vorher gesehen und sind nun, da man sie alle zusammenbringt, einigermaßen verwirrt und verstört. Ziemlich oft kann ein bemerkenswerter therapeutischer Effekt beobachtet werden, obwohl das nicht der Hauptzweck der Zusammenkunft war. Diese Form der Gruppensitzung wird als eine gute Einführung in die Idee der Gruppensituation und Gruppenbehandlung benutzt und viele Patienten, die zögern würden, an einer Gruppe teilzunehmen, sind nach der Sitzung dazu bereit. Sehr oft haben Besucher mit bedeutender internationaler Erfahrung, die diese Gruppen beobachteten, ihr Erstaunen darüber ausgedrückt, wieviel mehr man in einer derartigen Sitzung im Vergleich zum Einzelinterview erkennen kann.

Methode und Technik

Die Standardsituation umfaßt fünf bis acht Patienten, wobei das Optimum, den Therapeuten ausgenommen, bei sieben Personen liegt. Sie bilden mit dem Leiter einen Kreis, und zwar vorzugsweise auf gleichen, bequemen Stühlen. Die Sitzung dauert einundeinviertel bis einundeinhalb Stunden und findet gewöhnlich einmal in der Woche statt.

Die Kombination von Gruppenpsychotherapie mit gleichlaufender Einzeltherapie führt zu Schwierigkeiten. Ich suche sie zu vermeiden, es sei denn, daß man sie bei allen Teilnehmern anwenden kann. Die Gruppenpsychotherapie kann jedoch mit Gewinn der Einzelbehandlung vorangehen oder ihr folgen.

Gruppen können entweder offen oder geschlossen sein. Eine offene Gruppe kann über einen langen Zeitraum hinweg bestehen, wobei die Gründe, weshalb die Mitglieder austreten, nur mit ihrem speziellen Fall zusammenhängen, und neue Mitglieder die Lücken füllen. Eine geschlossene Gruppe beginnt und endet die Behandlung en corps. Sie wird oft für eine vorbestimmte Zeitspanne eingerichtet. Eine derartige Gruppe ist besonders geeignet für ein intensives Vorgehen bei sorgfältig ausgewählten und zusammengestellten Patienten und für das Studium von Sonderproblemen. Neun Monate ergaben sich als wünschenswertes Zeitminimum. Eine derartige Zeitspanne kann bequem vorausgeplant werden.

Die offenen und geschlossenen Gruppen haben ganz unterschiedliche Funktionen und Charakteristika. Diese Unterschiede spiegeln sich in allen technischen Aspekten wieder, wie etwa in der Auswahl der Patienten, in der Zusammenstellung einer besonderen Gruppe, in der Gruppendynamik, in den Problemen, die von den Gruppenmitgliedern vorgebracht werden, in ihrem Anfang und ihrer Beendigung. In der Praxis gibt es kaum einmal Gruppen in solch reiner Form. Die am häufigsten angewendete Form ist eine Kombination zwischen der geschlossenen und der offenen Gruppe, die allerdings der geschlossenen Gruppe nähersteht, eine Gruppe, die ihre Mitglieder langsam erneuert. Wir haben sie versuchsweise halb-geschlossene Gruppe genannt *(slow-open group).*

Die Patienten sollen vorwiegend Psychoneurotiker, Psychotiker oder Psychosomatiker sein. Psychopathien und Perversionen sind ebenfalls für eine gruppenanalytische Therapie gut geeignet, vorausgesetzt, daß sie in besonders ausgewählten Gruppen zusammengefaßt sind. Der Kontakt der Mitglieder untereinander sollte so weit wie möglich auf die Gruppensitzungen beschränkt bleiben, wenn es sich um ambulante Gruppen handelt.

Die manifeste Aktivität einer Gruppe ist die verbale Kommunikation in der Form der freien, wahllosen Diskussion, welche man freie Gruppenassoziation nennen könnte. Freie Assoziation ist ein Element der Psychoanalyse und kann in der Gruppe nicht angewendet werden. Niemand könnte unbeeinflußt von der Gruppensituation wirklich frei assoziieren. Was sich in der Gruppe abspielt kann als Äquivalent gelten. In Wirklichkeit kommt Gruppenassoziation in dieser reinen Form nur gelegentlich vor. Andererseits ergibt sie sich bis zu einem gewissen Ausmaß in jeder menschlichen Gruppe, ja sogar bei Reisenden in einem Eisenbahnabteil.

Der Therapeut, den wir lieber Leiter als Führer nennen wollen, nimmt als ein Mitglied an der Gruppe teil. Er ist nicht direktiv, aber das bedeutet nicht, daß er inaktiv ist. Seine Hauptfunktion ist die eines Analytikers, Katalysators und Interpreten. Als Gruppenanalytiker konzentriert er sich auf den Gruppenkontext als Ganzes. Er muß sich ständig über die Tatsache im klaren sein, daß es sich um eine Gruppe, nicht um eine Anzahl von Individuen handelt.

Die Gruppensituation als solche stellt das Gegenwärtige in den Vordergrund. Die Formulierung Hier und Jetzt wurde oft gebraucht, um diesen Aspekt der Gruppenpsychotherapie hervorzuheben. Es wird besondere Betonung auf das gelegt, was sich ereignet. Wichtig ist, warum es sich im besonderen Kontext einer besonderen Gruppe zu einer besonderen Zeit abspielt.

Unterricht und Lehre

Eine Anzahl Psychiater wurde in die gruppenanalytische Methode eingeführt, sie werden es noch laufend, sowohl am Maudsley-Hospital wie auch durch die Gruppenanalytische Gesellschaft in London.

Die Erfahrung der Teilnahme an einer Einführungsgruppe, wie sie beschrieben wurde, ist von großem Wert für den Lernenden, besonders, weil sich Ärzte und Konsiliarii nachher zu einer Besprechung treffen.

Ein anderes gutes Beispiel dafür ist mein Kontrollseminar im Maudsley-Hospital. Es findet einmal wöchentlich statt. Es wird von den verschiedenen Ärzten über zwei oder drei Gruppen berichtet. Jeder nimmt teil, lernt, vergleicht und bringt Beispiele aus seiner eigenen Praxis. Diese Gruppe hat auch eine beträchtliche therapeutische Funktion. Sie berücksichtigt voll den Aspekt der Gegenübertragung bei den Therapeuten. Wir halten das für sehr bedeutsam. Diese Gruppe macht besonders den Einfluß deutlich, der gewöhnlich unbeobachtet und unbewußt vom Leiter der Gruppe ausgeht und vice versa. Wichtig ist wieder die Tatsache, daß dies in einer Gruppensituation diskutiert wird, an der alle teilnehmen. Sie unterscheidet sich positiv von der Situation, wie sie sich aus der Einzelkontrolle ergibt, in der die Gegenübertragung zu einem weit größeren Maß zu persönlichen Verwicklungen führt.

In diesem Zusammenhang möchte ich eine interessante Erfahrung wiedergeben. Eine ziemlich ängstliche Ärztin berichtete, sie fühle sich dauernd beobachtet, wenn sie eine Gruppe führe. Es ergab sich, daß in ihr ein Überich Wache hält, das aus eindeutigen Gründen mit mir selbst in Verbindung steht. Diese Ärztin hatte, da ihr die Leitung von Gruppen neu war, um einen Beobachter gebeten, der ständig an ihrer Gruppe teilnahm. Immerhin erzeugte ein Beobachter in Form eines Arztes weniger Angst als der psychologische Beobachter, den ich personifizierte.

Theorie

Gruppenanalyse kann für das Studium der Gruppendynamik im allgemeinen einen wichtigen Beitrag leisten, ebenso wie für das der individuellen intrapsychischen Dynamik. Die Theorie der Therapie betreffend, konzentriert sich unser Hauptinteresse auf die Frage, wie sich Menschen ändern, während die Psychoanalyse erforscht, wie und warum Menschen sich so entwickelt haben, wie sie sind. Der genetische Aspekt der Persönlichkeit erscheint in der Gruppe als die vertikale Dimension des Individuums. Wir fragen weniger, was die Menschen veranlaßt, sich zu ändern, sondern, was wir tun können, um einen solchen Wandel voranzutreiben, wenn er wünschenswert ist. Die Antwort ist in der Situation des Hier und Jetzt zu suchen, in der horizontalen Dimension der Gruppe.

Es ist wichtig, Konzepte zu entwickeln, die auf der Gruppensituation aufbauen und nicht solche, die aus der Situation der Einzeltherapie entlehnt wurden. Solche gruppenspezifischen Faktoren können im Gruppenkontext am besten studiert werden. Der Kommunikationsprozeß wurde für mich mehr und mehr die Grundlage für das Verständnis der Gruppendynamik. Kommunikation schließt hier natürlich auch unbewußte Kommunikation ein. Unsere Theorie umfaßt eine ganze Kommunikationsskala, auf der alle Formen ihren Platz finden, z. B. auch Gesten und Gerüche. Sie ist nicht auf die bloße Unterscheidung von verbaler und nichtverbaler Kommunikation beschränkt.

Ein anderes gruppenanalytisches Konzept, das seinen Wert erwiesen hat, ist das der Lokation. Damit wird beschrieben, wie jedes Ereignis in der Gruppe das gesamte Netzwerk der wechselseitigen Beziehungen und Kommunikationen miteinbezieht. Was manifest vor sich geht, ist die »Figur«, der Rest der »Grund« der Konfiguration oder der Gestalt der Gruppe. Der Prozeß der Lokation korrespondiert ungefähr mit der Arbeit, durch die diese Konfiguration in der Gruppe ans Licht kommt.

Es ist wichtig, sowohl die latente, wie auch die manifeste Okkupation der Gruppe zu beobachten. In einer gewöhnlichen Gruppe in der gesellschaftlichen Realität – sagen wir in einem Bridge-Klub – ist die manifeste Okkupation der Gruppe, Bridge zu spielen. Dadurch ist dafür gesorgt, daß alle Arten von zwischenmenschlichen Interaktionen mehr oder weniger verborgen oder latent bleiben. Diejenigen Interaktionen, die von unserem

Gesichtspunkt aus das meiste Interesse verdienen, bleiben völlig unbewußt.

In der analytischen Gruppe kehrt sich der Prozeß um. Was sonst im Hintergrund bliebe, wird geäußert. Das geschieht durch das Beseitigen der manifesten Okkupation der Gruppe, indem man sie ohne irgendeine vorgeschriebene Beschäftigung sich selbst überläßt. Man könnte natürlich sagen, daß »Sprechen« die Beschäftigung der Gruppe ist, aber der Therapeut lädt die Mitglieder nicht ein, »zu kommen und zu sprechen«. Eine menschliche Gruppe wendet sich dem Gespräch als einem naheliegenden Kommunikationsmittel zu. Wenn sich eine therapeutische Gruppe um der Unterhaltung willen unterhält, dann kann man das als Folge von Abwehr und Widerstand betrachten.

Ein wichtiger therapeutischer Faktor ist die von uns so benannte Spiegelreaktion. Sie kann in eine Anzahl von psychoanalytischen Konzepten wie Identifikation, Projektion usw. unterteilt werden, aber es gibt gute Gründe, diesen einen gemeinsamen Namen, der den Spiegelaspekt betont, zu geben. Der Patient sieht sich selbst oder einen Teil seiner selbst, insbesondere einen unterdrückten Teil seiner selbst, in den anderen Mitgliedern. Er kann von außen beobachten, wie ein anderes Mitglied in derselben Weise reagiert wie er selbst, kann z. B. sehen, wie Konflikte und Probleme in neurotisches Verhalten transponiert werden.

Die Bemühung um Kommunikation, die Mitteilung von Erfahrungen, unterstützt die Entwicklung von weniger artikulierten Ausdrucksformen – z. B. einem Konversationssymptom – zu den artikulierten. Dieser ganze Prozeß, der zu besserem Verständnis und besserer Einsicht führt, ist als solcher therapeutisch wirksam und wurde Translation genannt. Es ist das Gruppenäquivalent der »Bewußtmachung des Unbewußten«.

Es ist wichtig, in Erinnerung zu behalten, wie weit solche Konzepte entweder der Einzelsituation gleichkommen oder von ihr abweichen und wie weit sie überlappen.

In der Gruppenanalyse haben wir es mit einem aktiven Ich zu tun. Gruppenanalytische Therapie könnte im wesentlichen als Stärkung der Ich-Aktivität beschrieben werden. Aktivität heißt hier nicht, etwas zu tun oder buchstäblich in Aktion zu sein oder eine Rolle zu spielen, es ist auch nicht das Äquivalent des Ausagierens der Psychoanalyse. Die Gruppe bietet zwar ein Forum für Aktionen, Reaktionen und Interaktionen innerhalb der therapeutischen Situation, die dem psychoanalytischen Patienten auf der Couch versagt sind. Aber das Ich, auf das wir uns beziehen, ist das Ich im psychoanalytischen Sinne, das innere Ich als metapsychologisches Konzept, das *aktiviert* und neu geformt wird.

VI

Die Psychotherapie in den sechziger Jahren

Es war die Psychoanalyse, von der der entscheidende Einfluß auf die Psychotherapie in der ersten Hälfte dieses Jahrhunderts ausging. Dies verdanken wir im wesentlichen Freuds eigenem Beitrag und zwar seinen Studien und nicht den Ergebnissen seiner Methode. Freud hätte seinen Beitrag auch als Schriftsteller, Denker, Dichter oder Biologe leisten können.

Die Psychoanalyse ist weit mehr als eine Methode der Psychotherapie. Sie hat unser Bild vom Menschen und seinen Beweggründen umgebildet und alle Bereiche des Denkens beeinflußt. Vom ersten Augenblick an, als ich 1919 mit Freuds Werk bekannt wurde, war mir klar, daß ich mein Leben der Psychoanalyse widmen würde. Ich habe es nie bereut. Es kommt mir darauf an, hier klarzumachen, daß ich mich auf die Psychoanalyse als eine Methode der Psychotherapie und als auf eine psychopathologische Theorie beziehe. Ihre größten Verdienste bestehen in dieser Hinsicht erstens in der *Aufhellung unbewußter Prozesse*, in der Konzentration auf die Probleme des Individuums im Alltagsleben, auf seine Nöte und Ängste, sein Glück, sein Hoffen und Verzweifeln und zweitens in der *Schaffung* einer umfassenden *biologisch begründeten Theorie*.

Angesichts der zweiten Hälfte dieses Jahrhunderts stehen wir vor einer veränderten Situation. Freuds Werk muß als Ganzes genommen werden, als eine historische Tatsache insofern, als es kein anderer weiterentwickeln kann. Freud hat uns eine Methode hinterlassen und eine Theorie. Die Frage ist, was wir ohne Freud damit anfangen können.

Wie ist die Situation heute? Die psychoanalytische Schule ist eine weltweite Organisation. Aber sie ist, manchmal sogar in einer einzigen psychoanalytischen Gesellschaft, in sehr verschiedene Gruppen aufgesplittert. Unglücklicherweise hängt die Lehranalyse, jene entscheidende Erfahrung eines zukünftigen Psychoanalytikers, weitgehend von der Persönlichkeit des

Analytikers und des Analysanden sowie ihrer Interaktion ab.

Wir wollen uns der Tatsache nicht verschließen, daß die Psychoanalyse keine Methode entwickeln konnte, die bei korrekter Anwendung als Forschungsinstrument ausreichend genau definiert gewesen wäre, um verläßliche Resultate zu bringen. Wenn wir dagegen den Analytiker und seine Überzeugung kennen, können wir mit völliger Klarheit voraussagen, was er finden wird. Jeder wird mit Hilfe dieser Methode neue Entdeckungen machen, aber auf Grund seiner eigenen Fähigkeit, die Dinge neu zu sehen.

Da Psychoanalyse nur unter besonders ausgewählten Bedingungen indiziert und durchführbar ist, hat sie als psychotherapeutische Methode begrenzten Wert. Ihr Beitrag ist Teil der Gesamtpsychotherapie und der wissenschaftlichen Disziplin der medizinischen Psychologie und wurde von diesen absorbiert.

In dieser Studie will ich mich mit der Abwehr der Gesellschaft gegen den therapeutischen Prozeß auseinandersetzen. Als Einführung möchte ich schildern, wie sich dieses Problem im Alltagsleben darstellt.

Bei der Vorbereitung dieser Arbeit mußte ich zufällig meinen Friseur wechseln. Trotz meiner geringen Redefreudigkeit hatte er beim zweiten oder dritten Mal heraus, daß ich Psychiater am Maudsley-Hospital war und daneben eine Privatpraxis hatte. Er erzählte mir, daß fast ein Dutzend Psychiater bei ihm ihr Haar schneiden ließen. Sein Geschäft ist zufällig nicht sehr weit von der Tavistock-Klinik entfernt. Er meinte, sie schienen immer »weit weg« zu sein und selber oft eine Behandlung nötig zu haben. Während dieses ganzen Gespräches bestand meine Antwort nur in »Hm« und »Ja-ja« und ähnlichen lakonischen Äußerungen. Als er auf mein etwas widerspenstiges Haar zu sprechen kam, meinte er: »Ihr Haar sollte hypnotisiert werden!« Alle im Raum fanden, das sei ein gelungener Witz. Jeder Friseur und sein betreffender Kunde nahmen den Faden auf, man hörte Gelächter, ulkige Bemerkungen und ernste und mysteriös klingende Äußerungen, die sich auf Hypnose und auf Psychiatrie im allgemeinen bezogen.

Das nächstemal fing er wieder damit an und fragte nach verschiedenen neurologischen Kliniken, und das Gespräch wandte sich der Neurochirurgie zu. Er sprach mit Ernst und Achtung von dieser Disziplin und ihren berühmten Vertretern. Dann fragte er mich nach Dr. X., und ich erwiderte, er sei als Hypnosearzt sehr bekannt. Er sagte: »Richtig, darüber gehen die Meinungen sehr auseinander. Ein anderer Arzt, den ich kenne, hält von der Hypnose gar nichts, er meint, das sei gut fürs Zähneziehen oder Kinderkriegen, aber das sei auch alles und er erkenne es nicht als eine Behandlung für diese nervösen Störungen an.« »Hm«, sagte ich. »Wissen Sie, und dann haben wir einen Psychologen, der schwört darauf. Dieser Fachmann sagt, er könne keine Behandlung außer der psychologischen anerkennen. Das dauere gewöhnlich zwei bis vier Jahre, und er denke nicht, daß es für diese Erkrankungen irgendeine andere Behandlung gebe. Dann haben wir einen ganz ausgezeichneten Arzt, der zu uns kommt und der denkt, da sei überhaupt nichts Gutes dran. Der glaubt an die Psychiatrie überhaupt nicht. Er glaubt, das sollte der Praktiker machen, der Allgemeinpraktiker sollte diese Erkrankungen behandeln. Alle diese Spezialisten, von denen viele eigentlich gar nicht geeignet sind, um solche Fälle zu behandeln, würden mehr Schaden anrichten als nützen.« Ich sagte: »Ja, wir denken auch, daß der Praktiker diese Krankheiten behandeln sollte, aber manchmal kann er es nicht. Dann braucht er wie jeder andere die Hilfe eines besonders dafür ausgebildeten Spezialisten.« Das verstand er und erzählte mir weiter, daß er andererseits neulich ein Buch gelesen habe, in dem festgestellt wurde, daß jede Medizin und jede Behandlung sich nur auf Psychologie gründen solle, ja, daß dies die Therapie der Zukunft sei.

Im Rückblick auf mehr als dreißig Jahre eines Lebens, das dem Studium und der Behandlung der Psychoneurosen gewidmet war, sei die Frage erlaubt: Warum ist unsere Arbeit so schwierig? Warum haben wir, trotz der beträchtlichen Kenntnisse und der tiefen Einsicht, die uns in den letzten fünfzig Jahren gelangen, immer noch nicht die Macht, mehr als vergleichsweise geringe Wandlungen und Umorganisationen in der seelischen Dynamik unserer Patienten zu erlangen? »... woher kommt die Neurose, und was ist ihr letztes, das ihr besondere Motiv?« fragt Freud und fährt fort: »Nach jahrzehntelangen analytischen Bemühungen erhebt sich dies Problem vor uns, unangetastet wie zu Anfang.« Wir haben die somatische Basis psychiatrischer Erkrankungen und insbesondere der Neurosen nie übersehen. Freud sprach von Neurosen als schweren konstitutionellen Erkrankungen. Aber es wäre unzureichend, wenn die Antwort auf unsere Frage lauten würde: Das liegt daran, daß wir uns gegen unabänderliche Schranken, nämlich gegen die Konstitution wenden.

Je mehr wir in unseren Analysen vordringen, um so mehr stellen wir fest, daß wir uns mit Problemen beschäftigen, die jeden berühren, und nicht mit Krankheiten, von denen unsere Patienten befallen wurden und von denen wir sie kurieren sollen.

Das obenerwähnte Freud-Zitat ist am Ende des Kapitels IX von *Hemmung, Symptom und Angst* zu finden (1926). Ungefähr zehn Jahre später, nur zwei Jahre vor seinem Tod, beschenkte uns Freud mit einem anderen Meisterwerk. Diese Arbeit, *Die endliche und die unendliche Analyse* (1937) ist Freuds letzte Antwort auf unsere Frage.

Wir wollen für unsere Zwecke die wichtige Diskussion des Problems der Dauer und Vollständigkeit der psychoanalytischen Behandlung, mit dem Freuds Arbeit anfängt, beiseite lassen. Sie endet auf vertrautem Boden, wenn sie die übergeordnete Bedeutung der zwei Themen: der Wunsch nach einem Penis bei der Frau und »beim Mann der Kampf gegen seine passive oder feminine Einstellung gegenüber anderen Männern« wieder betont. Adlers Bezeichnung »männlicher Protest« ist für diese Einstellung sehr geeignet, aber für beide Geschlechter ist der zentrale Faktor die Ablehnung der Weiblichkeit, die als Kastration aufgefaßt wird. Das scheint für Freud eine biologische Tatsache zu sein, die durch psychische Einflüsse nicht zu bessern ist und der Änderung unbesiegbare Widerstände entgegensetzt. Auch dann, wenn dieser Widerstand als Übertragung erscheint, ». . . bleibt entscheidend, daß er keine Änderung zustande kommen läßt, daß alles so bleibt, wie es war.«

Der psychoanalytischen Behandlung werden vor allem durch die Stärke der Triebe Grenzen gesetzt, die sich per definitionem nicht ändern lassen und kontrolliert werden müssen. Das beste, was wir tun können, ist, dem Ich zu helfen, sie zu zähmen. Deshalb wenden sich unsere therapeutischen Anstrengungen dem Ich zu. Das Ich, durch Verdrängung geschwächt, wiederholt seine Abwehrmechanismen während der Analyse. Der entscheidende Punkt ist, *daß die Heilung selbst vom Ich wie eine neue Gefahr behandelt wird.* »Es gibt keinen stärkeren Eindruck von den Widerständen während der analytischen Arbeit als den von einer Kraft, die sich mit allen Mitteln gegen die Genesung wehrt und durchaus an Krankheit und Leiden festhalten will.«[1] Die entscheidenden Unterschiede im Ich werden als primär und kongenital angesehen. Bestimmte Eigenschaften der Libido selbst, wie etwa Unbeweglichkeit und Starrheit, bieten der Änderung besondere Widerstände. Von großer Bedeutung ist das Verhalten der beiden Primärtriebe, ihre Verteilung, Mischung und Zergliederung.

Die Theorie des Todestriebes ist nicht haltbar, wenn man sie auf das isolierte Individuum anwendet. Wenn wir sie als eine Art poetische Vorstellung auffassen, auf die lebende Substanz angewendet, auf das »Leben« als Ganzes, bekommt sie Sinn. Im Lauf der Jahre wurde ich persönlich immer mehr überzeugt von der Wahrheit und Brauchbarkeit des Konzeptes einer selbstzerstörerischen Kraft. Nichts ist sicherer als die allgemeine Verbreitung der Zerstörung – eine schwer begreifliche Tatsache.

Eine unserer größten noch vor uns liegenden Aufgaben besteht darin, alle unsere Kenntnis von psychologischen Konflikten aus diesem neuen Gesichtswinkel zu betrachten. Schuld und Selbstbestrafungwünsche sind nur lokalisierte, gebundene Manifestationen dieses Triebes.

Das oben beschriebene bezieht sich auf Einschränkungen, die im Patienten liegen. Wie steht es nun mit den Schwierigkeiten beim Analytiker selbst? (Diese sind von besonderem Interesse für das, was ich später zu sagen haben werde.) Der Analytiker als Psychotherapeut sollte seelisch gesund sein, wiewohl es außer Frage steht, daß er oft nicht so frei von Störungen ist, wie dies im Idealfall sein sollte. Jeder Lehranalytiker muß mit der Intensität und Subtilität vertraut sein, mit der sein Analysand seine eigenen ungelösten und reaktivierten Konflikte mit seinen eigenen Patienten wiederholt, nicht nur in projektiver Umkehrung seiner eigenen abgewehrten Übertragungsneurose, sondern auch in ursprünglicher Interaktion mit der Neurose seines Patienten. Dies ist eine der Schlüsselpositionen für das Verständnis des therapeutischen Prozesses und seiner Probleme und Grenzen. Dieselben Beobachtungen können bei der Kontrolle von Ausbil-

[1] S. Freud, *Die endliche und die unendliche Analyse*, Ges. Werke, Bd. XVI, Imago Publishing Co, Ltd. London, S. Fischer Verlag.

dungskandidaten gemacht werden. Die therapeutische Situation, in welcher diese Interaktionen am besten beobachtet und korrigiert werden können, ist nach meiner Erfahrung die Gruppenanalyse.

Vorausgesetzt, daß diese (Ausbildungs-) Situation kompetent gehandhabt wird, stellt sie eine einzigartige Gelegenheit für das Durcharbeiten der Übertragungsprobleme des zukünftigen Psychoanalytikers dar. Sie sollte das Ergebnis haben, » . . . daß die in der Eigenanalyse erhaltenen Anregungen mit deren Aufhören nicht zu Ende kommen, daß die Prozesse der Ich-Umarbeitung sich spontan beim Analysierten fortsetzen und alle weiteren Erfahrungen in dem neu erworbenen Sinn verwendet werden.«[2]

Ich möchte glauben, daß dieses glückliche Ergebnis nicht allzuoft erreicht wird, aber ich zweifle, daß eine weitere Analyse, wenn auch noch so oft wiederholt, es zuwege bringt. Ich habe den Verdacht, daß die ewigen Analysanden immer nur weitere unendliche Analysen produzieren werden.

Ist es möglich, daß sich auch der Analytiker wie sein Patient » . . . mit allen Mitteln gegen die Genesung wehrt und durchaus an Krankheit und Leiden festhalten will«?[3] Wie sein Patient? Vielleicht auch mit Hilfe seines Patienten! Dieser irritierende Gedanke kam mir vor langer Zeit. Kann die Abwehrhaltung des Analytikers gerade darin bestehen, daß er als Psychoanalytiker andere analysiert? Ich behielt diese Idee sorgfältig für mich, bis er im Laufe einer Korrespondenz, die ich mit Freud ungefähr fünf Jahre vor Erscheinen des erwähnten Aufsatzes hatte, selbst auf diesen Punkt kam. Er hatte mich ermutigt, herauszufinden, mit welchen Mitteln Analytiker selber den Wirkungen der Analyse auf ihre eigene Person Widerstand leisten. Ich hatte mir das schon überlegt, hatte aber kein Bedürfnis, darüber etwas zu veröffentlichen. Wenn man diesen Aufsatz liest, kann man begreifen, daß das durchaus richtig war. Ich teilte Freud jedoch meinen Verdacht als eine vorsichtige Antwort mit. Er kam damals nicht darauf zurück, aber die ganze Frage ist im letzten Teil von Kapitel VII seines Aufsatzes aufgenommen. Der entscheidende Punkt ist in folgendem Satz ausgedrückt: »Es scheint so, daß zahlreiche Analytiker es erlernen, Abwehrmechanismen

[2] Freud, op. cit.
[3] Freud, op. cit.

anzuwenden, die ihnen gestatten, Folgerungen und Forderungen der Analyse von der eigenen Person abzulenken, wahrscheinlich indem sie sie gegen andere richten, so daß sie selbst bleiben, wie sie sind und sich dem kritisierenden und korrigierenden Einfluß der Analyse entziehen können.«[4]

Heute betrachte ich dieses ganze Problem als einen Spezialfall der Gesamtsituation, der nur begriffen und geheilt werden kann, wenn wir sehen, daß die betreffenden Prozesse den Kontext des isolierten Individuums überschreiben.

Der Analytiker ist wie jedes andere menschliche Wesen zur Erhaltung seines vitalen Gleichgewichts von einem dynamischen System abhängig, das eine Anzahl von Personen in verschiedenen Konstellationen umfaßt: Findet er mit ihnen nicht Befriedigung und Ausgleich seiner Grundbedürfnisse, dann ist er wegen seiner ungesättigten Valenzen in Gefahr, zu einer ernsthafteren und realeren Abhängigkeit vom Patienten zu kommen, besonders in Anbetracht der Tatsache, daß dieser gierig darauf wartet. Dann hat der Analytiker den Patienten nötig, statt ihm eine intensive, aber vorübergehende sublimierte Beziehung anzubieten, wie sie die Übertragungssituation erfordert.

In diesem Zusammenhang fällt auf, wie abhängig viele Analytiker und Psychotherapeuten von ihren Patienten sind und wie wenig sie oft dessen gewahr werden. In der letzten Zeit haben einige Psychoanalytiker, dem mutigen Beispiel von Tower (1956) folgend, die Aufmerksamkeit auf Eigenbeobachtungen gelenkt und andere auf die Erscheinung, daß der Patient beim Analytiker ödipale Phantasien und Reaktionen anregt. Diese Beobachtungen sind wertvolle und redliche Versuche, sich mit diesem Aspekt des Gegenübertragungsphänomens zu beschäftigen. Ich weiß nicht genau, ob Tower und andere diesen Punkt hervorheben, aber es scheint mir, daß die ödipale, also die inzestuöse Natur dieser Reaktionen durch den quasi-inzestuösen Charakter der analytischen Situation an sich mit ihren besonders strengen Tabus provoziert wird. Angesichts der Verführungsversuche des Patienten ist es unter diesen Umständen ziemlich wahrscheinlich, daß jedes sexuelle Angebot sich leicht im Unbewußten des Analytikers mit ungelösten ödipalen oder präödipalen Antrieben verbinden kann. Nichtsdestoweniger wurden diese Analytiker

[4] Freud, op. cit.

oft ausgiebig und erfolgreich analysiert. Warum hat ihre eigene Analyse sie nicht von diesen Komplexen befreit? Kann eine weitere Analyse das erreichen?

Insgesamt ist festzustellen, daß die Psychoanalyse zu Freuds Lebensende ihre engen Grenzen als Psychotherapie erkennen mußte. Als Helene Deutsch nach dreißig Jahren einige ihrer Patienten wiedersah, bekundete sie über Freuds Arbeit sowohl Enttäuschung wie auch Erleichterung und stellte fest: »Wir können die ursprüngliche Quelle der Neurose nicht beseitigen; wir können nur eine bessere Fähigkeit zu erreichen helfen, neurotische Frustrationen in brauchbare Kompensationen zu verwandeln.«

Psychoanalyse bleibt, was sie von Anfang an war: Die erste wissenschaftliche Erforschung neurotischer Symptome und Syndrome und, unter glücklichen Bedingungen, ihre gleichzeitige Heilung. Die Psychoanalyse kann also nicht endgültig das Problem der Neurose lösen. Sie muß sich damit abfinden, daß dies ein unendlicher Prozeß ist.

Am Ende von Freuds Leben sehen wir die Psychoanalyse mit schweren Hindernissen konfrontiert, die den weiteren therapeutischen Fortschritt hemmen. Soweit sie von konstitutionellen oder sonst unabänderlichen Faktoren der menschlichen Existenz herrühren, die sich im Patienten und im Therapeuten gleicherweise äußern, scheinen die Grenzen jedweder Psychotherapie aufzutauchen.

Psychoanalyse ist ursprünglich eine Erforschung genetischer Ursachen. Sie ist biologisch orientiert und Teil der Naturwissenschaft. Sie muß auf den Voraussetzungen des physischen Organismus aufbauen. Die Psychoanalyse muß, wenn sie in dieser Richtung fortschreitet, daher an ihren Grenzen auf quantitative, konstitutionell gegebene Faktoren stoßen. Freud hat das klargemacht, als er feststellte, daß der Trieb einen doppelten, einen physischen und einen psychischen Aspekt hat. Seine physischen, materiellen Wurzeln, aus denen letztlich jede Energie stammt, gehören in den Bereich der Biologie und liegen außerhalb der Domäne der Psychoanalyse. Als Freud an diese Grenze gekommen war, fand er ein Nichts auf der anderen Seite – er fand keine biologischen Tatsachen vor, an die er mit seinen neuen Funden hätte anknüpfen können. Aber da ist gerade der Haken: Was ein Nichts schien, erwies sich als ein weites Niemandsland.

Es ergab sich, daß die Grundlage der Psychoanalyse, der Ödipus- und der Kastrationskomplex, ihre Wurzeln in diesem Niemandsland hatten. Man mußte zu Spekulationen Zuflucht nehmen. Freud baute sie auf den solidesten Grund, den er finden konnte, auf die Daten prähistorischer Entwicklung und ihre Ausdeutung – eine Linie, der Jung in weit größerem Ausmaße folgte. Andere versuchten, zu immer früheren menschlichen Entwicklungsphasen vorzudringen – viel frühere als Freud sie für gesichert hielt –, um die Evidenz dieser spekulativen Behauptungen aufzuzeigen. Unvermeidlich wird die bei diesem Suchen verwendete Methode immer spekulativer. Freud hat in seinem theoretischen System dieses Niemandsland das *Es* genannt, das seelische Reservoir der unbewußten Triebe. So konnte die Psychoanalyse ihre »Monroe-Doktrin« aufrechterhalten und ihre Arbeit fortsetzen, ohne sich durch undankbare Bedenken über Entwicklungen auf anderen Gebieten hemmen zu lassen. Aber diese »splendid isolation« kann nicht ewig weiterbestehen.

Inzwischen sind andere Disziplinen nicht stehengeblieben. Statt sich mit psychoanalytischen Theorien zu verbinden, bezeichnen sie diese teilweise als unhaltbar, teilweise einer ernsthaften Revision wert. Die anthropologische Feldforschung hat neues Licht auf das Leben in primitiven Kulturen geworfen, wodurch alte Theorien ungültig werden. Sozialpsychologen behaupten überzeugend, daß vieles, was Trieb genannt wurde, in Wirklichkeit erlerntes Verhalten ist. Der Schwerpunkt verlagert sich vom Individuum zur Gemeinschaft oder Gruppe.

Es stimmt, daß die Familie als ein Modell von höchster Wichtigkeit, das in allen Kulturen wiederkehrt, anzusehen ist, aber der Gesamtcharakter der Familie wechselt von Kultur zu Kultur (nicht umgekehrt). Die moderne Zoologie kam zu dem Schluß, daß das Kulturerbe über das biologische Erbe in seiner Bedeutung für die menschliche Art hinausgewachsen ist (Huxley). Sogar Darwins Gesetz vom Überleben der Tüchtigsten kann experimentell in seiner Wirkung besser an der Gruppe als am Individuum dargestellt werden.

Im folgenden möchte ich zeigen, daß sich dieselbe Entwicklung in der Psychotherapie abspielt. Von psychoanalytischer Seite wird viel getan, um Ergebnisse der Psychoanalyse mit diesen modernen Entwicklungen zu verbinden, vor allem in den

USA. Ein Beispiel unter vielen ist die Arbeit von Grinker über psychosomatische Erkrankungen. Bei uns nutzt John Bowlby die faszinierenden Ergebnisse der Ethologie für sein Werk. Diese Männer merken, daß sie innerhalb der psychoanalytischen Theorie aufgeschlossen bleiben und bereit sein müssen, sie zu modifizieren. Sie erkennen, daß sie sie überall da aufgeben müssen, wo sie nicht hilft, den Tatbeständen gerecht zu werden. Diese Ansätze sind dem Geiste Freuds verpflichtet, das bedeutet, dem Geist einer wissenschaftlichen Haltung. Die Voraussetzung dabei ist, daß dafür gesorgt wird, daß nicht wertvolle Einsichten, wie sie nur auf dem Boden der Psychoanalyse selbst erlangt werden können, bei diesem Vorgehen verloren gehen.

Freud hat ohne Einschränkung behauptet, daß das, was die Psychoanalyse erreichen kann, keiner anderen Methode möglich sei. Er war historisch gesehen voll im Recht angesichts der überwältigenden Bedeutung seines Werkes. Heute scheint es mir notwendig, zwischen der analytischen und der therapeutischen Funktion des Analytikers zu unterscheiden und nicht beide gleichzusetzen.

Das läßt sich am Modell der Übertragungssituation am besten demonstrieren. Der Psychoanalytiker unterwirft die Übertragungsneurose wie alles andere der psychoanalytischen Prozedur. Er möchte sie zerstören oder auflösen, indem er sie auf ihre ursprüngliche historische Bedeutung in der Kindheitssituation reduziert. Er sieht die Übertragung sowohl als eine positive Kommunikation an, die die infantile Situation betrifft, wie auch als Abwehr gegen eine reduktive genetische Aufhellung. Dieser therapeutische Prozeß hat sein Optimum in der Übertragungsneurose. Dennoch ist dieser therapeutische Effekt nur ein Nebenprodukt. Psychoanalyse gibt der Analyse den Vorrang, Psychotherapie den therapeutischen Prozessen und ihrem Studium.

Psychotherapie kann radikal und intensiv sein, wenn der therapeutische Prozeß, die therapeutische Begegnung in den Mittelpunkt gestellt wird. Es ist evident, daß das therapeutische Ergebnis mehr von der persönlichen Qualifikation sowohl des Patienten wie auch des Therapeuten abhängt als von dessen spezieller Orientierung. Es scheint daher notwendig zu sein, sich auf die Erfahrungen und Vorgänge zu konzentrieren, die alle Psychoanalytiker in ihrer Arbeit mit ihren Patienten beobachten können. Wir müssen diese Erfahrungen in Begriffen ausdrücken, an denen alle teilhaben können, und Theorien formulieren, die sich für die wissenschaftliche Forschung eignen.

In der Psychoanalyse haben therapeutische Überlegungen dazu geführt, die Flexibilität der Methode so beträchtlich zu steigern, daß sie der Wesensart des Patienten und der Natur seiner Erkrankung Rechnung trägt. Das wurde von vielen Psychotherapeuten und einigen Psychoanalytikern schon lange praktiziert und kann als Beispiel für eine psychoanalytische Psychotherapie dienen. Es wäre natürlich wichtig, über diese Modifikationen in Begriffen der psychoanalytischen Situation und ihrer Parameter theoretisch eindeutig zu berichten, statt sie intuitiv und mehr zufällig einzuführen. Meiner Meinung nach sollten alle diese Variationen in Begriffen der psychotherapeutischen (T-) Situation definiert werden, für die die psychoanalytische Situation ein Modell abgibt.

Da in diesem Zusammenhang Entwicklungen der Psychotherapie auf breiter Front nicht bis in jedes Detail interessieren können, sei nur darauf hingewiesen, daß auf verschiedensten Gebieten große Fortschritte gemacht wurden.

Innerhalb der letzten zehn Jahre haben Psychotherapeuten ein lebendiges Verhältnis zu den Problemen und mehr Mut entwickelt, in Neuland vorzustoßen und zu experimentieren. Ganz abgesehen von Aktionsmethoden und einer neuen Würdigung der nichtverbalen Kommunikation werden ganz neue (und sehr alte) Mittel der Psychotherapie angewendet und studiert wie Drama, Tanz, Musik und viele andere Methoden des Ausdrucks und der Kommunikation. Es sollte auch der wachsende Einfluß von Zen-Buddhismus und Yoga erwähnt werden. Das Studium und die Verwendung der mächtigen Einflüsse, die in sozialen Gemeinschaften, Teams und kleinen Gruppen wirksam werden, könnte von größtem sozialem Wert sein. Sie alle können therapeutisch genutzt werden mit Hilfe eines wachsenden theoretischen Verständnisses, das auf der Gruppenanalyse fußt.

Diese Erfahrungen scheinen auf den ersten Blick dem Individual-Psychotherapeuten und insbesondere dem Psychoanalytiker fern zu liegen. Freud nahm in *Das Unbehagen in der Kultur* (1930) eine andere Haltung ein. Er tritt dafür ein, daß es gerechtfertigt sei, ganze Kulturepochen, vielleicht ganze Gemeinschaften als neurotisch zu bezeichnen (wie Burrow behauptete) und fährt fort: »An die analytische Zergliederung dieser Neurosen könnten therapeutische Vorschläge anschließen, die auf großes praktisches Interesse Anspruch hätten.«

Später mahnt Freud uns, dafür zu sorgen, daß Konzepte nicht aus dem Bereich, dem sie entstammen und in dem sie entwickelt wurden, in einen anderen übertragen werden. Am Schluß stellt Freud fest, ». . . . daß man trotz all dieser Schwierigkeiten erwarten kann, daß jemand eines Tages das Wagnis einer solchen Pathologie der kulturellen Gemeinschaften unternehmen wird.« Nun gut, wir sind mitten in diesem Prozeß.

Persönlich finde ich Gruppenpsychotherapie besonders wertvoll nicht nur als therapeutische Technik, sondern auch als Forschungsmethode für den therapeutischen Prozeß und seine Hemmnisse. Gruppenanalyse interessiert sich nicht so sehr dafür, wie Menschen so wurden, wie sie sind, sondern für die Frage: Was ändert sie, oder was hindert sie, sich zu ändern?

Warum und wie widerstehen die Neurotiker einer Änderung, trotz Elend und Leid? Mit welchen Mitteln, mit Hilfe welcher Energien tun sie das? Das ist natürlich die entscheidende Frage jeder Therapie und jeder Erziehung. Seltsamerweise hilft uns da die Anerkennung der Kräfte der Selbstzerstörung und ihrer Wirkungen und gibt uns mehr therapeutische Möglichkeiten.

Die wichtigsten progressiven Trends der Psychotherapie fließen in einer klar erkennbaren Richtung zusammen. Es ist für jede moderne Entwicklung charakteristisch, die Erfahrung zu betonen, die in der therapeutischen Situation selbst gemacht wurde. Das ist der Kern des Hier und Jetzt der Daseinsanalyse. Es würde zu weit führen, besonders für den Psychoanalytiker, wenn ich auf die hieraus entstehenden Probleme einginge. Meine Meinung ist, ganz kurz und ohne Anspruch auf Exaktheit: (1) Daß jeder gute Psychotherapeut in seinem aktuellen Kontakt mit dem Patienten Existentialist ist oder sein sollte; (2) daß jeder Daseinsanalytiker sich der analytischen Methode und des analytischen Vorgehens bedient oder sich bedienen sollte, (3) daß die psychoanalytische Theorie ihrer Orientierung nach biologisch ist, die existentialistische aber nicht. Daraus ergeben sich zwei Gefahren: (a) für den Psychoanalytiker; daß er – vielleicht unvermeidlich – in seinem therapeutischen Spielraum beschnitten wird; (b) für den Existentialisten: daß er das Kind mit dem Bade ausschüttet.

Die Bedeutung der emotionalen Erfahrung in der Behandlungssituation wurde von Freud und den frühen Analytikern nicht übersehen. Wie könnte das auch sein, da jede Therapie, jede Änderung notwendig sich in der Gegenwart vollziehen muß. Schon auf der Stufe der Katharsis war klar, daß Wiedererinnern allein wirkungslos ist, wenn es nicht von emotionalem Wieder-erfahren begleitet wird. Es war charakteristisch, daß das Kernstück dieser Erfahrung in physiologischen Begriffen des isolierten Organismus beschrieben und »Abreagieren« genannt wurde. Es war ebenso charakteristisch, daß unbewußte starke emotionale Erfahrungen nicht für wirksam erachtet wurden, wenn sie nicht eventuell zu bewußter Wahrnehmung und Einsicht führten. Freud konnte das – viel später – so formulieren: »Wo Es war, soll Ich werden.« Das Konzept der Übertragungsneurose und ihrer Analyse, ist das eigentliche Kernstück der Wiederholung des Vergangenen im Hier und Jetzt der Behandlungssituation.

Alle Arbeitsrichtungen, die von Ferenczi und Rank, von Karen Horney, von Rado, Schultz-Henckes Neopsychoanalyse, die Schule von Washington, Frieda Fromm-Reichmann, Erich Fromm haben alle trotz ihrer Unterschiede und ungeachtet der Tatsache, daß einige sich von Freuds Psychoanalyse kaum, andere weit entfernten, eines gemeinsam: Sie alle rücken die Erfahrung oder Wiedererfahrung in der therapeutischen Situation in den Mittelpunkt ihrer Aufmerksamkeit.

Neuerdings ist vielleicht das Werk von Jules Masserman über dynamische Psychiatrie die umfassendste Präsentation einer Psychopathologie und Psychotherapie auf sozusagen postfreudscher Linie.

Die gemeinsame Tendenz all dieser neo- oder postfreudschen Entwicklungen ist jedoch im Gegensatz zur Psychoanalyse die Anschauung, daß die Gegenwart wichtiger ist als die Vergangenheit.

Bei uns hat Melanie Kleins Werk geholfen, Ausmaß und Tiefe der Kommunikation in der Übertragungssituation durch die Betonung der Objektbeziehungen und der unbewußten Phantasien zu steigern. Das Grundmodell ist das der Übertragung und Gegenübertragung: Zwei Individual-Systeme reagieren aufeinander, jedes nach seiner eigenen unabhängigen Auffassung der Situation, entspringend aus der besonderen psychischen Ökonomie und Psychodynamik eines jeden.

Ein ganz anderer Aspekt ergibt sich, wenn man diese Beziehung als Orientierungs- und Operationsbasis nimmt. Genaue und unvoreingenommene Beobachtung zeigt, daß dies nicht nur möglich, sondern notwendig ist. Für das Individuum hat H. Stack Sullivan konsequent aus seiner interpersonellen Theorie eine Neuorientierung der ganzen Psychiatrie entwickelt. Die Gegenseitigkeit dieser Erfahrung, die Begegnung zwischen Therapeut und Patient und die aktivere Teilnahme des Therapeuten werden betont.

Meine eigene Gruppenarbeit wurde von ähnlichen Überlegungen geleitet. Was für zwei Personen gilt, gilt auch für drei und mehr: Sobald sie in Kontakt und Kommunikation zueinander kommen, bilden sie ein neues einheitliches Feld von Interaktionsprozessen. Der Prozeß der Interkommunikation, ob verbal oder nicht, und seine Theorie verlangen eine zentrale Position in jeder Psychotherapie. So wird Gruppenpsychotherapie nicht nur möglich, sondern sogar notwendig.

In der heutigen Situation ist es relativ schwer, diese Anschauungen wirklich zu akzeptieren, da sie fest verankerte Positionen bedrohen. Sie führen zu einer Haltungsänderung, die sich in der Einzelsituation ebenso äußert wie in der Gruppensituation.

Ich möchte hier meinen Standpunkt ganz klar umreißen: Um die Psychoneurose des Einzelnen und ihre geschichtliche Entwicklung ganz zu verstehen, bleibt die Vergangenheit von fundamentaler Bedeutung. Die Psychoanalyse ist die Methode zur Erforschung und Rekonstruktion der Kindheitsneurose. Psychoanalyse ist eine Methode zur Erforschung der Genese biologischer Ursachen. Die Übertragungsneurose sollte daher zu recht als eine Wiederholung betrachtet werden, die der reduktiven Analyse unterzogen werden muß. Im Gegensatz dazu ist Beziehung und Interaktion in der aktuellen psychotherapeutischen Situation äußerst wichtig für den therapeutischen Prozeß und sein Studium.

Außerdem: soweit sich Beziehung und Interaktion der ursprünglichen Kindheitssituation als entscheidend wichtig erweisen, kann die Vergangenheit unter Bedingungen, die eine Wandlung versprechen, wieder lebendig werden. Es wird dann eine Psychotherapie möglich, die an den Wurzeln ansetzt, wobei die Voraussetzungen oft keine psychoanalytisch-genetische Klärung erlauben.

Wir haben schon erwähnt, daß die Betonung der interpersonellen Transaktionsprozesse der Gruppe sich direkt aus der Weiterentwicklung der Biologie ergibt. Trieb und Ich erweisen sich in ihrem konstitutionellen Aspekt als den Einflüssen unterworfen, die von Generation zu Generation weitergegeben werden. I. R. Carballo, Madrid, teilt in einem Aufsatz folgende Erfahrungen mit:

Er spricht von dem Einfluß, der, unmerklich, aber machtvoll, von Generation zu Generation weitergegeben wird. Sogar im Leben der Bakterien werden sogenannte adaptive Enzyme von einer Generation zur nächsten weitergegeben, obwohl hier keine Rede von Vererbung sein kann. Experimente von Liddell und Blauvelt an Säugetieren, Vögeln und Reptilien zeigen, daß Handlungen, die von der Mutter am Neugeborenen vollzogen werden von entscheidender Bedeutung sind, nicht nur für das spätere Sozialverhalten des jungen Tieres, sondern auch für die richtige Entwicklung von Atmung, Kreislauf, Blutsauerstoff, Kraft und Aktivität der Muskeln. »Das junge Tier, das die ersten Handlungen mütterlicher Fürsorge in natürlicher Abfolge entbehrt hat, wird später ein biologischer Kümmerling sein, ein armseliges Etwas, empfänglicher für Infektionen als andere und späterhin unsozial und sogar neurotisch. Oft ist ein unzeitiger Tod die Folge, wie bei den von Spitz beobachteten Kindern, die die affektive Sorge ihrer Mütter entbehrten.« Es kann gezeigt werden, daß z. B. sogar die Konstitution des Yorkshire-Schweines nur zu sechzig Prozent Mendelschen Faktoren entspringt und daß der Rest von der Psyche des Menschen, die sich in Fürsorge, Fütterung und erster Formung ausdrückt, abhängt. Lebewesen und allen voran der Mensch werden mit unvollständigen Anpassungsstrukturen geboren. Diese werden vervollständigt durch gegenseitige Handlungen, die von Generation zu Generation weitergegeben werden. Was in der Sprache der Psychoanalyse vom Standpunkt des Kindes als Objektbeziehung angesehen wird, wird in der Ethologie vom Standpunkt der Mutter als Prägung bezeichnet. Carballo sieht in der Übertragung »nichts anderes als die Reaktivierung der primären Objektbeziehung«. Das trifft zu, wenn wir den Ausdruck Übertragung im weiteren Sinne gebrauchen. In der psychoanalytischen Situation repräsentiert die Übertragungs-Gegenübertragungs-Beziehung die soziale interaktionale Realität.

Wir sehen also, daß kulturelle Faktoren sogar auf die Konstitution Einfluß haben, daß Ich und Überich sozial bedingt sind, ja, daß sogar Entstehung und Heilung von Krankheiten wesentlich von der Gruppe abhängen. Und wir kommen zu dem Schluß, daß die Emanzipation des Individuums von der Gruppenmatrix sehr unvollkommen ist. Auf unserem eigenen Feld, dem der Psychopathologie und Psychotherapie, veranlaßt mich dies zu der Schlußfolgerung, daß Störungen von der Art der Psychoneurosen nicht durch das Studium des Individuums allein verstanden werden können, sondern innerhalb des Gruppenkontextes, zu dem sie gehören, betrachtet werden müssen.

Die ursprüngliche neurotische Konstellation in der Kindheit ist nur Symptom einer Gesamtkonstellation, sozusagen einer Familienneurose. Der akute neurotische Zusammenbruch des Erwachsenen ist nicht nur eine Wiederholung in einer Übertragungssituation, sondern ein Produkt von Interaktionsprozessen, an denen mehrere Personen aktiv beteiligt sind. Diese Erkenntnis – abgesehen von ihrer großen theoretischen Bedeutung – ist in praktischer Hinsicht entscheidend wichtig für die Therapie.

Ich möchte gerne einen Fall erwähnen, der viele Jahre zurückliegt. Soweit ich mich erinnere war es das erstemal, daß ich meine Ansichten praktisch anwenden konnte. Mein Patient war einer von zwei Zwillingsbrüdern, die dazu noch zwei Schwestern geheiratet hatten. Sie lebten auf einer abgelegenen Farm. Er brauchte fast einen Tag, um mich zu besuchen. Er war impotent. Man kann sich leicht vorstellen, welche Vielzahl von Interaktionen und Identifikationen hier am Werk waren. Nach zwei oder drei Sitzungen wurde es mir klar, daß seine Schwägerin, also die Schwester seiner Frau und Frau seines Zwillingsbruders eine Schlüsselfigur war. Ich bat ihn, sie zu mir zu schicken. Glücklicherweise entpuppte sie sich als intelligente und zur Mitarbeit bereite Frau mit guter Intuition. Als ich meinen Patienten das nächste und letzte Mal sah, war seine Impotenz verschwunden, und er war in jeder Hinsicht störungsfrei. Nach fünf oder sechs Jahren hörte ich zufällig, daß es allen seither gut gegangen war.

Im Laufe der Jahre habe ich bemerkt, daß dieser multipersonale Aspekt nie fehlt und daß er in der großen Mehrzahl der Fälle höchst signifikant ist. Der Versuch, das Gesamt-Netzwerk der neurotischen Interaktionen allen Beteiligten voll ins Bewußtsein zu bringen, das bedeutet, alle zur selben Zeit und am selben Ort zusammenzubringen, erweist sich in der Praxis meist als ganz unmöglich. Dazu kommt noch, daß häufig, wenn auch nicht immer, Besserung beim Patienten aktive und weitgehend unbewußte Opposition auf seiten der anderen Beteiligten auslöst. Ich habe dafür Beispiele aus der Praxis der Psychotherapie gebracht, sowohl für Einzel- wie auch für Gruppensituationen. An einigen Beispielen konnte man demonstrieren, daß sich solche Vorkommnisse mit der Präzision eines Uhrwerks gerade dann vollzogen, *wenn der Zeitpunkt einer entscheidenden Änderung des behandelten Patienten gekommen war.*

Systematische Untersuchungen waren bisher für mich noch nicht möglich, aber ich hoffe sie noch durchführen zu können. Andere hatten hier günstigere Ausgangspunkte und ihre Forschungen bestätigten meine Erfahrung. E. Lindemann in Harvard zum Beispiel zeigte, daß die Besserung des einen Patienten dazu führte, daß andere Familienmitglieder (in meiner Terminologie Mitglieder des Interaktions-Netzwerkes) krank wurden.[5] Der pathologische Prozeß konzentriert sich auf ein anderes Mitglied dieses Netzwerkes und wird an ihm manifest.

Diese Form der Gruppenpsychotherapie nimmt die natürliche, die Primärgruppe zum Objekt. Sie muß nicht mit der Familie identisch sein, entspricht aber einer psychologischen Familie. Ich glaube, daß sie sich späterhin als Schlüssel für einen weiteren Fortschritt in der Behandlung und Vorbeugung von Störungen menschlicher Beziehungen erweisen wird.[6]

Die andere Form der Gruppenpsychotherapie betrifft Gruppen von Fremden in einer analytischen Situation. Diese Methode ist natürlich äußerst praktikabel. Sie leistet einen vielleicht noch bedeutsameren Beitrag für die Theorie. Wie in der gewohnten psychotherapeutischen und insbesondere in der psychoanalytischen Situation, wird der Einzelne zeitweilig aus seinem pathogenen Netzwerk herausgenommen. Die gruppenanalytische Gruppe schafft ein Geflecht von Interaktionsprozessen in gefahrloser Anordnung. Diese Situation ist nicht prädeterminiert durch vorhergehende Erfahrungen, ausgenommen diejenigen, die jeder mitbringt. Sie hat keinen Einfluß auf zukünftige inter-

[5] Persönliche Mitteilung.
[6] Anm. d. Übers.: In Deutschland inzwischen weiterentwickelt durch H. E. Richter.

personelle Erfahrungen. In dieser Hinsicht kann man sie mit Recht eine ahistorische Situation nennen, die für eine experimentelle Erforschung geeignet ist. Nirgends kann man diese Prozesse so gut studieren, insbesondere was die suprapersonale, transpersonale Seite anbetrifft. Die ausschließliche Beschreibung einzelner Individuen einer Gruppe wird der Situation nicht gerecht, da diese ein psychisches Gewebe bilden. Auf einen wichtigen Punkt möchte ich hinweisen:

Diese Prozesse sind kein spezifisches Charakteristikum der Gruppensituation, sie sind auch im Alltagsleben und in der psychotherapeutischen Einzelsituation wirksam. Es kommt deshalb nicht darauf an, ob jemand technisch Gruppenpsychotherapie durchführt. Dennoch ist die Gruppenbeobachtung die beste Voraussetzung, diese Kräfte zu studieren.

Wenn es stimmt, daß diese Probleme und Konflikte uns alle angehen, dann ist bewiesen, daß wir in unserer seelischen Gesundheit von anderen abhängen. Wir müssen unsere eigene Existenz, das Leben, das wir führen, in mancher Hinsicht als eine Einrichtung ansehen, die uns hilft, auf Kosten anderer konfliktfrei zu bleiben.

So erscheint der defensive Aspekt des Berufs des Psychoanalytikers in einem ganz anderen Licht. Er verteidigt sich, indem er andere analysiert. Andererseits wird sogar der Existentialist – dieser Hohepriester der Anteilnahme – seinen Patienten benutzen, um seine Probleme zu lösen. Es scheint keinen Ausweg zu geben. Der menschliche Beobachter ist nicht zu ersetzen. Der Therapeut ist selbst das Instrument der Beobachtung. Psychotherapie hängt vom Sich-Verstehen und der Mitteilungsbereitschaft ab, wie sie nur zwischen zweien möglich ist, die voll Anteil nehmen. Am anderen Ende der Skala finden wir den Wissenschaftler, der objektiv sein muß. Er möchte Distanz halten und die Situation kontrollieren können. Von seiner Motivation her versucht er jede Anteilnahme zu vermeiden und sich persönlich völlig herauszuhalten. Wenn er einer von denen ist, die die Anteilnahme als Argument benützen, unserer Arbeit jeden Wert abzusprechen, dann können uns diese Wissenschaftler nichts nützen. Wir können aber mit jenen arbeiten, die diese Probleme zu sehen bereit sind. Wir können von ihrer Kritik profitieren. Man muß zugeben, daß viele Psychotherapeuten keine Spezialkenntnis wissenschaftlicher Methoden und wenig Wissen von

Entwicklungen außerhalb ihres eigenen Interessengebietes haben und daß ihre Haltung fast irrational ist. Wir brauchen eine wirklich wissenschaftliche Einstellung, die unsere besonderen Schwierigkeiten anerkennt und die verhindert, daß unsere rechtmäßigen Interessen als Therapeuten der objektiven Wahrheit nicht im Wege stehen. Diese Haltung ist unter Psychotherapeuten ebenso selten wie irgendwoanders.

Unsere Aufgabe besteht darin, daß wir für die wissenschaftliche Forschung Mittel und Wege finden, die der Vielgestaltigkeit unseres Gegenstandes Gerechtigkeit widerfahren lassen und die wissenschaftlichen Kriterien gemäß sind. B. F. Riess[7] leistet in einem Aufsatz einen wichtigen Beitrag zu diesen Problemen und gibt interessante Beispiele einer solchen dynamischen Forschung. Ich möchte hier auch die Forschungsmethode, die J. Sandler[8] und andere im Hamptstead Child Therapy Centre durchführen, als ein gutes Beispiel dafür nennen, obwohl sie mehr systematisch als dynamisch ist.

Lassen Sie mich zu der Hauptfrage zurückkehren: »Warum ist unsere Arbeit so schwer?« Wir stellen fest, daß es eine ursprüngliche Abwehr gegen die Lösung neurotischer Probleme beim Menschen gibt, die von dem aktiven und unvermeidlichen Widerstand aller Mitglieder eines derartigen Netzwerkes gegen die Änderung irgendeines Teilnehmers herrührt.

Diese Haltung sieht in der Besserung oder Heilung eine Bedrohung und wird durch die folgenden Beispiele aus der gruppenanalytischen Erfahrung deutlich illustriert:

(1) Eine fremde Psychologin nahm an meiner Gruppe teil. Sie war glücklich verheiratet, hatte ein Kind, und alles ging gut mit ihr. Sie zeigte keine übermäßige Abwehr und tat ihr Bestes, um sich anzupassen. Nichtsdestoweniger war die Gruppe sehr böse auf sie, weil sie keine Sorgen hatte, und einige Mitglieder gerieten in Wut. Als man sie unter Druck setzte, sagte sie eines Tages, daß sie ihre Eltern immer geliebt habe, und zwar sowohl Vater wie Mutter. Das wurde nie vergessen und vergeben. Trotzdem ging es ihr weiter gut.

(2) Ein Patient sprach lange und vielleicht auch auf eine etwas

[7] B. F. Riess, »The challenge of research for psychotherapy«, *Amer. J. Psychother.*, 14, 395, 1960.

[8] J. Sandler, »On the concept of super-ego«, *Psychoanalytic Study of the Child*, 15, 128, 1960.

gönnerhafte Art über einen Neuling. Was er sagte, zeugte von gesundem Menschenverstand und war psychologisch richtig. Er erklärte der Gruppe, die hauptsächlich aus Experten und fortgeschrittenen Analysanden bestand, daß er für sich als Laie Psychologie studiert und daß ihm dies viel geholfen habe. Er brachte einige Beispiele, die das bekräftigen. Das machte die Gruppe wütend und ihr Ärger milderte sich nicht, als er versicherte, er habe einen Haufen Probleme und leide unter schweren Ängsten usw. und, wenn man sich auch bis zu einem gewissen Grad selbst helfen könne, so gebe es doch andere Aspekte, für die man die Hilfe anderer benötige. An dieser Stelle sagte einer seiner Nachbarn, er würde ihn am liebsten umbringen. Eine andere Patientin äußerte unmißverständlich ihre Verwirrung und ihren Haß. Die Gruppe war nur wenig besänftigt, als ich ihnen versichern konnte, daß dieser Mann vor einigen Jahren einen ziemlich schweren Zusammenbruch gehabt hatte, der mehr als zwei Jahre dauerte – jene Art Zusammenbruch, mit dessen Vermeidung einige von ihnen ihr halbes Leben beschäftigt sind.

In beiden Fällen mußten natürlich noch andere Motive analysiert werden, aber was uns hier interessiert, ist der seltsame Tatbestand, daß man zur Mitgliedschaft in einer derartigen Gruppe dadurch qualifiziert scheint, daß man grundlegend gestört ist und daß der Gedanke, sich selbst zu helfen oder wohlauf zu sein, wie ein schwerer Verrat behandelt wird.

Glücklicherweise bringt die Anerkennung der multipersonalen Natur der menschlichen Probleme gleichzeitig neue Hoffnung für ihre bessere Lösung. Die allgemeine Tendenz, die auf ein Verständnis des sozialen Netzwerks hinzielt, hat zu neuen Methoden von Forschung und Therapie geführt, besonders zur Gruppenanalyse in ihren verschiedenen Modifikationen wie auch zu einer anderen Orientierung bei der Behandlung des einzelnen Patienten.

In der Theorie werden die kulturellen und sozialen Wurzeln menschlichen Verhaltens stärker betont. Diese Erkenntnis gewinnt neuerdings auch in der klassischen psychoanalytischen Theorie an Boden. Es besteht nicht die Alternative: kulturelle Orientierung oder biologische, da beide Aspekte miteinander verflochten und nicht zu trennen sind. Wie ich erwähnt habe, bewegt sich die moderne Biologie ohnehin auf eine stärkere Anerkennung des kulturellen und sozialen Erbes hin.

Jede Psychotherapie als Vorgehen, als Mittel zum Zweck ist eine konzentrierte Wiederholung in einer speziell bezeichneten Situation. Sie kann entscheidend zu einer relativen Besserung im weiteren Leben des Patienten beitragen. Vielleicht ereignet sich in besonders günstigen Fällen ein Umschwung im pathogenen Netzwerk, der bei dem Betreffenden zu größerer Freiheit führt.

Wir müssen von den Kategorien Kurztherapie und extensive oder Langzeit-Psychotherapie abkommen und sie durch das Gegensatzpaar kausale bzw. symptomatische Psychotherapie ersetzen. Wenn wir mit wachsender Unterscheidungsfähigkeit alle Faktoren gegeneinander aufwiegen, bleibt unser Ziel immer dasselbe: unter den gegebenen Bedingungen eine optimale Lösung zu finden.

Es kann eine Hilfe sein, die Hauptthemen dieses Kapitels aufzuzählen.

(1) Freuds Werk und die Psychoanalyse im weiteren Sinne hat in der ersten Hälfte dieses Jahrhunderts dominiert. Sein Beitrag wird für jeden weiteren Fortschritt sehr bedeutsam bleiben. In der zweiten Hälfte dieses Jahrhunderts könnte eine Theorie der Psychopathologie und Psychotherapie entstehen, die auf einer umfassenden Sicht aufbaut.

(2) Freud sieht die grundlegenden Einschränkungen der Psychotherapie in biologischen Faktoren, die als unabänderlich angesehen werden. Moderne Forschung zeigt, daß viel von dem, was als biologisches Erbe angesehen wurde, in Wirklichkeit Kulturerbe ist, das sozial überliefert wird. In Übereinstimmung damit betrachtet sie die Gemeinschaft als wichtige Beobachtungseinheit.

(3) Innerhalb der Psychotherapie äußert sich dieselbe Tendenz in der Betonung der Interaktionsprozesse, ob sie nun in der Zwei- oder in der multi-personalen Situation beobachtet werden.

(4) Ich betonte die Existenz eines Interaktions-Netzwerkes, in welchem jeder versucht, die allen gemeinsamen Konflikte in Interdependenz mit den anderen zu lösen. Das Gleichgewicht der individuellen, also der psychischen Gesundheit hängt daher von der Interaktion mit anderen Mitgliedern des Netzwerkes ab. Das führt zu der Methode analytischer Gruppenbeobachtung und-behandlung, in der die Kräfte dieses Netzwerkes in ihrer Gesamtheit studiert werden können – entweder in der natürli-

chen Anordnung oder in der Wiedererrichtung derselben in der Übertragungssituation.

(5) Diese Methode hat den besonderen Vorteil, daß Therapeuten mit unterschiedlichem Ausgangspunkt gemeinsam die Ereignisse neu in einer einheitlichen Situation sehen und so eine gemeinsame Sprache für die Prozesse, die vor aller Augen ablaufen, finden können.

(6) In dieser Sicht wäre der Neurotiker nur das schwächste Glied in einer Kette, gewissermaßen ein Sündenbock. Jede Wandlung in ihm müßte auf den automatischen Widerstand der einzelnen Mitglieder seines Netzwerkes stoßen. Daher müssen wir uns außer den Widerständen gegen einen Wandel, dessen biologischen Aspekt Freud so klar erfaßt hat, mit der kollektiven Quelle dieses Widerstandes auseinandersetzen. Das führt uns dazu, die defensive Funktion im Beruf des Psychotherapeuten zu begreifen. Wir verstehen auch den allgemeinen und unvermeidlichen Widerstand gegen unsere Bemühungen.

Unsere Arbeit ist wirklich schwer, aber sie ist auch ungeheuer lohnend. Alle Zeichen deuten auf eine rapide Entwicklung hin, so daß uns der Rückblick vom Jahr 2000 auf die erste Hälfte des Zwanzigsten Jahrhunderts vielleicht wie ein Weg ins Mittelalter erscheinen mag.

In der Zeit eines rapiden und beispiellosen Wechsels wird der Mensch die Hilfe der medizinischen und therapeutischen Psychologie mehr als alles andere brauchen, wenn er überleben und seine seelische Gesundheit erhalten will. Medizinische Psychologie und Psychotherapie können alle Fortschritte, von welcher Seite sie auch kommen mögen, nur begrüßen und sollten sie integrieren. Glücklicherweise sieht es so aus, als ob dieser Prozeß fortschreite und die Integration begonnen habe. Wenn dem so ist, werden die nicht scheitern, die nach uns kommen.

VII

Psychoanalyse, Gruppenpsychotherapie, Gruppenanalyse

Freuds Werk hat in seiner Gesamtheit das psychologische Klima unserer Zeit so einschneidend beeinflußt, daß keiner nach ihm ihn aussparen könnte, auch wenn er dies wollte. Das gilt für eine Psychotherapie, soweit sie psychoanalytisch orientiert ist, ob sich die Psychotherapie nun in der Einzel-, bzw. Zwei-Personen-Situation abspielt oder in der multipersonalen, bzw. Gruppensituation. Jedoch – Freuds Beitrag zur Gruppenpsychologie ungeachtet – ist die Idee einer Psychologie oder Psychotherapie, die grundlegend auf der Gruppe basiert, Anathema für Psychoanalytiker. Das Interesse wächst langsam, aber die große Mehrheit der heutigen Psychoanalytiker ignorieren die Gruppenpsychotherapie oder lehnen sie ab. Es wird noch zehn oder zwanzig Jahre dauern bis eine konstruktive Integration erreicht ist.

Als Psychoanalytiker würde ich mich in diesem Stadium dagegen wenden, den Ausdruck »Psychoanalyse« auf eine multipersonale Situation auszudehnen. Es ist die Frage, ob Psychoanalyse in der Gruppe praktiziert werden kann, ohne ihren Sinn wesentlich zu verfälschen. Für die Theorie ist es außerdem besser, sich von Konzepten freizumachen, die der Psychoanalyse entlehnt sind. Wir wollen frei bleiben für die Entwicklung von Ansätzen, die aus der Gruppensituation erwachsen und für sie relevant sind. Bevor ich genauer erläutere, wie man m. E. psychoanalytische Prinzipien auf die Gruppe anwenden kann, ist es notwendig, die gegenwärtigen Trends in der Psychoanalyse darzustellen und meine eigene Position als Psychoanalytiker zu umreißen.

Diejenigen von uns, die auf den Einfluß von Freuds frühem Werk antworteten und die die Weiterentwicklung miterlebten, vielleicht, um selbst aktiv teilzunehmen, finden sich in einer eigentümlichen Lage. Wir mußten uns durch dieses Werk hindurchfinden, gegen ein Meer von Widerständen in uns und um uns kämpfen. Indem wir unter vielen persönlichen Opfern die Zufälle einer sehr ungesicherten und ungewissen Zukunft auf uns nahmen, mußten wir an jeder Ecke der Versuchung widerstehen, eine Abkürzung einzuschlagen, die eine viel annehmlichere Existenz versprochen hätte. Nun müssen wir dieses Werk gegen einige seiner eigenen Anhänger verteidigen. Die vielen anderen Schulrichtungen außerhalb der Psychoanalyse geben uns keine neuen Probleme auf, besonders wenn sie nicht den Anspruch erheben, Formen der Psychoanalyse zu sein. Freuds Genius hat ihn und uns geleitet, alle die Fehler zu vermeiden, die ihnen nun unterlaufen. Bis zu einem gewissen Grad vertreten diese Schulen legitime Weiterentwicklungen und Korrekturen, von Teilaspekten der Psychoanalyse angeregt, die nur insofern fehlgehen, als sie einen Teil für das Ganze nehmen. Manchmal wurde ein Teilaspekt so sehr zum Kernstück gemacht, daß man nicht umhin kann, diese Systeme als quasi-pathologische Formen anzusehen, so, als wären es Fixierungen auf gewissen Stufen, die die Psychoanalyse durchlaufen hat, oder Regressionen zu ihnen, wenn Weiterentwicklungen zu gefahrvoll waren, oder Reaktionsbildungen gegen manche nur schwer akzeptierbare psychoanalytische Konzepte wie etwa den Kastrations- oder den Ödipus-Komplex. Mehr interessieren uns die einzelnen Schulen in der psychoanalytischen Bewegung selbst, die nach verschiedenen Richtungen streben. Diese Denkrichtungen greifen gewöhnlich die eine oder andere der Grundlagen an, auf denen die Psychoanalyse aufgebaut ist, aber keine dieselbe. In schöner Arbeitsteilung greift jede das Fundament an, das die andere unangetastet ließ oder für das Wesentlichste erklärte. Die eine wird behaupten, daß die Psychoanalyse vor allem eine Trieblehre ist und daß die Lehre von der infantilen Sexualität und die Libidotheorie die eigentlichen Grundlagen sind; die andere wird erklären, daß die Annahme von Trieben beim Menschen, so wie es die Psychoanalyse tut, irrig und unhaltbar sei, oder daß die Libidotheorie überbetont ist und ersetzt werden sollte durch eine Theorie der Objektbeziehungen (wofür manches spricht) und so weiter. Einige betrachten alle Beziehungen in der therapeutischen Situation als Übertragung und beschränken sich darauf, nur diese von Anfang an zu interpretieren. Andere sind wieder von der besonderen Natur der Übertragung im engeren Sinne beeindruckt – im Gegensatz zu anderen Phänomenen – und konzentrieren sich auf die Analyse der Übertragungsneurose in einer bestimmten Phase des psychoanalytischen Prozesses. Einige gehen, wie Freud, von der Oberfläche aus, andere suchen nach sogenannten tieferen Interpretationen. Die freie Assoziation scheint nach wie vor für viele grundlegend zu sein, für andere weniger. Was also heute unter dem Namen Psychoanalyse läuft, schließt beträchtliche und oft unvereinbare Variationen ein und,wenn jemand sagt, er wende Psychoanalyse auf die Gruppe an, dann heißt das absolut nichts, wenn man nicht ihn, seinen Hintergrund und seine Ausbildung genau kennt. Wenn überdies ein zweiter dasselbe sagt, muß man verwundert feststellen, daß er etwas ganz anderes als der erste praktiziert. Wenn fünfundzwanzig Psychoanalytiker erklären, sie wenden Psychoanalyse auf ihre Gruppen an, ist es genau so wahrscheinlich, daß sie sich fünfundzwanzig verschiedener Konzepte und Verfahren bedienen.

Alle diese neuen Entwicklungen liefern positive Beiträge und üben manchmal gültige Kritik an der psychoanalytischen Theorie und Praxis. Niemand kann voraussagen, was bei dem Konzert all dieser Bemühungen herauskommen wird, was sie zu dem Gebäude einer zukünftigen Psychotherapie beitragen werden. Aber es scheint sicher zu sein, daß sie sich nie zu einer harmonischen wissenschaftlichen psychoanalytischen Disziplin werden integrieren können, die mit Freuds Werk und Geist zu vereinen ist.

All das sollte nicht den unangenehmen Eindruck vermitteln, Psychoanalyse bestehe nur aus Widersprüchen. Das Kernstück ist recht solide. Psychoanalytiker sprechen im großen und ganzen noch eine Sprache und haben einige gemeinsame Grundüberzeugungen. Es besteht darüber hinaus auch noch eine gewisse Einheitlichkeit in Ausbildung, Qualifikation, Praxis und ethischer Einstellung. Das sind wertvolle Aktiva, wenn sie sich der Gruppenpsychotherapie zuwenden, ja, sie sind unentbehrlich, wenn sie Gruppenanalytiker werden wollen. Aber, so wenig wie jemand zum Psychoanalytiker wird, nur weil er psychoanalytische Literatur kennt und analysiert wurde, so wenig ist jemand zum Gruppenanalytiker qualifiziert, weil er Psychoanalytiker ist. Nach unserer Erfahrung in der Gruppenanalytischen Gesellschaft (Group-Analytic Society) in London ist die intensive Teilnahme als Analysand in einer gruppenanalytischen Gruppe von größter Wichtigkeit für alle, die sich als Gruppenanalytiker qualifizieren wollen, und oft nicht zuletzt für diejenigen, die über eine Reihe von Jahren mit einem oder mehreren Psychoanalytikern eine intensive individuelle psychoanalytische Erfahrung hatten.

Es ist wohl klargeworden, daß ich mich als Psychoanalytiker der klassischen Richtung um eine Weiterentwicklung von Freuds Werk bemühe, das in sich keine starre Konstruktion ist, sondern ein dynamischer Organismus. Dieses Werk ist, wie alles, zeitgebunden. Es ist möglich, daß nichts darin im Laufe der Zeit unverändert bleiben kann, weder in der Theorie noch in der Praxis, noch in seiner Metapsychologie. Kommende Generationen werden psychoanalytische Konzepte in ihre eigene Sprache übersetzen, werden sie wiederentdecken müssen. Diejenigen, die das Ursprüngliche verstehen wollen, werden Freuds Werk in historischer Perspektive studieren müssen, mit einem Gespür für das Wesen seiner Zeit, für ihn und seine Sprache, wenn sie die wirkliche Bedeutung wieder entdecken wollen. Psychoanalyse als Behandlungsmethode wird mit der Zeit ihre Bedeutung verlieren und in ihrer ursprünglichen Form auf die Anwendung in besonderen Spezialfällen beschränkt bleiben.

Aus meiner Position heraus ergibt sich, daß psychoanalytische Konzepte hier in ihrem klassischen, gewissermaßen einzig korrekten Sinne verwendet werden. Diese Phänomene können in ihrer reinen Form nur in der klassischen psychoanalytischen Situation beobachtet werden, die wiederum nur in der Behandlung einer Übertragungsneurose anwendbar ist, d. h. bei Patienten, die an einer Hysterie, einer Phobie oder an einem Zwang leiden. Die Ausweitung der psychoanalytischen Behandlung auf andere Formen von Neurosen und Psychosen macht ganz andere Modifikationen notwendig. Es gehört zu den wesentlichen Merkmalen, daß der hinter der Couch sitzende Psychoanalytiker die Übertragung annimmt und sich auf Interpretationen beschränkt, während der auf der Couch liegende Patient sich der freien Assoziation überläßt. Die Situation trägt immer noch die Prägezeichen der hypnotisch-kathartischen Methode, aus der sie sich entwickelt hat. Sie fördert die Entwicklung einer regressiven Übertragungsreaktion, mit ihrem frühinfantilen und psychotischen Charakter, der für die Aufklärung der frühen Konfliktsituationen so wesentlich ist. Die Art und Weise, wie der Psychoanalytiker diese Situation nutzt, in der sich längst Vergangenes und Gegenwärtiges überlappen, ist für die Psychoanalyse ganz spezifisch. Vorbedachte Manipulationen, Beeinflussung, Rollenspiel sind nicht psychoanalytisch. Es versteht sich, daß ich von einem Modell in einer Standardsituation spreche. Der erfahrene und talentierte Psychoanalytiker lernt es, diese Prinzipien mit einem großen Maß von Elastizität und Flexibilität anzuwenden, aber er wird immer auf dem Boden der Psychoanalyse bleiben und wissen, wann er sie aufgegeben hat oder auf eine andere Form der Psychotherapie zurückgefallen ist.

Diese psychoanalytische Situation hat sich über ein halbes Jahrhundert in Versuch und Irrtum weiterentwickelt, und zwar stets mit dem einzigen Ziel, dem wesentlichen Ziel des psychoanalytischen Verfahrens: der Aufdeckung der ursprünglichen, gewöhnlich sehr frühen Konfliktsituationen.

So stark liegt der Akzent auf der historischen, genetischen Orientierung in der Psychoanalyse, daß sie ohne Zögern Hypothesen prähistorischer Ereignisse, Rasse und Spezies betreffend, zu Hilfe nimmt, wo individuelle ontogentische Quellen nichts mehr hergeben können. Es ist daher nicht korrekt, wenn man eine experimentelle »ahistorische« Situation mit der psychoanalytischen gleichsetzt, erstere ist eher als eine existenz-analytische zu betrachten. Psychoanalyse mag zur völligen Heilung von Symptomen führen und neurotische Entwicklungen modifizieren, ihr größerer Beitrag liegt jedoch in der Erforschung der normalen wie auch anormalen Entwicklung und Arbeitsweise der menschlichen Psyche. Sie bezieht sich auf das Individuum in kartesianischer Isolierung: ein Körper, ein Gehirn, ein Geist. Die Welt baut sich auf aus körperlichen Bedürfnissen und Sensationen, obwohl eine äußere Realität, unpersönlich und objektiv, anerkannt wird. Soziale Beziehungen sind sekundär, die Primärbeziehung, ja Einheit mit der Mutter wird nur verstanden als eine Beziehung zwischen zwei erogenen Zonen: Mund und Brustwarze.

Psychoanalyse begann ausschließlich als Selbststudium einer isolierten Person. Diese Person mußte sich in zwei Teile spalten: den Beobachter und den Beobachteten. Letzterer hatte zweierlei Haltungen einzunehmen: der Beobachtete mußte von dem Beobachter klar getrennt sein und doch zweifellos zu derselben Person gehören. Der Traum erfüllte diese Bedingungen ideal. Ein anderes menschliches Wesen konnte in genau der gleichen Weise zum Studienobjekt werden; es machte keinen Unterschied, daß beide determiniert waren. Welch schwerer Schritt war es bis zur Erkenntnis der neuen Determinanten, nämlich der Beziehung zwischen den beiden Personen, dem Arzt und dem Patienten! Daher war Übertragung ursprünglich nur ein Ärgernis, ein Widerstand, und nur sehr langsam entpuppte sie sich als die wesentliche dynamische Kraft auf diesem Gebiet. Viele psychoanalytische Konzepte haben diesen Stempel der selbstanalytischen Phase eindeutig beibehalten, andere sind zur Zwei-Personen-Psychologie übergegangen oder könnten nur dieser späteren Phase zugeteilt werden, einige wurden durch verschiedene dieser Stufen geprägt.

Könnte, auf den ersten Blick, ein größerer Unterschied zwischen dieser und der Gruppensituation bestehen? Es sind viele Patienten beisammen, der Therapeut sitzt mit ihnen im Kreis, die Betonung verlagert sich von der betonten Ungleichheit der psychoanalytischen Situation zu weitgehender Gleichheit, in bezug auf die Mitwirkung: Jedermann und keiner ist Therapeut, jedermann und keiner ist Patient. Übertragungen werden nicht von technisch geübten Unparteiischen angenommen, sondern von anderen emotional gestörten Menschen beantwortet und begegnen geballten Gegenübertragungen. Dasselbe gilt für alle anderen Prozesse, es gibt keine inhaltliche oder zeitliche Begrenzung der Interpretationen oder anderer Reaktionen. Ist es ein Wunder, wenn sich da Psychoanalytiker mit Schaudern abwenden?

Bei alledem behaupten wir, daß der Mensch grundlegend und nicht sekundär durch seine soziale Natur gekennzeichnet ist, daß ein konstanter Kommunikationsstrom, verbal und nichtverbal, bewußt und unbewußt, ja, eine wirkliche Gemeinsamkeit der Erfahrung besteht.

Einige Autoren können schwer der Behauptung beistimmen, daß die Gruppensituation alle Prozesse radikal ändert, von den neuen dynamischen Kräften und Dimensionen, die ihr ganz besonders eigen sind, abgesehen. Wir wollen das an zwei einfachen Beispielen demonstrieren.

(1) *Freie Assoziation*, wie man sie in der Psychoanalyse versteht, ist natürlich in einer Gruppe unmöglich. Alle müßten dann gleichzeitig sprechen. Und dann könnte keiner verstehen, was der andere gerade sagt, wenn er im stillen mit seiner eigenen freien Assoziation beschäftigt ist. Übrigens ist ja die freie Asso-

ziation das typische Produkt der ersten Phase. Sie modifiziert sich bereits in der Zwei-Personen-Situation. Die Mitglieder meiner ersten Gruppen, vielleicht der ersten, die man anhielt, soweit wie möglich frei zu assoziieren, hatten vorher psychoanalytische Erfahrung gehabt. Was sich dann entwickelte, beschrieb ich als »freiströmende Diskussion«. Bald merkte ich, daß der Gruppenanalytiker alle spontanen Beiträge als Äquivalent der freien Assoziationen der Gruppe als Ganzes behandeln kann. Diese kollektive Assoziation ist völlig verschieden von ihrem Äquivalent in der Einzel-Situation und konnte nicht verstanden werden ohne die Einführung eines völlig neuen Bezugsrahmens: Die Gruppe als Ganzes oder das, was wir nun Gruppen-Matrix nennen.

(2) *Der Traum, die »via regia des Unbewußten«*, hat in der Entwicklung von der Ein- zur Zwei-Personen-Situation eine andere Bewertung bekommen. Freuds *Traumdeutung* ist im wesentlichen vom Ein-Personen-Standpunkt aus geschrieben. Der Traum hat in der Folge seine Bedeutung für uns geändert mit der Verlagerung der Akzente von der Psychoanalyse der unbewußten Inhalte zur Widerstands- und Charakteranalyse und zur Analyse der Übertragungsneurose im Hier und Jetzt der therapeutischen (T-) Situation. Die klassische Traumanalyse, die mit Hilfe der freien Assoziation von der manifesten Fassade zur latenten Bedeutung vordringt, spielt sich in der Praxis mehr als gelegentliche Episode im gesamten Kontext des psychoanalytischen Prozesses ab. Der manifeste Inhalt, obwohl er die latenten Traumgedanken verkleidet und verzerrt, hat insbesondere als Spiegel der Übertragungssituation spezielle Bedeutung erlangt. Unser geschultes Auge ließ seine Manifestationen transparenter werden. Beobachtungen wie den vorhergehenden wird jedoch noch nicht die Aufmerksamkeit gezollt, die sie in der Psychoanalyse verdienen. Es muß aber unterstrichen werden, daß die Unterscheidung zwischen dem manifesten und dem verdrängten, latenten Trauminhalt und allem, was damit korrespondiert, ein Fundament der Freudschen Psychoanalyse ist. Wir können nicht mehr von Psychoanalyse sprechen, wenn wir darauf verzichten.

Bei dieser Gelegenheit muß ich mich mit der Wirkung der gruppentherapeutischen oder gruppenanalytischen Situation auf den Traum befassen. Der Traum ist vor allem eine individuelle Schöpfung, nicht bestimmt für die Öffentlichkeit, für die Mitteilung an andere. Das Selbst, wie Freud uns gezeigt hat, lehnt es aber ab, ihn als innere, intraindividuelle Kommunikation zu akzeptieren. Wenn Patienten ihre Träume in einer therapeutischen Gruppensitzung berichten – und bei ungeübter Handhabung neigen sie dazu, das zu einer kleinen Epidemie werden zu lassen – dann ist das im allgemeinen Ausdruck eines Widerstandes. Die Analyse des Traumes als Widerstand bekommt dann übergeordnete Bedeutung. Die Versuchung für den Therapeuten, auf Träume hereinzufallen, Träume sozusagen zu züchten, ist beachtlich – mit der unvermeidlichen Konsequenz, daß die Gruppe Träume als Analysematerial produziert und alle glücklich sind. Bei einem derartigen quasi-psychoanalytischen Vorgehen werden daher zwei Fehler gemacht: Erstens beruht es auf einem inadäquaten Verständnis der Dynamik der psychoanalytischen Situation und zweitens überträgt es diese in verkehrter Weise auf die Gruppensituation. Der Gruppenanalytiker meiner Orientierung weist Träume natürlich nicht zurück, aber behandelt sie wie andere Kommunikationen nach ihrer dynamischen Bedeutung. Vor allem ist unserer Ansicht nach jeder Traum, der in einer Gruppe erzählt wird, Eigentum dieser Gruppe. Gruppen unterscheiden mit feiner Intuition zwischen dem, was sie Gruppenträume nennen, und anderen Träumen. Diese Gruppenträume sind manchmal wichtige Kommunikationen, die sich insbesondere auf aktuelle interpersonelle Dynamik, auf den Leiter, auf die Erkenntnis von allgemeinen, aber unbewußten Widerständen beziehen. Andere Träume werden manchmal von der Gruppe ignoriert, manchmal mit leichter Modifikation der spezifischen Bedeutung für den Träumer aufgenommen, jedenfalls werden sie bald in den Gruppenkontext absorbiert, wie er sich aus der Matrix entwickelt.

Wenn das, was wir über den Traum gelernt haben, zutrifft, muß dies natürlich auch gelten, wenn der Träumer in Gruppenanalyse ist, aber es sollte jetzt ebenso klar sein, daß Träume von der Situation des Träumers beeinflußt werden und ganz besonders von einer so tiefgehenden wie es die therapeutische Übertragungssituation in der Psychoanalyse beziehungsweise in der Gruppenanalyse ist. Diese beiden Situationen bieten dem Studium zwei ganz verschiedene Aspekte der Träume, des Träumers und des Träumens. Dasselbe gilt für die Psychoanalyse als Ganzes. Alles, was uns die Psychoanalyse lehrt, gilt im Prinzip voll für die Gruppenanalyse: die strukturellen, ökonomischen und dynamischen Aspekte der unbewußten seelischen Prozesse, das Konzept der Primär- und der Sekundärprozesse und des Grundkonfliktes, die Betonung der Revision pathogener Reaktionen mittels Einsicht innerhalb der therapeutischen Situation.

Der erfahrene Gruppenanalytiker wird in direkter Beobachtung in der Lage sein, durch die sich darbietende Oberfläche des Materials hindurchzudringen. Er wird mit Interaktionen arbeiten, die noch nicht im Bewußtsein der Gruppe sind. In operationaler Formulierung: Die Patienten bestimmen den Gesprächsgegenstand jeder Sitzung, der Gruppenanalytiker befaßt sich mit der Übersetzung von unbewußtem Material in bewußte Gedanken und mit der Analyse von Widerstand und Abwehr. Er benutzt bei seiner Arbeit ausgewählte Interpretationen, Konfrontation usw. und vermeidet jeden anderen Einfluß. Vor allem behält er die charakteristische Einstellung des Psychoanalytikers zur Übertragung und Gegenübertragung bei, indem er diese Erscheinungen ausschließlich zum Zwecke der Analyse benützt. Für diese letztere Aufgabe insbesondere ist die eigene Lehranalyse des Gruppenanalytikers von größter Bedeutung, aber er begegnet nun Äquivalenten dieser Phänomene, die ihm aus der Einzelsituation bekannt sind, mit besonderen Wesenszügen. Die Gruppe ist nun sein elementarer Bezugsrahmen und nur neuerliche intensive Übung und Erfahrung kann den Psychoanalytiker befähigen, in der Gruppe weiter seine adäquate Funktion zu erfüllen.

Was bisher beschrieben wurde ist nicht mehr oder weniger als eine legitime Anwendung psychoanalytischer Prinzipien auf die Gruppe. Wenn Gruppenanalyse nur das wäre, könnte man sie Gruppenpsychoanalyse nennen, sie würde dann aber als Methode hinter der Psychoanalyse in verschiedenen wichtigen Punkten zurückbleiben, wie ich zu erklären versuchte. Wer, wie ich der Ansicht ist, daß die Essenz der Psychoanalyse im Durcharbeiten der auf regressiver Übertragungsebene wiederholten und rekonstruierten, aktualisierten Kindheitserfahrungen besteht, muß finden, daß der Ausdruck: »Psychoanalyse der Gruppe« oder »in der Gruppe« fehlgeht. Er würde, wenn er etwa die reduktive Analyse der infantilen Neurose, der infantilen Sexualität, der frühen Objektbeziehungen als wesentlich für die

Psychoanalyse ansieht, wie ich es tue, diese lieber auf die Zwei-Personen-Situation beschränken.

Gruppenanalyse, wie ich sie praktiziere und lehre, ist weit mehr als nur eine Anwendung psychoanalytischer Prinzipien auf die Gruppe. Es kommen Elemente hinzu, die weit über die Voraussetzungen der Einzelpsychoanalyse hinausgehen. Diesem Gesichtspunkt will ich den Rest dieses Kapitels widmen. Der ständige Gebrauch psychoanalytischer Prinzipien macht diese Form der Gruppenpsychotherapie, die Gruppenanalyse, zu einer nahen Verwandten der Psychoanalyse. Es ist jetzt Zeit, die Merkmale zu beachten, die sozusagen von der anderen, der mütterlichen Seite stammen, von der Familie der Gruppen. Sie haben die Charakteristika der Gruppen, insbesondere der Gruppen dieser Art, Größe und psychotherapeutischen Zielsetzung usw.

Man kann sagen, daß jede Psychotherapie von drei Bündeln von Faktoren abhängt:

(1) Was der Therapeut mitbringt: seine Haltung, seine Persönlichkeit, Erfahrung, die Art, wie er interveniert und interpretiert.

(2) Was der Patient in die Situation mitbringt, und zwar nicht nur das, was mittels einer konventionellen Diagnose ausgedrückt ist.

(3) Die Bedingungen des Zusammentreffens, Formalitäten, Regelmäßigkeit und ihr Gegenstück, spontane oder gelenkte Kommunikation, und viele andere Kennzeichen beeinflussen entscheidend das Material und die Dynamik der Therapie.

Ich habe experimentell und bei Kontrollen individueller Psychoanalyse oft feststellen können, wie jede einzelne Änderung alle Prozesse verändert. Der Wechsel von der Individual- zur Gruppensituation hat natürlich weitreichende Konsequenzen. Um letztere richtig beurteilen und mit ihnen umgehen zu können, scheint die jeweilige Schule des Psychotherapeuten weniger wichtig zu sein als seine Ausbildung als Gruppenpsychotherapeut. Zwei geschickte und erfahrene Gruppenpsychotherapeuten können in ihrer Arbeit wesentlich übereinstimmen, obwohl sie ihre psychologische Überzeugung je nach Zugehörigkeit zu einer Schule sehr unterschiedlich formulieren.

Die gruppentherapeutische Situation bringt bestimmte Charakteristika mit sich, welche das gruppenanalytische Vorgehen erforscht. Wir sprechen von der Wichtigkeit des Kommunikationsprozesses, von aktiver Ich-Stärkung (in intrapsychischer Aktion). Gruppenanalytische Psychotherapie hat einen viel weiteren Anwendungsbereich als die Einzel-Psychoanalyse. Sie verlangt methodische Eigentümlichkeiten des Vorgehens, die der Psychoanalyse fremd sind. Einige Psychoanalytiker erkennen an, daß eine Anzahl von Erkrankungen eine andere als die psychoanalytische Behandlung brauchen. Wo die psychoanalytische Behandlung enttäuscht hat, erweisen sich kollektive und Aktionsmethoden als wirksamer. In der Psychoanalyse z. B. müssen Charakterwiderstände in Übertragungswiderstände verwandelt werden, in der Gruppenanalyse können sie durch Vergleich und Kontrast in der unmittelbaren Interaktionssituation analysiert werden. Es besteht ein starkes Bedürfnis nach einer Differential-Indikation, welche Methode bei verschiedenen Krankheiten und unterschiedlichen Persönlichkeiten zu empfehlen ist.

Gruppenanalyse mit der Betonung der unmittelbaren lebendigen T-Situation empfiehlt sich für eine Erforschung dynamischer Prozesse.[1] Sie wird uns weniger über die Entwicklung psychischer Mechanismen, intraindividueller Konflikte, über die biologische, körperliche Basis der beteiligten Energien lehren. Mehr kann sie uns sagen über die Voraussetzungen des therapeutisch bedingten Wandels, über die interpersonelle Natur psychischer Mechanismen, über bewußte und unbewußte Kommunikation, über die Dynamik der Gruppe und ihrer Subkulturen, über die Physiognomie der Syndrome und andere Probleme.

Die individuelle Schule des Therapeuten ist eine Sache für sich, sie wird sein Vorgehen beeinflußen. Eine andere ist sein Vorgehen in der Gruppe. Wenn wir operative Begriffe verwenden, indem wir die relevanten Prozesse genau beschreiben, können wir eine gemeinsame Basis für den Austausch von Erfahrungen schaffen und eine gemeinsame Plattform der einzelnen Schulen finden. Von diesem Ausgangspunkt aus werden wir in einer besseren Position für die objektivere Beurteilung verschiedener Theorien und Ziele sein und den wissenschaftlichen Wert unserer Arbeit erhöhen können.

1 Anm. d. Übers.: *action research.*

VIII

Die Bedeutung der gruppenanalytischen Beobachtung für die Indikation zur psychoanalytischen Behandlung

(1954)

Bevor wir über die richtige Anwendung einer Methode Entscheidendes aussagen können, sollten wir eine klare Vorstellung von der Arbeitsweise haben. Die Erforschung der wesentlichen Faktoren, die in der psychoanalytischen Behandlung wirksam sind, war das Thema eines Symposions anläßlich des internationalen Kongresses für Psychoanalyse im Jahre 1936 in Marienbad. Die Ansichten, welche bei diesem Anlaß geäußert wurden, divergierten sehr, sogar in bezug auf gewisse elementare Prinzipien. In den dazwischenliegenden Jahren wurden die Dinge noch komplexer. Wir haben nicht mehr die geringste Sicherheit für die Annahme, daß sich zwei x-beliebige Psychoanalytiker in ihrer Vorstellung über die Grundcharakteristika der Situation, in der sie arbeiten – nämlich der psychoanalytischen Situation – über die Rolle, die sie bei diesem Prozeß spielen oder über das eigentliche Wesen ihrer technischen Interventionen einig sind. Sogar Grundkonzepte wie Übertragung und Gegenübertragung variieren in den einzelnen Darstellungen stark. Psychoanalytiker weichen voneinander hinsichtlich der Wichtigkeit wie auch der Natur und Rolle, die sie ihren Interpretationen zuschreiben, ab. Ganz gleich, ob das nun gut oder schlecht ist, wir kommen dadurch sicherlich einer wissenschaftlichen Betrachtungsweise nicht näher. Es wird uns dadurch erschwert, Untersuchungen anderer Richtungen zu widerlegen, die behaupten, daß Unterschiede in den therapeutischen Ergebnissen nicht der Zugehörigkeit eines Therapeuten zu einer spezifischen Schule (Freud, Jung usw.), sondern mehr der Persönlichkeit und Erfahrung des betreffenden Therapeuten zu danken sind. Unter diesen Umständen darf es nicht verwundern, daß so wenig über die präzise Indikationsstellung für eine psychoanalytische Behandlung bekannt ist.

Über die Frage, welche Faktoren zur Indikation für eine psychoanalytische Behandlung *spezifisch* sind und für welche Personen und für welche Krankheitszustände die psychoanalytische Behandlung die richtige Methode ist, habe ich mir lange den Kopf zerbrochen. Für unsere Zwecke werde ich von meiner Überzeugung ausgehen, daß die psychoanalytische Behandlung ihre besondere Aufgabe hat, daß man die wirksamen Faktoren kennzeichnen kann, daß sie in charakteristischer Weise, die von Fall zu Fall und von Phase zu Phase variiert, arbeiten und daß ihr zeitlicher Ablauf wichtig ist. Ich werde in der Folge Worte wie Übertragung in ihrer spezifischen klassischen Bedeutung gebrauchen und nicht einer Tendenz folgen, die sie durch Expansion und Inflation ihrer klaren Konturen beraubt.

Der Psychoanalytiker hat keinen guten Stand wenn er seine Methode in ihrer Wirksamkeit mit der anderer vergleichen will. Um sich in dieser Hinsicht eine Meinung zu bilden, ist eine Basis für die vergleichende Beobachtung notwendig. Aus Erfahrungen mit kleinen Patientengruppen, die auf der Basis bestimmter von mir »gruppenanalytisch« genannter Prinzipien geführt wurden, ergibt sich ein Feld für die vergleichende Beobachtung.

Eines der Kennzeichen einer derartigen Gruppe ist, daß wir Teilnehmer und Zeugen eines dynamischen Interaktionsprozesses sind, bei dem pathogene und therapeutische Mechanismen ineinanderspielen. Hier entfaltet sich vor uns, zur selben Zeit, die unterschiedliche Reaktion der Einzelnen auf denselben Anreiz von Material und Situation. Auf diese Weise habe ich den Unterschied zwischen einer Übertragungsneurose und anderen neurotischen Störungen unverfälscht in neuem Licht zu sehen gelernt, den Freud so lange vorher entdeckt hatte. Unsere Vorstellungen über sogenannte Aktualneurosen und psychotische, narzißtische Störungen haben sich allerdings seit dieser ersten Zeit sehr weiterentwickelt. Diese Entwicklung hat zu präziseren Formulierungen in bezug auf das Ich, die Bedeutung der inneren und äußeren Objektbeziehungen und das Körperschema geführt.

Das kann in der gruppenanalytischen Sitzung beobachtet werden. Störungen, die die genetische Struktur des Ichs selbst betreffen, wie z. B. Charakter-Probleme oder narzißtische Formen, reagieren positiv auf Gruppenanalyse. Die Gruppensituation zeigt andererseits, wann Übertragungsneurosen in Einzelpsychoanalyse behandelt werden sollten. Gruppenanalyse demonstriert in ihrem Ablauf die regressive ödipale und zwingende Natur der Übertragungsneurose, in deren Folge der Patient dazu neigt, die therapeutische Situation wieder in genauer Annäherung an die ursprüngliche Familienkonstellation zu etablieren.

Wenn ich feststelle, daß die Essenz der psychoanalytischen Therapie eine genetische Revision der infantilen Neurose des Patienten und daß ihr wichtigstes Werkzeug das Durcharbeiten der »Neuauflage« der Neurose des Patienten in der Übergangssituation – eben der Übertragungsneurose – ist, werde ich kaum von irgendeinem Psychoanalytiker widerlegt werden. Wenn sich ein Patient in einer Gruppe in dieser Weise verhält, so verlangt das – implizit und explizit – nach dem klassischen psychoanalytischen Vorgehen.[1]

Die Anschauung, die ich von Anfang an vertreten habe, daß nämlich die Gruppensituation nicht die ideale Situation für das Durcharbeiten der individuellen Übertragungsneurose ist, wurde durch praktische Beobachtungen bestätigt. Ich will dies nun an einem Fall demonstrieren, der dies in aller Klarheit zeigt. Ich habe den Fall darüber hinaus deshalb gewählt, weil uns eine voneinander unabhängige Beobachtung durch drei Therapeuten vorliegt.

Die Patientin wurde zuerst als Teilnehmerin an zwei therapeutischen Gruppen mit demselben Leiter (Dr. A.) behandelt und hatte darauf eine psychoanalytische Einzelbehandlung beim Psychoanalytiker (Dr. B.). Ich selbst sprach mit dieser Patientin nur einmal, aber das Material war mir zugänglich.

Die Patientin hatte, was den zeitlichen Ablauf betrifft, schon Gruppenbehandlung gehabt, als ich sie kennenlernte. Sie begann danach ihre Einzelbehandlung. In der Darstellung werde ich bis zu einem gewissen Grade diesen zeitlichen Aspekt vernachlässigen zugunsten eines stereoskopischen Bildes.

Die Patientin, eine verheiratete Frau von 39 Jahren, wurde mir durch einen erfahrenen Gruppentherapeuten geschickt mit der Bitte um Einzelbehandlung. Er berichtete: Sie hatte innerhalb von achtzehn Monaten sechzig Sitzungen in einer Gruppe gehabt. Zuerst arbeitete sie angepaßt mit, geriet aber später in Widerstand. Nach einer Gruppendiskussion über Inzestpro-

[1] Anm. d. Übers.: Diese Auffassung wird vom Autor in letzter Zeit nicht mehr mit voller Ausschließlichkeit vertreten.

bleme entwickelte sie einen akuten panischen Zustand. Am Ende des Kurses war sie drei Monate zu Hause. Es wurde klar, daß sie eine Weiterbehandlung benötigte. Sie nahm an einer anderen gemischten Gruppe teil, die von demselben Therapeuten geleitet wurde. Aber sie hörte bald, nach vier Monaten, auf, weil diese Gruppe sie zu sehr beunruhigte. Sie bat um Einzelbehandlung.

Als sie zu mir kam, erzählte sie, daß Impulse, ihren siebenjährigen Sohn zu verletzen (strangulieren) sie quälten und daß sie dies nun auch in Abwesenheit des Sohnes beunruhigte. Ihre gegenwärtigen Schwierigkeiten begannen nach der Geburt dieses Kindes, und sie machte dafür die Schwäche nach der Geburt verantwortlich. Sie war als drittes von acht Kindern geboren worden. Ihr Zwillingsbruder starb bei der Geburt.

Ihre gegenwärtigen Symptome waren Konzentrationsstörungen, Angst vor Schwächeanfällen, Schlaflosigkeit, Kreuzschmerzen, sexuelle Gleichgültigkeit und Angst vor Menschenansammlungen – eine Angst, die sie übrigens seit ihrer Kindheit kannte. Während der Behandlung entwickelte sie ein zwanghaftes Interesse an der Reinigung von Genitale und Analregion ihres Sohnes. Ihre Angst, allein auszugehen, war ebenfalls gewachsen.

Ihr Ehemann gab an, daß sie zur Zeit ihrer Verehelichung vor siebzehn Jahren Angst vor dem Omnibusfahren, sowie Höhen- und Kollapsangst gehabt hatte.

Zur Gruppenbehandlung hatte sie lediglich folgendes zu sagen: Die erste Gruppe half ihr während der ersten neun bis zwölf Monate sehr viel. Die Gruppe bestand aus je vier Männern und Frauen. Nach achtzehn Monaten wurde die Gruppe abgeschlossen, und sie fühlte sich wieder schlechter. Die zweite Gruppe an der sie vier Monate lang teilnahm, bestand aus fünf Männern und fünf Frauen: »Da kam ich mir wie in einer Menge vor.« Diese Bemerkung ist wichtig in Hinsicht auf ihre Angst vor Menschenansammlungen. Von dieser Gruppe konnte sie keine Hilfe bekommen, noch dieser irgendwelche Hilfe geben. Insbesondere waren zwei Männer in der Gruppe, denen gegenüber sie sich »sehr klein« fühlte. Dieses Gefühl wiederholte sich später gegenüber dem Einzeltherapeuten, Dr. B.. Es war Ausdruck ihrer Identifizierung mit ihrem kleinen Sohn, der umgekehrt wieder mit ihrem Vater identifiziert wurde. Zur selben Zeit, als sie um eine persönliche Aussprache bat, brauchte ihr Sohn Privatunterricht, da er in der Schule nicht mitkam.

Einer der beiden Männer in der Gruppe, für die sie große Sympathie fühlte, war infolge Poliomyelitis gelähmt. Der andere, ziemlich jung, ungefähr dreißig, hatte, »es ist lächerlich, es zu sagen«, eine gewisse Anziehungskraft für sie, was sie sehr in Unruhe versetzte. Die Patientin war sich zu diesem Zeitpunkt nicht bewußt, daß dies in Beziehung zu zwei sehr bedeutungsvollen Tatsachen stand: erstens, daß ihr eigener Sohn an Kinderlähmung gelitten hatte, und zweitens, daß ihr Mann fünf Monate nach der Hochzeit einen Unfall gehabt hatte, bei dem zunächst Todesgefahr bestand und der schließlich zu einer Lähmung führte, so daß er einen Fuß nicht mehr normal bewegen konnte.

Sie stellte fest, daß sie diese Tatsachen dem Gruppentherapeuten damals nicht berichtet habe, obwohl sie nach den Notizen von Dr. A. in der Gruppe besprochen wurden. Später, in der Einzelbehandlung, fügte sie hinzu, daß sie mit dem jungen Mann ein- oder zweimal nach Hause gegangen war und daß sie aus diesem Grund die Gruppe verlassen wollte. Wichtig ist, daß Gehen hier Sexualverkehr bedeutet, und zwar mit ihrem Sohn. Das wurde auch in einem individuellen Übertragungstraum in Beziehung auf den Therapeuten ausgedrückt, in dem sie mit ihm an Tennisplätzen entlangging. Es ist wichtig zu bemerken, daß sie gegenüber einem Mann in der Gruppe eine inzestuöse Fixierung entwickelte. Ihre Inzestwünsche agierte sie dem jungen Mann gegenüber symbolisch aus, indem sie sich von ihm angezogen fühlte und mit ihm spazieren ging, und in dem steigenden Interesse an der Genital- und Analregion ihres kleinen Sohnes. Gleichzeitig entwickelte sie zunehmend Ängste im Zusammenhang mit Zwangsideen, ihren Sohn zu verletzen.

Der Gruppentherapeut stellte fest, daß ihre zunehmende Panikstimmung von der Diskussion inzestuöser Probleme in der Gruppe herrührte.

Wir wollen unsere Informationen nun durch einige Beobachtungen Dr. B.s ergänzen. Er sah die Patienten einmal die Woche, insgesamt in einunddreißig Sitzungen. Er stellte fest: »Erst wollte sie mich zum idealen Vater machen, aber sie fühlte sich von mir körperlich angezogen und spaltete die Vaterkomponente ab, indem sie einen Briefwechsel mit einem Gesundbeter anfing. Das wurde ihr alles gedeutet. Allmählich wurde dann ich der grausame, abweisende Vater und schließlich derjenige Vater, demgegenüber sie sehr ambivalent ist, aber hartnäckig versucht, eine Art Beziehung aufrechtzuerhalten. Im Laufe der Behandlung wurden ihre Gefühle für den Sohn klarer. Sie wurden bestimmt (1) durch den Vorwurf, daß er für ihre grauen Haare verantwortlich sei und ihr ihre Jugend und ihre sexuelle Anziehungskraft genommen habe und daß er für den gehaßten kleinen Bruder stehe. (2) Durch Schuldgefühle ihm gegenüber, da ihre Mutterschaft aus falschen Voraussetzungen, nämlich um ihre zerbrochene Ehe zu retten, entstanden sei, daß seine Geburt eine Folge des Sexualverkehrs und deshalb schmutzig sei; und daß sie ihn zu einem Liebesobjekt gemacht habe, mit dem sie ihren Konflikt mit ihrem eigenen Vater durcharbeite.«

Aus dieser Information können wir für unseren Zweck mit ausreichender Klarheit rekonstruieren, wie die besondere Übertragungssituation zu dem Zeitpunkt, als sie die zweite Gruppe verließ, war. Der Therapeut, Dr. A. war ein zurückweisender und strafender Vater; die beiden Männer waren in inzestuöse Übertragungsfiguren aufgespalten (Gatte, Sohn: Vater, Bruder) und waren Objekte für das Ausagieren ihrer inzestuösen Impulse. Der körperbehinderte Mann war gleichzeitig Gatte und Sohn, da beide von ihr verletzt und kastriert worden waren. Der junge Mann repräsentierte die sexuelle Anziehungskraft ihres Sohnes. Sie entfloh der Situation und bat gleichzeitig um Einzelbehandlung. In derselben Weise spielte sie den Gesundbeter gegen den Analytiker aus. Gleichzeitig identifizierte sie sich mit ihrem Sohn und bat, parallel mit ihm, um individuellen »Privatunterricht«. Es ist klar, daß hier die ödipale Situation wieder aktiviert wurde, insbesondere, daß das Inzestthema hier wirksam und in den hier beschriebenen zwei Versionen wiedergegeben ist.

Es ist interessant, daß der Gruppentherapeut genau die Rolle übernahm, die er in der Phantasie der Patientin hatte, nämlich die des zurechtweisenden Vaters. Er sah sie damals in einer Einzelsitzung und legte ihr nahe, diese Probleme in der Gruppe vorzubringen. So kann der Patient den Therapeuten in eine bestimmte Rolle hineindrängen, während die tiefere Bedeutung des Vorganges beiden unbewußt bleibt.

Als ich an diesem besonderen Fall meine Beobachtungen machte, war mir diese Form des Verlaufs schon bekannt. Die Regression vom aktuellen zum infantilen Konflikt kann hier innerhalb der Gruppe beobachtet werden. Sie ist ein Mittel, den neurotischen Konflikt vor dem Einfluß der Gruppe zu schützen, eine Abwehr. Solche Patienten können den Therapeuten mit der Gruppe nicht teilen. Sie laufen der Schlüsselfigur davon. Man sieht das in der gruppenanalytischen Situation insbesondere an den Übertragungsneurosen, aber es verläuft nicht immer so. Falls es geschieht, besteht eine klare Indikation für eine Einzelbehandlung, wenn möglich für eine Psychoanalyse. Um diese Indikation erkennen zu können, muß man notwendig unterscheiden lernen zwischen einer Übertragungsbeziehung im strengen Sinne und anderen Beziehungen. Beobachtung in einer Gruppe läßt diesen Unterschied für alle sichtbar werden.

Wir wissen also, daß Psychoanalyse im Fall einer Übertragungsneurose indiziert ist. Neu an der Sache ist, daß wir von der gruppenanalytischen Beobachtung her zum selben Schluß kommen und daß diese darüber hinaus wesentliche dynamische Charakteristika liefert, die unsere Indikation im Einzelfall bestimmen.

Dieses spezielle Beispiel wurde gewählt, weil es unzweideutig ist. Es kann unsere Sicherheit in Fällen stärken, bei denen die Indikation weniger eindeutig ist. Derartige Beobachtungen erlauben es, quantitative und qualitative Faktoren präziser zu bestimmen. Das ist aus praktischen Gründen wichtig. Wichtiger noch ist der Gewinn für das theoretische Verständnis ihrer wesentlichen Merkmale. Vice versa lassen diese Beobachtungen deutlich werden, welche Charakteristika der psychoanalytischen Situation sie zu einer Methode für die Analyse der Übertragungsneurosen machen. Hierher gehören solche Charakteristika wie die wohlwollende Neutralität des Analytikers und seine Zurückhaltung, die relative Bedeutungslosigkeit seines persönlichen Lebens und seiner Wertmaßstäbe und viele traditionelle Arrangements der psychoanalytischen Technik, die in ihrem tieferen Sinn manchmal nicht voll gewürdigt werden.

In seiner *Neuen Folge der Vorlesungen zur Einführung in die Psychoanalyse* (1933) wiederholt Freud unabgeschwächt seine alten Indikationen wenn er sagt: »Sie wissen schon, das Anwendungsgebiet der analytischen Therapie sind die Übertragungsneurosen, Phobien, Hysterien, Zwangsneurosen, außerdem noch Abnormitäten des Charakters, die an Stelle solcher Erkrankungen entwickelt worden sind. Alles, was anders ist, narzißtische, psychotische Zustände, ist mehr oder weniger ungeeignet.«

Wenn Freud von analytischer Therapie spricht, denkt er an die klassische Situation, die mit meiner eigenen Verwendung des Begriffs in diesem Kapitel übereinstimmt. Wir haben inzwischen die Erfahrung gemacht, daß andere neurotische Zustände – insgesamt Aktualneurosen genannt –, daß Zustände von Depersonalisation, bestimmte psychotische und psychosomatische Störungen für Psychoanalyse geeignet sind; aber es muß bezeichnenderweise die Situation, die Technik und die Rolle des Therapeuten von der klassischen mehr oder weniger abweichen. Der wichtigste Punkt in diesem Zusammenhang ist die Tatsache, daß die Psychopathologie dieser Zustände sich von der der Übertragungsneurosen unterscheidet und daß dies in der Gruppensituation besonders gut beobachtet werden kann.

Gruppenanalytische Therapie scheint besonders geeignet für die Behandlung und Untersuchung von Zuständen, die Freud als weniger geeignet oder ungeeignet für eine psychoanalytische Behandlung bezeichnet.

An derselben Stelle erwähnt Freud die Hexenprobe nach Victor Hugo: Ein schottischer König erklärte, daß er eine unfehlbare Methode habe, Hexen zu erkennen. Er ließ sie in einem Kessel siedenden Wassers kochen und probierte dann die Suppe. Er konnte dann durch den Geschmack entscheiden: »Das war eine Hexe« oder »Das war keine Hexe«. Diese Geschichte wird von Freud als Gleichnis gebraucht, um die Methode der Auswahl für die psychoanalytische Behandlung zu illustrieren. Es ist sicherlich wünschenswert und vielleicht auch möglich – will man von diesem »Hexentest« zu einer wissenschaftlicheren Methode kommen –, dieses wichtige Problem anzugehen.

IX

Übereinstimmungen und Unterschiede psychoanalytischer und gruppenanalytischer Prinzipien

(1952)

Der Ausdruck Gruppenanalyse, angewendet auf eine Form der Psychotherapie, muß unvermeidlich an die Verwandtschaft mit der Psychoanalyse erinnern. Das gilt insbesondere, wenn er von einem Psychoanalytiker verwendet wird, der sich, wie ich, dem Werk Freuds eng verbunden weiß. Der Begriff sollte die innere Verwandtschaft in der Orientierung sowie die Tatsache ausdrükken, daß die Gruppenanalyse den Erfahrungen der Psychoanalyse viel verdankt. Gruppenanalyse geht in der Psychologie und Psychotherapie jedoch ganz anders vor als die Psychoanalyse. Der Ausdruck Gruppenanalyse wurde inzwischen von einigen Therapeuten in den Vereinigten Staaten übernommen, die aber in dieser Methode kaum mehr sehen als eine Anwendung der Psychoanalyse. Es ist vielleicht wichtiger, die Unterschiede anstatt der Ähnlichkeiten zu betonen, da erstere nicht genau erkannt wurden. Es handelt sich im wesentlichen um die Unterschiede zwischen der Einzelsituation – einer Beziehung zwischen zwei Menschen – und der Gruppensituation – der multilateralen Beziehung einer Anzahl von Menschen. Zum Zwecke des Vergleichs möchte ich zwei Beispiele wählen, die einmal die psychoanalytische und einmal die gruppenanalytische Situation schildern.

Die psychoanalytische Situation kann ich als bekannt voraussetzen. Zur Darstellung der Gruppenanalyse werde ich die Gegebenheiten meiner eigenen gruppenanalytischen Arbeit – von mir gruppenanalytische Situation genannt – als Grundlage wählen. Diese Methode der Gruppenanalyse wird gruppenanalytische Psychotherapie genannt, um klar auszudrücken, daß sie eine Form der Psychotherapie, aber nicht der Psychoanalyse ist, daß sie gruppenanalytisch und nicht psychoanalytisch (d. h. auf den Einzelnen hin) orientiert ist.

Im allgemeinen acht mehr oder weniger ausgewählte Patienten

treffen sich mit dem Arzt zum Zweck der Behandlung. Die Situation ist ganz informell. Die Gruppe sitzt am besten im Kreis. Die Patienten bekommen keine besonderen Vorschriften, wie sie sich verhalten, was sie diskutieren oder was sie mit ihrer Zeit anfangen sollen. Das ist ein entscheidender Punkt, da die Erfolge der Behandlung weitgehend von der aktiven, selbstverantwortlichen Teilnahme der Gruppenmitglieder abhängen. Natürlich werden sie, wenn sie Probleme zu diskutieren, Klagen vorzubringen, über Leiden zu berichten haben, aus vielerlei Gründen Worte gebrauchen müssen – das bedeutet, daß verbale Kommunikation ihre Hauptbeschäftigung sein wird. Man muß ihnen lediglich sobald wie möglich implizit und explizit zu verstehen geben, daß sie ihren Einfällen bei jeder auftauchenden Gelegenheit frei und spontan Ausdruck geben sollen. Sie erfahren auch, daß die übliche soziale Zensur beseitigt oder zum mindesten reduziert ist. Die Gruppe selbst – den Leiter natürlich eingeschlossen – gibt sich jederzeit von neuem ihren eigenen Bezugsrahmen.

Es ist daher richtig, zu sagen, daß eine derartige Gruppe als Kommunikationsmittel eine spontane, abschweifende, undisziplinierte Diskussionsform wählt und daß sie bald versteht, daß Gefühle und Einstellungen gegenüber anderen Gruppenmitgliedern (Kritik, Emotionen, Haß, Zuneigung usw.) zulässig sind und geäußert werden sollten. Die Mitglieder verstehen sehr schnell – und bemerkenswert gut –, daß sie durch solche Äußerungen mehr über sich und die anderen erfahren. Nach meiner Technik beansprucht eine derartige Gruppensitzung eine und eine halbe Stunde, wobei Zeit und Ort festgesetzt sind. Die Gruppe trifft sich in der Regel zweimal in der Woche. Wir wollen nun die Übereinstimmungen und Unterschiede der hier skizzierten gruppenanalytischen Situation gegenüber der psychoanalytischen Situation darstellen.

Meiner Ansicht nach bedeutet das Arbeiten in diesen beiden unterschiedlichen Situationen keinen Gegensatz, sondern eine gegenseitige Ergänzung und Abklärung. Da aber Konzepte oft unkritisch von der einen auf die andere Situation übertragen werden, will ich sie hier zwecks Vergleich und Unterscheidung darstellen.

Übereinstimmungen

Ich werde die Übereinstimmungen, die besser bekannt und leichter verständlich sind, sehr kurz behandeln. Es handelt sich um Gemeinsamkeiten oder Grundorientierung. Gruppenanalytische Psychotherapie strebt genau wie die Psychoanalyse eine grundlegende Änderung und nicht eine symptomatische Erleichterung an. Vorstellungen, wie die Lehre vom Unbewußten, von den Abwehrmechanismen, von der intrapsychischen Dynamik werden als fundamental betrachtet. Es wird der Gebrauch der Interpretationen, sowie die Vorstellung einer intrapsychischen Struktur, gedacht in Begriffen eines Ich, Es und Überich, beibehalten. Das gilt auch für die allgemeine Einstellung des Therapeuten, der nicht als seine eigene Person antwortet und reagiert, sondern als Übertragungsfigur rezeptiv, passiv und modifizierbar ist. Kurz, die allgemeine Orientierung und der theoretische Rahmen, den wir als Psychoanalytiker anerkennen, sind nicht aufgegeben, weil die Menschen in einem Kreis sitzen. Alle diese Grundprinzipien werden in einer Gruppensituation nur modifiziert.

Unterschiede

Aus Gründen der Klarheit werde ich die Unterschiede unter drei Gesichtspunkten darstellen: (1) Methode und Technik, (2) Therapie und Dynamik, (3) Theorie.

(1) Methode und Technik

Zu diesem ersten Punkt haben wir schon erwähnt, daß in der Gruppensituation sowohl Mitglieder als auch Therapeut aktiver und mehr an dem Hier und Jetzt interessiert sind, an der gegebenen Situation, an Interaktionen und Beziehungen, als das in der Einzelsituation, auf der Couch, der Fall wäre. Man könnte sogar sagen, daß die Gruppensituation soziodramatische und psychodramatische Eigenschaften mit enthält. Eine derartige Gruppe nimmt tatsächlich aktiv an einem gegenseitigen, manchmal hochdramatischen Prozeß teil. Die Gruppensituation ist eine soziale Situation und das Medium des Kontaktes ist die Interaktion der Mitglieder, ihre Dynamik wirkt in der gemeinsamen Matrix der interpersonellen Situation. Dieses sehr komplexe Netzwerk multipersonaler Beziehungen darf nicht mit der Übertragungssituation, ihrem Gegenstück in der psychoanalytischen Situation, gleichgesetzt werden.

Die psychoanalytische Situation begünstigt die regressive Übertragung, Übertragung im eigentlichen, wahren Sinne ist immer ein regressives Phänomen. Die Gruppensituation begünstigt nicht wie die Einzelsituation Übertragung in diesem eigentlichen Sinne, sie lenkt im Gegenteil von dieser ab und auf die Aktualsituation und eine progressive Entwicklung hin. Die psychoanalytische Struktur bedeutet nicht eine auf zwei Personen reduzierte Gruppensituation, sondern sie ist eine einmalige Gegebenheit unter sehr spezifischen Bedingungen. Sie hat keine oder fast keine Entsprechung im gewöhnlichen Leben. Auch die gruppenanalytische Situation stellt eine Sondergegebenheit dar, was die Bedingungen und die Natur der Aktionen anbetrifft. Sie stellt einen Übergang zu einer sozialen Situation dar. Man sieht in ihr Grundabläufe, die man später auch im Alltagsleben erkennen und beobachten kann. Das ist, wie wir später sehen werden, von großer Wichtigkeit für die Therapie.

Der Hauptunterschied liegt in dem Charakter der gruppenanalytischen Situation selbst und in der Handhabung dieser Situation durch den Leiter.

Die besondere Rolle und Technik des Leiters kann hier nur angedeutet werden. Es gibt gute Gründe dafür, daß er sich in einer derartigen Situation nur mit einiger Zurückhaltung einmischen wird. Er wird nicht den Gesetzgeber spielen. Er wird keine Verhaltensregeln oder Ratschläge geben. Er wird dem Psychoanalytiker insofern gleichen, als er es zuläßt, daß die Gruppe seine Position jeweils ihren wechselnden Wünschen, Stimmungen und Bedürfnissen entsprechend unterschiedlich auffaßt. Der Leiter folgt also ähnlichen Prinzipien wie der Psychoanalytiker. Er wird sich aber der besonderen neuen Charakteristika, die durch eine derartige Gruppensituation eingeführt werden, bedienen und wird von den neuen therapeutischen Möglichkeiten, die sie bietet, Gebrauch machen.

Interpretationen in der Gruppe beziehen sich zum Beispiel nicht auf das Individuum, sondern auf die Gruppe, auch dann, wenn sie an einen Einzelnen gerichtet werden, und sind, wie jede andere Kommunikation, von multidimensionaler und multipersonaler Wirkung.

(2) Therapie und Dynamik

Unterschiede, die sich auf die Therapie und ihre Dynamik beziehen. Die Theorie der psychoanalytischen Therapie ist nicht völlig festgelegt. Aber es besteht allgemeine Übereinstimmung darüber, daß eine Anzahl von Faktoren zusammenwirken müssen, um Erfolge zu erzielen, und daß in jeder Analyse einem anderen Faktor das Hauptgewicht beigemessen wird. In jüngster Zeit tendieren, soweit ich dies übersehen kann, verschiedene Schulrichtungen dahin, das Durcharbeiten und die Analyse der Übertragung zu betonen.

Wie ich von Anfang an sagte, kann die individuelle Übertragung und Übertragungsneurose in Gruppen nicht so gut analysiert werden wie in der Einzelsituation, weil sie sich nicht im selben Ausmaß entwickeln kann und soll. Das ist besonders wichtig, wenn man für eine dieser beiden Techniken eine spezielle Indikation stellen will.

Die dynamischen Kräfte, die wir in der Psychoanalyse beobachten können, kann man alle auch in der Gruppensituation wirken sehen. Das Ausmaß der Abwandlung, dem sie dabei unterliegen, ist von großem theoretischem und praktischem Interesse. Aber dazu kommen die gruppenspezifischen Faktoren. Eine wichtige Gruppe dieser Faktoren sind unter der Überschrift »Spiegelreaktionen« zusammengefaßt.

Ich glaube, daß der Kommunikationsprozeß von zentraler Bedeutung ist und in der Dynamik einer therapeutischen Gruppe eine Schlüsselposition innehat. Nach meiner Beobachtung verstärkt der Leidensdruck und die Symptomatik das Bedürfnis nach Kommunikation, nach der Beziehung zum anderen, welche ein menschliches Grundbedürfnis ist. Dieser Drang ist eine der stärksten Kräfte, der die Mitglieder einer derartigen Gruppe zusammenbringt und -hält. Ich denke, daß das, was Slavson »sozialen Hunger« und Bion (1950) »Valenz« genannt hat, ein eng verwandtes oder vielleicht identisches Konzept ist. Diese Kräfte wirken auf Integration hin und es ist hier wohl die Bemerkung angebracht, daß soziale und individuelle Integration Hand in Hand gehen.

Zusätzlich ergeben sich Erleichterungen durch Teilnahme und Verstehen, wie auch das Verstandenwerden eine Belohnung erfolgreicher Kommunikation darstellt. Man kann sagen, daß alles, was in Richtung auf bessere Kommunikation hinwirkt, ipso facto auch auf bessere soziale Integration und daher auf bessere seelische Gesundheit oder Heilung hinarbeitet und daß alles, was der Kommunikation entgegenwirkt und den Charakter des Widerstandes hat, auch pathogen ist. Es ergibt sich die Aufgabe, von Fall zu Fall in artikulierter Sprache auszudrücken, was anfänglich unbewußt und autistisch im Symptom ausgedrückt wurde. Das ist ein wesentlicher Teil des therapeutischen Prozesses selbst. Er läßt alle anderen therapeutischen Kräfte zur Wirkung kommen. Während diese Arbeit ein heilsames psychisches Exerzitium von nicht geringem Rang ist, entwickelt sich dabei zur selben Zeit ein immer flexibleres, subtileres und besser angepaßtes Netzwerk von Kommunikationskanälen. So wächst die therapeutische Kraft der Gruppe und kann um so mehr dem wachsenden Anspruch an Toleranz entsprechen, je primitivere und ursprünglichere Störungsursachen aufgedeckt werden.

Dieser Prozeß durchdringt den Einzelnen, geht durch ihn hindurch und erzeugt in ihm Wandlungen, die die jeweilige Gruppe überdauern.

Inzwischen spielt sich infolge der emotionalen Erfahrungen und der Analyse der interpersonellen Beziehungen eine ebenso bedeutsame Wandlung ab. Die Welt der inneren Objekte, die psychische Realität, die Beziehungen zwischen Ich, Überich und Es werden in den interpersonellen Beziehungen reflektiert. Die »innere« (psychische) und die »äußere« Realität vermischen sich in der gemeinsamen Matrix der interpersonellen psychischen Realität, aus der sie sich ursprünglich herausdifferenzierten. Analytische, aufdeckende, abbauende Kräfte korrelieren in unvermeidlicher gegenseitiger Abhängigkeit mit stützenden, integrativen, aufbauenden Kräften. Diese Prozesse müssen sorgfältig überwacht und ausbalanciert werden.

Zur Therapie und Dynamik möge noch ein Wort hinzugefügt werden, das sich auf das Problem der Übertragungslösung bezieht. Es ist ja das Kardinalproblem der Einzel-Psychotherapie: was in der Behandlungssituation passiert, muß ins Leben übernommen werden – zuerst, während der Kontakt mit dem Therapeuten noch aufrechterhalten bleibt, dann, wenn dieser Kontakt aufgegeben und nicht mehr länger nötig sein sollte. In der Gruppensitzung kann man, wie gesagt, nicht im Detail tiefgreifend und auf regressiver Ebene Übertragungsreaktionen analysieren und durcharbeiten wie in der Einzelsitzung. Hier ist eine Lücke. Die Gruppe hat andererseits viele offensichtliche Vorteile. Der eindeutigste und wichtigste liegt vielleicht gerade in der Tatsache, daß die Gruppensituation mehr dem Alltagsleben gleicht. Die Therapie stützt sich nicht nur auf die Gruppenübertragung oder Gruppenbeziehung. Sie gründet viel weniger auf der emotionalen Abhängigkeit vom Individual-Therapeuten oder Psychoanalytiker. Außerdem bestehen viele Verbindungen zwischen der Therapiegruppe und der Welt draußen, die Membrane, die die beiden trennt, ist sozusagen semipermeabel. Alles, was sich in einem Menschen, in der Gruppensitzung, abspielt oder ändert, zeigt sich bald unmittelbar im Alltag.

Noch etwas zum Entwöhnungsprozeß: Wenn sich die Übertragung nicht zu diesem Ausmaß entwickelt, ist das Problem der Ablösung augenscheinlich kleiner. Das emotionale Band zwischen den Mitgliedern gehört nicht in diesem Maße einer regressiven Ebene an. Die Reifung durch den gruppentherapeutischen Prozeß läßt sich leichter ins Leben übertragen. Neuerworbene Antennen, neuerworbene Möglichkeiten des Kontaktes und der interpersonellen Reaktionen können insgesamt auf Lebenssituationen übertragen werden.

(3) Theorie

Der wichtigste theoretische Beitrag als Begleiterscheinung der dargestellten Technik betrifft die Sozialpsychologie. Jedes individuelle Symptom, jeder Prozeß, jedes Syndrom, ja jede diagnostische Kategorie werden von neuem im Hinblick auf die sozialen Gegebenheiten getestet. Diese aus der Gruppe sich entwickelnde soziale Psychopathologie wird uns sowohl das bereits Bekannte besser verstehen, wie auch Neues besser erkennen helfen. Der theoretische Beitrag betrifft nicht nur die Gruppen-, sondern auch die Individualpsychologie, er betrifft vor allem die Prozesse, deren Ablauf wir studieren können. Will man diese Prozesse sachgemäß beschreiben, dann muß man sie sowohl vom Individuum wie auch von der Gruppe aus sehen.

Wir können untersuchen: Die Konfiguration von Spannungs- und Streßsituationen in der Gruppe selbst, die Voraussetzungen für Krisen in Individuum und Gruppe, wobei beide in ständiger Abhängigkeit zueinander stehen, die besondere Art der Krisen, etwa der Grund, weshalb sie sich auf ein einzelnes Mitglied konzentrieren. Wenn wir einen Vorgang einmal so, wie ihn die Gruppe, ein andermal so, wie ihn der Einzelne formuliert, kennengelernt haben, mag uns, mit unserer auf das Individuum konzentrierten Ausbildung, endlich klarwerden, daß wir nur die halbe Geschichte und von ihr wieder die unbedeutendere Hälfte kennengelernt haben, wenn wir von dem Zusammenbruch des Einzelnen ausgingen. Vermutlich wußten wir das als gute Kliniker vorher, aber hier spielt sich dieses Phänomen vor unseren eigenen Augen ab. Wir sehen es durch unseren Einfluß und unter unserer Kontrolle im therapeutischen Bereich ablaufen.

Zur praktischen und theoretischen Bedeutung der Behandlung von neurotischen, psychotischen und psychosomatischen Störungen in natürlichen Gruppen, wie etwa in der Familie, kann ich nur einen Hinweis geben. Das gestörte Individuum, das zu uns in Behandlung kommt, ist nur das schwächste Glied in einer Kette oder der Brennpunkt unerträglicher Gruppenspannungen. Wir können es nur durch einen Gruppenansatz befriedigend studieren und behandeln – wenn man schon Gruppe und Individuum überhaupt trennen will.

Gruppenpsychotherapie und insbesondere gruppenanalytische Therapie ist vom Standpunkt des Therapeuten aus eine schwierige Disziplin. Gründliche Erfahrung in Individualpsychotherapie, nach Möglichkeit Psychoanalyse, ist unentbehrlich, aber nicht ausreichend. Wer dafür keine Begabung mitbringt, sollte besser darauf verzichten. Wer diese Begabung hat, braucht Jahre harten Studiums und gründlicher Erfahrung, bevor er geeignet ist, vorausgesetzt, daß er ein ausreichendes Maß an persönlicher Integration bewiesen hat, um den emotionellen Stürmen standzuhalten, die er durchleben muß.

Schluss

Ich möchte mit einer Warnung schließen: Die Worte »Gruppentherapie« und »Gruppenpsychotherapie« erwecken unter Umständen unvermeidlich die Vorstellung von einer Art Massentechnik, von Uniformität und von Zeitersparnis. Ich hoffe, daß sogar diese kurze Studie denjenigen, die so denken oder eine solche Entwicklung fürchten, die Überzeugung vermittelt hat, daß das durchaus nicht zutrifft. Ich glaube gerade, daß man nur in der Gruppensituation jedem Einzelnen ganz gerecht werden kann.

In diesem Zusammenhang muß ich oft an eine Kindheitserfahrung mit sogenannten japanischen Wunderblumen denken. Das waren winzige kleine Papierknäulchen, farbige, kaum erkennbare Dinger. Wenn man zeigen wollte, was in ihnen steckt, wenn man sie zur Entfaltung bringen wollte, mußte man sie ins Wasser werfen, wo sie sich ausbreiteten und sich zu schönen Blüten, Blättern und Stengeln entwickelten. Das faszinierte mich als Kind. Ich habe vergleichend oft daran zurückgedacht. Das isolierte Individuum, außerhalb der Gruppe, ist fast wie eine japanische Wunderblüte, bevor sie ins Wasser kommt. Nur in der Gruppensituation kann es sich entfalten und zeigen, was an ihm ist, was die Symptome bedeuten, was es leisten und wie man ihm helfen kann.

Ich bin zu dem Schluß gekommen, daß die Psychiatrie, Psychotherapie und Psychopathologie der Zukunft vor allem auf sozialem Boden, der in der Gruppensituation beobachtet werden kann, aufbauen muß. Gruppenstudien in intimen, intensiven kleinen psychotherapeutischen Gruppen, wie hier beschrieben, können als Grundeinheit der Beobachtung dienen. Von ihnen aus kann man weiter ins Zentrum, ins individuelle Kernstück, und, wo notwendig, zu individuellen Behandlungsmethoden vorschreiten. Nach außen, in der Peripherie, kommt man ins Leben selbst oder zu einer sozialen Therapie auf breiterer Basis, zu Organisationen für seelische Gesundheit und seelische Hygiene und eventuell zur Politik.

Ich hoffe gezeigt zu haben, daß eine derartige Gruppenbehandlung als ein sehr subtiler, intensiver und hochindividualisierter Vorgang aufzufassen ist. Sie stellt das Gegenteil einer plumpen Massenbehandlung dar, die auf schnelle Resultate aus ist. Indem sie Individuum und Gruppen hilft, ist sie gleichzeitig eine wertvolle Möglichkeit der Forschung. Das Prinzip der aktiven Teilnahme ist für jeden wichtig. Aber die aktive Teilnahme des einen hilft auch den anderen Mitgliedern und nicht zuletzt dem Leiter selbst.

X

Psychodynamische Prozesse im Lichte der Psychoanalyse und der Gruppenanalyse

(1957)

Gruppenanalyse muß sich mit dem gesamten Bereich der Psychodynamik befassen. Diese kann sowohl in der Einzel- wie auch in der Gruppensituation studiert werden. In diesem Kapitel soll eine Auswahl getroffen und den psychoanalytischen Äquivalenten besondere Aufmerksamkeit gewidmet werden.

Freuds Beitrag zur Gruppenpsychologie basierte auf den Erkenntnissen der Individualpsychologie. Trotzdem erzielte er zu Gunsten des umgekehrten Vorgehens gelegentlich überraschende Einsichten. In *Massenpsychologie und Ich-Analyse* (1921) untersuchte er Gruppen völlig anderer Natur als die von mir untersuchten. Er nahm zwei große, hochorganisierte Gruppen – die Armee und die katholische Kirche – als Modelle, um Konzepte wie das Ich-Ideal und die Identifizierung darzustellen. Er versuchte nicht, die dynamischen Prozesse in diesen Gruppen als etwas Spezifisches, sondern als Äußerung der Psychodynamik des Einzelnen im Medium der Gruppe zu deuten.

Klassische psychoanalytische Konzepte können mit Vorteil in einer Gruppensitzung angewendet werden. Die Abläufe sind aber nicht identisch mit denen, die man in einer psychoanalytischen Einzelsituation beobachtet. Die simple Übernahme psychoanalytischer Begriffe auf ein neues Feld ist besonders wenig anzuraten, wenn sie ihre ursprüngliche Präzision verloren haben. Sogar Begriffe wie Übertragung und Identifizierung müssen revidiert werden, wenn man Verworrenheit vermeiden will.

Unsere psychotherapeutischen Gruppen sind im Prinzip Übertragungsgruppen, in dem Sinne, daß die Mitglieder sich gegenseitig und den Therapeuten als Übertragungsfiguren benutzen können, wie es sich in der Psychoanalyse beim Patienten dem Analytiker gegenüber abspielt. Jedoch entwickelt sich das Beziehungsmuster in der Gruppensituation viel komplexer und kann nicht nur durch die Anwendung des Wortes Übertragung erklärt werden. Im Gegenteil, die Beobachtung der klassischen

Übertragungsprozesse in der Gruppensitzung wirft ein neues Licht auf die Einzelsituation. Der Ausdruck Übertragung wird in der psychoanalytischen Literatur zunehmend als Bezeichnung aller Interaktionen zwischen Therapeut und Patient gebraucht. Das gilt auch für die Gegenübertragung. Die gruppenanalytische Situation könnte als Übertragungssituation in diesem weiteren Sinne bezeichnet werden, aber es ist besser, von einer therapeutischen, einer T-*Beziehung* bzw. einer T-*Situation* usw. zu sprechen und die Bezeichnung Übertragungssituation für ihre spezifischere Anwendung zu reservieren.

Zu ähnlichen Überlegungen kommt man für andere Formulierungen, wie etwa Identifizierung. Hier kann wieder die Gruppenreaktion, als Ganzes gesehen, nicht auf der Basis der psychoanalytischen Konzepte verstanden werden, während das Verständnis der Identifizierungsdynamik in der interpersonellen Situation uns hilft, neue Aspekte zu erkennen, die in der psychoanalytischen Situation der Beobachtung entgehen.

Die Gruppenanalyse betrachtet die soziale Natur des Menschen als etwas Grundlegendes. Sie sieht das Individuum als ein Ergebnis von Gemeinschaftsentwicklungen an, so, wie die Psychoanalyse die Einzelpersönlichkeit als Produkt der Familie betrachtet. Wenn man die soziale Natur des Menschen als grundlegend ansieht, verkleinert man weder die Wichtigkeit des Sexualtriebes im psychoanalytischen Sinne noch leugnet man den Aggressionstrieb. Die Mutter-Kind-Beziehung ist die erste soziale Beziehung wie auch die erste sexuelle und Liebesbeziehung. Die soziale Natur des Menschen ist eine nicht mehr reduzierbare Grundtatsache. Die Gruppe entsteht nicht erst als Ergebnis der Interaktionen der Individuen. Wir fassen jede Krankheit als einen Vorgang innerhalb des komplexen Netzwerkes von interpersonellen Beziehungen auf. Gruppenpsychotherapie ist ein Versuch, das gesamte Netzwerk von Störungen am Ursprung, in der Keim- oder Primärgruppe oder, indem man das gestörte Individuum unter Übertragungsbedingungen in eine Gruppe von Fremden, in eine Stellvertretergruppe versetzt, zu behandeln.

Wenn Menschen in einer psychotherapeutischen Gruppe zusammengebracht werden, entstehen miteinander im Widerstreit stehende Tendenzen, aber trotz der Impulse, sich zurückzuziehen, überwiegt das Bedürfnis des Einzelnen nach Verständnis und Beziehung. Dieses fundamentale Bedürfnis nach Beziehung zeigt sich in unseren Gruppen sogar mit besonderer Deutlichkeit. (Ich sage »sogar«, weil in unseren künstlichen Gruppen isolierte Individuen zusammengewürfelt wurden). Die Idee der Gruppe als einer psychischen Matrix, als eines gemeinsamen Bodens aller wirksamen Beziehungen, die alle Interaktionen der einzelnen Gruppenmitglieder umfaßt, ist ganz wesentlich für Theorie und therapeutischen Prozeß. Innerhalb dieses Bezugsrahmens vollziehen sich alle Kommunikationen. Es existiert ein Grundstock unbewußten Verstehens, in dem sich ständig sehr umfassende Reaktionen und Kommunikationen abspielen.

Ein Prinzip, das an allen Gruppen gezeigt und durch Beobachtungen gestützt werden kann ist die Tatsache, daß jedes Ereignis, auch eines, das sich augenfällig auf ein oder zwei Teilnehmer beschränkt, in Wirklichkeit die ganze Gruppe miteinbezieht. Solche Vorgänge sind Teil einer *Gestalt*, Konfiguration, deren *»Figuren«* (Vordergrund) sie bilden, während der Grund (Hintergrund) sich im Rest der Gruppe manifestiert. Wir haben den Prozeß, durch den diese verborgene Konfiguration zum Leben erweckt wird, als *Lokation* beschrieben. Es ist jedoch nicht immer einfach, die Lokation der Verhaltensmuster der Gruppenreaktionen festzustellen. Andere, für das Verständnis von Gruppenprozessen wichtige Konzepte sind die mit Spiegelreaktion, Okkupation und Translation bezeichneten.

Spiegelreaktionen entstehen durch die Interaktionen einer Anzahl von Personen. Ein Mensch sieht sich, oder einen Teil von sich – oft einen unterdrückten Teil –, wiedergespiegelt in den Interaktionen der Gruppenmitglieder. Er sieht sie in Übereinstimmung oder im Kontrast zu sich selbst reagieren. Er lernt sich kennen – das ist ein fundamentaler Prozeß in der Ich-Entwicklung – an der Wirkung, die er auf andere hat und an dem Bild, das sie sich von ihm machen.

Unter *Okkupation* ist der Anlaß gemeint, dessentwegen die Gruppe zusammenkommt. Im Alltagsleben mag das der Fall sein, um zu lernen oder zu arbeiten, um Bridge oder Golf zu spielen. Eine solche manifeste Okkupation oder Beschäftigung wird in einer gruppenanalytischen Gruppe mit Vorbedacht weggelassen. Darin unterscheidet sie sich auch von einer »freien Diskussionsgruppe«. Die Beobachtung einer gruppenanalytischen Gruppe macht klar, daß Okkupation als Abwehrschirm wirkt, der intime interpersonelle Reaktionen, Gedanken und Phantasien fernhält. Diese Abwehr- oder Abschirmungsfunktion macht das Konzept der Okkupation wichtig für das Verständnis sowohl der gruppenanalytischen wie auch, implizit, jeder anderen Gruppe. In analytischen Gruppen besteht die Tendenz, sich so zu verhalten, als wäre ihre festgelegte Okkupation das Diskutieren von Problemen. Eine Okkupation kann auch latent und der Gruppe nicht bewußt sein. Dieser Vorgang sei Präokkupation (Vorbeschäftigung, im englischen auch Voreingenommenheit) genannt.

Translation (Übersetzung) entspricht dem Bewußtmachen des verdrängten Unbewußten in der Psychoanalyse. Der besondere Beitrag des Psychoanalytikers zu diesem Prozeß der Translation ist die Interpretation. Die ganze Gruppe partizipiert an diesem Vorgang, der vom unartikulierten Symptom zum verbalen Ausdruck, zu Verständnis und Einsicht, vom Primärprozeß zum Sekundärprozeß, vom primitiven zum logischen, rationalen Ausdruck führt.

Die Theorie der Gruppenanalyse betrachtet diese *Translation* als einen Teil des *Kommunikationsprozesses*. In einer gruppenanalytischen Gruppe werden alle zur Beobachtung kommenden Daten als relevante Kommunikationen betrachtet, ob sie nun bewußte oder unbewußte, verbale oder nichtverbale Kommunikationen sind.

Charakteristische nichtverbale Kommunikationen äußern sich als Verhalten, entweder von einem Teil der einzelnen Mitglieder ausgehend oder von der Gruppe als Ganzem. Äußere Erscheinung und Kleidung können Kommunikationen sein, eine auffallende Krawatte oder ungewöhnliche Schuhe, provozierende Unordnung oder peinliche Ordentlichkeit können Kommentare hervorrufen und zu Einsicht führen, genau so wie verbale Kommunikation. Der eine wird darauf drängen, den Raum, in dem die Gruppe sich trifft, heller zu beleuchten, während ein anderer es vorzieht, fast völlig im Dunkeln zu sitzen oder seine Brille zu verlegen, um nichts sehen zu müssen. Die Gruppe als Ganzes kann Spannung in Form von Schweigen oder wechselnder, wirrer Diskussion ausdrücken. Sie kann heitere Stimmung oder Erleichterung oder eine gemeinsame Schwermut ausdrücken, in der alle dunkel brütend dasitzen, manche den Tränen nahe.

Am einen Ende der Skala steht das unartikulierte Symptom:

Es kann Nagelbeißen sein, übertriebenes Erröten, Herzklopfen, Migräne. Am anderen Ende ist seine Wiedergabe im Wortbild. Zwischen diesen beiden muß eine komplizierte Folge von Schritten den Weg zur Verbalisierung bahnen. Viele komplexe Prozesse müssen ablaufen, bevor das stumme Symptom eines Gruppengenossen sprachlichen Ausdruck erreichen und seine Bedeutung von den anderen begriffen werden kann.

Der *Kommunikationsprozeß* ist wichtig für uns, weniger die übermittelte Information. In der gruppenanalytischen Gruppe bewegt sich die Kommunikation von einer frühen primitiven Ebene zu artikulierten Formen bewußten Ausdrucks. Sie ist eng mit dem therapeutischen Prozeß verknüpft. Die therapeutische Gruppe schafft einen gemeinsamen Bereich, an dem alle Mitglieder teilhaben und in dem sie sich gegenseitig verstehen lernen können. Durch diesen Prozeß beginnen die Gruppenmitglieder die Sprache der Symptome, der Symbole und Träume ebenso wie Sprache in Worten zu verstehen. Sie müssen das erlernen, damit es therapeutisch wirksam werden kann. Der Leiter bemüht sich, die Ausdrucksfähigkeit aller Mitglieder zu erhöhen und zu erweitern und steigert gleichzeitig ihr Verständnis für tiefere unbewußte Ebenen. Die Zone der Kommunikation muß die Erfahrungsweise jedes Mitgliedes so weit einschließen, daß jeder vom anderen Teilnahme und Verständnis erwarten kann, auf welcher Ebene auch immer sie ursprünglich übermittelt wurde. Dieser Kommunikationsprozeß hat viel gemein mit dem Bewußtmachen des Unbewußten und überhaupt mit den Konzepten des Unbewußten, Vorbewußten und Bewußten im topographischen und dynamischen Sinne. Das soll später diskutiert werden.

Ich, Es und Überich im Gruppenmodell

Wir wollen hier einen Augenblick einhalten, um einen Blick auf die Gruppe als Modell des psychischen Apparates zu werfen. Wie werden die psychoanalytischen Konzepte des Ich, Es und Überich in der Gruppe reflektiert? Die Gruppe ist wie ein Modell des psychischen Apparates, dessen Dynamik personifiziert und dramatisiert ist. Ein analoger Prozeß ist die Repräsentation von Einzel- wie auch Gemeinschaftsreaktionen des Auditoriums durch verschiedene Rollen auf der Bühne. Eine sehr gute Illustration dieses Vorgangs kann man in der Untersuchung von Friedman und Gassel über die Tragödie *Ödipus Tyrannus* von Sophokles finden. Die Arbeit ist für uns nicht weniger wertvoll, obwohl sie sich nicht mit der Gruppendynamik in bezug auf die Gruppenpsychotherapie befaßte.

Ödipus, der sich des Vatermordes und des Inzestes schuldig gemacht hatte, mußte bestraft werden, um die Schuldgefühle zu besänftigen, die in der Zuhörerschaft durch die Aktivierung verbotener Wünsche entstanden waren. Die Tragödie wird zwischen Ödipus, der einen Wunsch, und dem Chor, der den anderen repräsentiert, ausgetragen. Die Autoren schreiben: »Indem der Chor unbeteiligt bleibt, entledigt er sich der Verantwortung ... tatsächlich hält der Chor eine drängende Forderung aufrecht, das zu erfüllen, was die Gemeinschaft wünscht ... Ödipus übernimmt voll die Verantwortung, die die Gemeinschaft so eifrig auferlegt ... der Chor hat viel Ähnlichkeit mit einer hilflosen Gemeinschaft, die gewohnt ist, dem Führer die Verantwortung zu übertragen.« Der Held Ödipus steht für das Es, insofern, als er Wünsche und Impulse vertritt, die jeder hat. Er verkörpert auch eine Art Kollektiv-Ich für die Gemeinschaft. (Siehe Ranks Beschreibung der Helden des Mythos als Verkörperung eines »Kollektiv-Ich«, das die Kräfte reflektiert, welche in der Gemeinschaft, die sie schafft und projiziert, am Werk sind). Er muß im weiteren Verlauf für das Verbrechen, das er stellvertretend für die Gemeinschaft begangen hat, bestraft werden und ist dann gewissermaßen ein Sündenbock. Der Konflikt im Auditorium, in Ödipus, in jedem Menschenwesen, wird ausgedrückt durch den Konflikt zwischen Ödipus und dem Chor. Der Chor, vergleichbar mit unserer Gruppe, spielt die Rolle des Überich, er bleibt distanziert und objektiv, übt aber einen drängenden Druck auf den Helden aus, seine Bestimmung zu erfüllen.

In einer anderen Studie der beiden Autoren, die für uns ebenfalls wichtig ist, wird Orest vom Chor aufgestachelt, seine Mutter zu ermorden. Orest wird von einem Gericht verhört und freigesprochen, das sein Urteil sowohl für wie gegen ihn fällt. Damit spricht es den ambivalenten Wunsch der Gemeinschaft, die Bindung an die Mutter durch Muttermord aufzuheben, aus.

Wir finden ähnliche Konfigurationen in unseren Gruppen,

obwohl der Leiter sich häufiger in die Rolle des Überich gedrängt fühlt. Gruppenmitglieder können auch in der Beziehung zueinander die Rolle des Überich, des Ich und des Es spielen. Ein gutes Beispiel für die letzte Rolle erlebte ich in einer meiner Gruppen, als eine ältere, verheiratete Frau feststellen mußte, daß sie eine jüngere, unverheiratete derselben Gruppe besonders gut verstand. Später kam heraus, daß die Jüngere für die Ältere ihre Ängste, die Kontrolle zu verlieren, und ihre erotischen Antriebe symbolisierte. Mit anderen Worten: Hier war eine Inkarnation ihres Es, das unabhängig von ihrer Kontrolle funktionierte und daher Angst auslöste. Die Gruppe manifestiert auch etwas wie ein Kollektiv-Ich.

Zu wiederholten Malen habe ich Mitglieder an Stelle des Leiters den Sündenbock spielen sehen. Die Gruppe, die auf den Leiter böse ist, aber nicht wagt, ihn direkt anzugreifen oder offene Feindseligkeit zu zeigen, wird ihrer Erregung Luft machen, indem sie gegen ein anderes Mitglied, meist ein schwaches oder abwesendes, wütet. Der gewählte Sündenbock muß die Hauptwucht einer vikariierenden Attacke auf den Leiter ertragen. Es erweist sich daher oft als richtig, daß der Leiter sich überlegt, ob latente und unterdrückte Feindseligkeit gegen den Sündenbocke sich eigentlich gegen ihn selbst richtet. Hier eine interessante Variante dieses Prozesses: Eine meiner Gruppen warf mir verschiedene Male vor, ich habe etwas gegen ein bestimmtes Mitglied. In einem derartigen Falle setze ich prinzipiell voraus, daß die Gruppe berechtigte Gründe hat. Ich hatte in diesem Fall keinen Erfolg bei meiner Suche nach Zeichen irgendeines Vorurteils in Verhalten und Einstellung. In einem späteren Stadium mußte ich diesen Patienten gegen starke Feindseligkeit von seiten der Gruppe verteidigen. Das machte mir klar, was geschehen war. Die Gruppe, die unbewußt aus dem fraglichen Mitglied einen Sündenbock machen wollte, verteidigte sich gegen diese Tendenz, indem sie sie auf mich projizierte und mich dann der Voreingenommenheit beschuldigte. Diese kurzen Beispiele klinischer Beobachtungen zeigen, wie Personalisation, Verschiebung und Lokation in unseren Gruppen stattfinden.

Die Gruppe wirkt in vielen Dimensionen. Wie können wir uns orientieren, wie eine gewisse Ordnung in dieses Chaos bringen? In diesem Zusammenhang möchte ich die Aufmerksamkeit auf einige alte und sehr interessante Konzepte von Wernicke lenken. Nach ihm sind die wichtigsten Sphären, aus denen Psychose entstehen kann: (1) Die äußere Welt oder Allopsyche, (2) die Körperlichkeit oder Somatopsyche, (3) die Persönlichkeit oder Autopsyche.

Erikson benutzt eine neue Klassifizierung. Er unterscheidet drei Stufen der Kindheitsentwicklung, die im Leben des Erwachsenen in einem gewissen Grad weiter existieren. Man kann in ihnen eine grobe Entsprechung von Wernickes Sphären sehen. Die erste nannte er den Autokosmos, in der das Kind gegenüber der Welt nur in Begriffen des eigenen Körpers Erfahrungen macht und reagiert (Somatopsyche). Dieses Stadium wird durch die Mikrosphäre ersetzt. Nun bilden sich Objektbeziehungen, aber das Kind stattet die Objekte mit seinen Gefühlen und Wünschen aus, so wird das Sofa ein Boot, oder die Puppe eine ärgerliche Mutter (Autopsyche). Wenn die Stufe der Makrosphäre erreicht ist, können Objektbeziehungen erfahren werden in einer Welt, an der die anderen wirklich Anteil haben (Allopsyche).

In der Gruppe kann man Ebenen unterscheiden, die von der Oberfläche zu tieferen und verborgenen Aspekten führen:

(1) *Die aktuelle Ebene.* Sie entspricht Eriksons Makrosphäre und Wernickes Allopsyche. Hier wird die Gruppe als Repräsentanz der Gemeinschaft, der öffentlichen Meinung usw. erfahren und der Leiter als Führer oder Autorität.

(2) *Die Übertragungsebene.* Diese zweite Ebene korrespondiert mit den reifen Objektbeziehungen, wie sie in der Makrosphäre erfahren werden. Diese Ebene fassen diejenigen analytisch orientierten Gruppenpsychotherapeuten am häufigsten ins Auge, für die der Leiter Vater oder Mutter und die anderen Mitglieder Geschwister darstellen.

(3) Die Ebene der *körperlichen und seelischen Imagines (Projektive Ebene).* Diese Ebene entspricht den primitiven, narzißtischen »inneren« Objektbeziehungen der Psychoanalyse. Hier spiegeln andere Mitglieder unbewußte Elemente des individuellen Selbst wieder. Die Gruppe repräsentiert äußere Objektbezie-

hungen, die in Wirklichkeit innere sind. Hier besteht eine sehr nahe Beziehung zu den Konzepten der Spielanalyse und der daraus entwickelten Psychopathologie, die so eng mit dem Namen Melanie Kleins verbunden sind. Diese Ebene korrespondiert mit der Mikrosphäre und auch mit Wernickes Autopsyche. Nicht nur Individuen können einen Teil des Selbst verkörpern, sondern auch die Gruppe als Ganzes. Die Gruppe repräsentiert oft die Mutter-Imago. Das Körperschema wird von der Gruppe reflektiert und von seinen Mitgliedern repräsentiert. Dieses Phänomen würde Wernickes Somatopsyche entsprechen, obwohl das Konzept des Körperschemas, das wir vornehmlich Schilder verdanken, der Generation Wernickes gedanklich nicht vertraut war.

(4) *Die primordiale Ebene.* Diese vierte Ebene beherbergt die primordialen Bilder, die den Konzepten von Freud entsprechen wie auch denen, die insbesondere von Jung als kollektives Unbewußtes bezeichnet wurden.

Die folgende Darstellung zeigt das Funktionieren aller dieser Ebenen:

EBENEN UND SPHÄREN IN DER GRUPPENANALYTISCHEN GRUPPE

Erikson		Wernicke
Makrosphäre	(1) *Aktuelle Ebene.* Gruppe = Gemeinschaft, Gesellschaft, öffentliche Meinung usw.	Allopsyche
	(2) *Übertragungsebene.* Reife Objektbeziehungen. Gruppe = Familie, Vater, Mutter, Geschwister.	
Mikrosphäre	(3) *Projektive Ebene.* Primitive, narzißtische, »innere« Objektbeziehungen. Die anderen Mitglieder personifizieren: a) Teile des Selbst (Psychische Imagines)	Autopsyche
Autokosmos	b) Teile des Körpers (Körperimagines)	Somatopsyche
	(4) *Primordiale Ebene* (Kollektive Imagines)	

Die Schlüsse, zu denen Schilder kam, die enge Beziehung zwischen Ich und äußerer Welt, die soziale Natur des Bewußtseins und die Einschätzung der Beziehung zwischen äußerer Welt und Selbst als fundamentale menschliche Tatsache kommen unseren Vorstellungen sehr nahe. Schilder schreibt: »Wir behaupten, daß jede Erfahrung sich nicht nur auf die grundlegenden Sphären von Selbst und Welt bezieht, sondern auch auf die Körpersphären. Die menschliche Existenz besteht darin, gleichzeitig in diesen drei Sphären, die eine unteilbare Einheit bilden, zu existieren. Wir könnten die Tatsache, daß Erfahrungen sowohl Erfahrungen der äußeren Welt wie auch des Körpers und des Selbst sind, als eine Einsicht a priori bezeichnen. Ganz einfach ausgedrückt: Wir benutzen hier eine Erfahrung, die sich bisher als richtig erwiesen hat.«

Unter den Konzepten, die den psychoanalytischen noch genauer entsprechen als die schon gezeigten, wollen wir zu allererst das Unbewußte, Bewußte und Vorbewußte in einer Gruppensitzung prüfen.

Unbewusstes, Vorbewusstes und Bewusstes

Wir schilderten oben das Konzept des unbewußten Systems, mit dem in der Psychoanalyse gearbeitet wird. Die primäre Symbol- oder Symptomsprache, die Sprache des Traumes, äußert sich im Gruppenkontext. Wir sehen nicht nur die Unterscheidung zwischen Primär- und Sekundärprozeß wie in der Psychoanalyse, sondern auch viele Übergangsstadien. Der Prozeß der Kommunikation und Translation ist für uns eng verbunden mit dem Ausbau einer sich immer mehr erweiternden Zone gegenseitigen Verständnisses innerhalb der Gruppe. Das der Psychoanalyse vertraute Konzept unbewußten Verstehens ist ein Fundament, auf dem wir beständig aufbauen. Jede Mitteilung wird auf einer gewissen Ebene unbewußt verstanden, muß aber in viele Ebenen umgesetzt werden, bevor sie in ihrer vollen Bedeutung von allen begriffen werden kann.

Gruppenbewußtsein. Auch Gruppenäquivalente der *topographischen* Vorstellung von Bewußtem, Unbewußtem und Vorbewußtem können klar gezeigt werden. Um das zu demonstrieren, müssen wir uns an Freuds metapsychologisches Konzept der

Bewußtwerdung des Unbewußten erinnern, das eng verbunden oder wesenhaft charakterisiert ist durch die Besetzung der verbalen Darstellung. Dieses Freudsche Konzept hat große Bedeutung für das Verständnis der Metapsychologie der Hysterie, Schizophrenie und verschiedener Neurosen. Das Gruppenäquivalent des Bewußtseins besteht damit in der Summe der verbalen Äußerungen jedes einzelnen Mitglieds. Wenn die Gruppe bereit und fähig ist zu verstehen, was einer sagt, dann kann man sagen, daß die strittige Sache voll im Bewußtsein der Gruppe ist. Die von Freud angenommene verbale Besetzung wird hier durch den verbalen Ausdruck jedes Einzelnen repräsentiert.

Das *Vorbewußte* könnte als etwas definiert werden, was unausgesprochen bleibt, dem aber möglicherweise jemand Ausdruck geben könnte. Der dynamische Widerstand des Bewußtseins gegen das Unbewußte drückt sich vielleicht am besten in dem Gefühl aus, »daß gewisse Gedanken am besten nicht erwähnt werden«. Wenn wir dieser Linie folgen, können wir leicht das Gruppenäquivalent des dynamischen *Unbewußten und Verdrängten* konstruieren, aber dazu mögen detaillierte klinische Darstellungen nützlich sein.

Freie Gruppenassoziation

Ein äußerst bedeutungsvolles Äquivalent ist die Entsprechung zu der freien Assoziation der Individual-Psychoanalyse. Die von mir herausgearbeitete »freie Gruppenassoziation« ist kennzeichnend für die gruppenanalytische Psychotherapie. Zum Unterschied von Schilder und Wender, die die Gruppe von der Psychoanalyse her zu verstehen suchten, strebte ich unmittelbar eine spontane Handhabung der Gruppensituation an. Ich instruierte die Patienten, die vorher Psychoanalyse gehabt hatten, genau so »frei zu assozieren« wie in der Einzelsituation. Wie erwartet, wurden die Assoziationen, die die Patienten produzieren konnten, durch die Gruppensituation modifiziert. Ich wartete und beobachtete die Entwicklung einige Jahre lang. Dem Prozeß, der sich entwickelte, gab ich dann den Namen »frei fließende Diskussion«. Dann wurde mir bewußt, daß man die Äußerungen der Gruppe als ein Äquivalent der freien Assoziation des Individuums betrachten kann, wenn man die Gruppe als Ganzheit sieht. Erst viel später wurde es mir als Folge meiner Studien an analytischen Gruppen klar, daß man die Konversation *jeder* Gruppe in ihren unbewußten Aspekten als ein Äquivalent der freien Assoziation betrachten kann.

Heute beginne ich zu erfassen, welche Elemente in der Situation einer x-beliebigen Gruppe von Menschen ihre Konversation der freien Assoziation annähert. Natürlich kann man sich vorstellen, daß die gruppenanalytische Situation als solche zu einer weitgehenden Befreiung von der Zensur ermutigt. Die Gruppenassoziation ist daher die nächste Entsprechung zur freien Assoziation der Psychoanalyse und spielt eine ähnliche Rolle. Bündiger kann das folgendermaßen ausgedrückt werden. Je mehr die Okkupation der Gruppe im Vordergrund ist, um so weniger kann Gruppenassoziation entstehen; wenn Okkupation nur ein Vorwand ist, oder, wie bei unserer Technik, völlig eliminiert werden kann, dann hat Gruppenassoziation eine freie Entwicklungsmöglichkeit. Soziale Gruppen können einem dieser beiden Extreme näher oder ferner stehen. Zum Beispiel in einer zufällig zusammengewürfelten sozialen Gruppe, wie man sie in Eisenbahnwagen erleben kann oder bei einer Reisegesellschaft im Omnibus, nähert sich die Konversation der »freien Gruppenassoziation«, obwohl niemand für die Interpretation da ist. Die unbewußte Bedeutung äußert sich nach meiner eigenen Beobachtung unschwer in einem derartigen Kontext.

Grob gesprochen hat in der gruppenanalytischen Gruppe der manifeste Inhalt der Kommunikation zur latenten Bedeutung ein ähnliches Verhältnis wie der manifeste Traum zu den latenten Traumgedanken. Diese Sache ist so wichtig und so eng verbunden mit unserem Konzept der *Gruppenmatrix,* daß ich noch einmal die Gelegenheit ergreifen will, auf die Bedeutung der Gruppenmatrix als operative Basis aller Beziehungen und Kommunikationen hinzuweisen. In diesem Netzwerk wird das Individuum als ein Knotenpunkt aufgefaßt. Das Individuum wird mit anderen Worten nicht als ein geschlossenes, sondern als ein offenes System gesehen. Man kann eine Analogie sehen im Neuron der Anatomie und Physiologie. Zusammen mit dem Neuron, dem Knotenpunkt im gesamten Netzwerk der Nerven, reagiert und respondiert immer das ganze Nervensystem (Goldstein). Wie das Neuron Teil des Nervensystems, ist das Individuum Teil der Gruppenmatrix.

So betrachtet kann man leichter unsere Behauptung verstehen, daß die Gruppe als ganzes assoziiert, antwortet und reagiert. Die Gruppe nun bedient sich zwar einmal des einen Sprechers, einmal des anderen, aber immer ist das transpersonale Netzwerk sensibilisiert, äußert sich und reagiert. In diesem Sinne können wir die Existenz eines Gruppen-»Geistes« postulieren genau wie die Existenz eines individuellen »Geistes«. Während es für uns schwierig ist, vom Begriff des Individuums in physischer Hinsicht zu abstrahieren, sollte dies von der psychischen Seite her nicht schwer sein. Damit wird deutlich gemacht, daß die antwortende Matrix tatsächlich ein untereinander verbundenes Ganzes ist. Auch in der mentalen Matrix entstehen Individuen (Vielleicht sollte man sie besser anders bezeichnen, z. B. Psyche-Individuen). Ihre Grenzzonen entsprechen jedoch nicht den Grenzen einer physischen Person.

Äquivalente psychischer Mechanismen

Wir haben schon ein Beispiel für *Verschiebung* in einer Gruppe gebracht. Das Gruppenäquivalent dafür ist das Auftauchen unterdrückter Tendenzen in den Rollen anderer. Der Prozeß der Verschiebung sollte in diesem Zusammenhang strikte als etwas gesehen werden, was sich zwischen Individuen innerhalb der Gruppe abspielt, nicht nur als Funktion innerhalb der individuellen Psyche.

Isolierung in einer Gruppe kommt vor, wenn einem Individuum Tendenzen, Kräfte oder Charakteristika zugesprochen werden, die andere ängstlich vermeiden. Isolierung äußert sich auch durch betontes Schweigen oder durch abruptes Wechseln des Themas an einem bestimmten Punkt.

Aufsplitterung ist ein anderer Prozeß, den man in der Gruppe deutlich zeigen kann. Es erfolgt in diesem Zusammenhang eine Aufspaltung in Untergruppen, in Paare usw.

Diese wenigen Beispiele sollen die Tatsache unterstreichen, daß auch die den psychoanalytischen verwandten Prozesse als Konfigurationen des Gruppenkontextes gesehen werden müssen. Besonders heben sich auch die Prozesse der *Personifikation, Impersonation* und *Dramatisierung* in der Gruppe hervor. Sie spielen eine viel größere Rolle als in der Individual-Psychoanalyse. Bei allen hier beschriebenen Prozessen ist die Dramatisierung und Personifikation ein besonderes Gruppenkennzeichen. Wie andere erinnern sie hier an den Traumprozeß selbst.

Zum Schluß möchte ich noch einmal die unterschiedlichen Schwerpunkte bei Psychoanalyse und gruppenanalytischer Psychotherapie betonen. Psychoanalyse hat, zum mindesten ihrem historischen Aspekt nach, auf die Psychogenese des Krankseins große Betonung gelegt. In der Gruppenanalyse interessieren wir uns mehr für die Prognose und für den Weg und die Mittel, welche zur Besserung führen. Wir arbeiten daher mit operativen Konzepten, die im therapeutischen Prozeß selbst formuliert und angewendet und aus unmittelbarer klinischer Beobachtung gewonnen wurden. Unserer Ansicht nach brauchen wir eine dynamische Wissenschaft, aufgeschlossen für die revolutionäre Idee, daß auf diesem Gebiet Therapie Forschung und Forschung Therapie ist. Dann ergibt sich ganz von selbst, daß Gruppenanalyse als Methode sowohl eine wirkungsvolle Therapie, die die Theorie anregt, sein kann, wie auch eine fruchtbare Quelle von Informationen und Entdeckungen auf dem psychosozialen Feld.

XI

Gruppenpsychotherapie und die Zukunft unserer Kultur

Vorbemerkungen. Der folgenden Arbeit liegt ein Vortrag über Gruppenpsychotherapie zugrunde, der vor führenden europäischen Psychoanalytikern bald nach Ende des Zweiten Weltkrieges gehalten wurde. Die Neurose und ihre Heilung wird als Problem der Gemeinschaft gesehen. (Vergleiche auch die vierzehn Jahre später geschriebene Arbeit: Psychotherapie in den sechziger Jahren, Kap. VI). Gegenwart und Vergangenheit werden einander gegenübergestellt und das Ausmaß der Regression wird als Kriterium für die psychoanalytische, bzw. für die gruppenanalytische Behandlung angesehen (wie auch schon in Kap. VIII behandelt).

Es könnte zu Mißverständnissen führen, wenn in der folgenden Studie die Anpassung, zusammen mit Einsicht, besonders betont wird. Hier ist eine Klärung notwendig: Anpassung sollte nicht als Konformismus, nicht als Mitläufertum verstanden werden. Gemeint ist etwas Tieferes: Alle Werte müssen letzten Endes durch die Gemeinschaft getestet, angenommen oder abgelehnt werden. Es ist am Ende doch die Gemeinschaft, die, allerdings auf sehr lange Sicht, über Erfolg oder Mißerfolg eines Unternehmens, über den Wert eines Künstlers und seiner Arbeit, über Krankheit oder Gesundheit entscheidet. Dieses profunde Problem war mit dem Wort Anpassung nicht treffend bezeichnet worden. Gemeint war die Vereinbarkeit der »privaten« Welt des Einzelnen mit der seiner Mitlebenden, die, wenn sie nicht gelingt, immer eine schwere Störung bedeutet.

Jedoch kann als Prinzip gelten: Anpassung in der therapeutischen Gruppe bedeutet bessere Anpassung in der Gesellschaft, zu der diese Gruppe gehört, sie entspricht seelischer Gesundung. Auf Kommunikation bezogen, ist das so auszudrücken: Der Kommunikationsprozeß geht Hand in Hand mit dem therapeutischen Prozeß. 1948 habe ich in meinem Einführungsbuch einen Satz geschrieben, der oft zitiert, oft gebilligt und mißbilligt wurde: »Sie (die Patienten) stellen kollektiv eben die Norm auf, von der sie individuell abweichen.« Seelisch gestörte Menschen haben, unter anderem, ein gemeinsames Kennzeichen: sie weichen von der »Norm« ab. Was ist diese Norm? Biologisch ist sie ein abstraktes Ideal (etwa die anatomische Norm). Kulturmäßig hängt sie von den Wertvorstellungen der speziellen Gemeinschaft ab (des Stammes, des Volkes, der Geschichtsperiode). Als Mitglieder der Gemeinschaft bekennen sich die Patienten zu diesen Wertvorstellungen (Ich, Überich) und implizite stimmen sie ihnen damit zu. Die individuelle Abweichung kontrastiert mit diesen Werten und verursacht psychoneurotische Erkrankung und neurotische innere Konflikte. In unseren Gruppen werden diese Konflikte wieder belebt und daher der Revision zugänglich. Wie weit respektieren nun Patienten, die individuell von der Norm abweichen (wie etwa Kriminelle oder Perverse) im tiefsten Herzen – womöglich übertreibend – die Norm, gegen die sie sich auflehnen? Die Antwort auf diese Frage stellt ein wichtiges Kriterium für den dynamischen Aspekt der Diagnose dar. Davon hängt die Möglichkeit einer Heilung mit psychologischen Mitteln ab.

Vortrag auf dem Kongress der europäischen Psychoanalytiker in Amsterdam 1947

Die heutige historische Situation zeigt klar, daß menschliche Probleme nicht in Isolierung, sondern nur durch eine konzertierte Anstrengung der gesamten Menschheit gelöst werden können. Glück oder Verderben der species humana hängen in der Zukunft davon ab, ob sie diesen Tatbestand begreifen und, solange es Zeit ist, dementsprechend handeln kann. Alles, was wir aus den Beziehungen der Menschen und der Gruppen untereinander lernen können ist daher von großer therapeutischer Bedeutung.

Menschen leben immer in sozialer Gemeinschaft, von der Wiege bis zur Bahre. Ein Neurotiker sucht Hilfe, weil er nicht zufrieden in seiner Gemeinschaft leben kann oder weil die Gemeinschaft mit ihm nicht zurechtkommt. Da die Kräfte, die ihn beherrschen, infantilen und primitiven Patterns entsprechen, kann er sich seiner sozialen Gruppe nicht anpassen und, weil er sich nicht bewußt ist, daß die Quelle dieser Kräfte in ihm selbst liegt, fehlt ihm das Verständnis der Zusammenhänge.

Das Hauptziel einer wirklichen Heilung ist daher die Entwicklung von Einsicht und Anpassung, von vitaler innerer Anpassung, die den Einzelnen mit seiner Welt in Einklang bringt – nicht aber Konformität. Es besteht eine Beziehung zwischen beiden: Einsicht fördert Anpassung, und Anpassung erleichtert die Einsicht. Einsicht ohne Anpassung reicht nicht sehr tief, Anpassung ohne Einsicht ist unvollständig, kann aber wirksam sein. Anpassung scheint vom therapeutischen, Einsicht vom wissenschaftlichen Standpunkt aus bedeutsam zu sein. Beide begegnen sich auf dem Prüfstand der Verhaltenskontrolle, in der Konfrontierung mit Dingen und Menschen. Wenn der Konflikt vorwiegend frühe und primitive Ebenen einbezieht und das aktuelle Verhalten nicht unter Kontrolle steht, ist die Individualanalyse die beste Methode. Dann muß die Lösung in der Revision der Vergangenheit gesucht werden, die im Unbewußten lebend begraben ist. Sonst bleibt die Anpassung oberflächlich und die Einsicht wirkungslos. Die Gruppensituation ist das beste Mittel, falls die innere Beweglichkeit ausreicht, um Kontrolle über das gegenwärtige Verhalten zu ermöglichen. Einsicht und Anpassung können nun erreicht werden.

Der Neurotiker, diese Übertreibung und Karikatur der Norm, wehrt sich gegen die therapeutische Erfahrung vorwiegend auf zweierlei Weise:

(1) Er bleibt weiterhin von primitiven Kräften getrieben.

(2) Er wiederholt seinen Grundkonflikt.

Hier setzt der Therapeut an. In der Individualanalyse geht er dagegen vor:

(1) durch Bewußtmachen der unbewußten Inhalte und Abwehrreaktionen, durch Ausweiten des Bereiches der Sekundärprozesse und des Ich mit Hilfe des psychoanalytischen Vorgehens;

(2) durch die Akzeptierung einer Ersatzrolle für alle Figuren der Kindheit und der ursprünglichen Familiengruppe, wodurch der Patient die Möglichkeit hat, seinen Grundkonflikt in der psychoanalytischen Situation zu wiederholen. Das ist mit Übertragungsneurose gemeint. Indem sich der Analytiker als Person still und passiv verhält, ermöglicht er es dem Patienten, seine eigenen inneren Impulse als Quelle und als dynamischen Motor

seiner Konflikte zu erfahren und sie eventuell zu korrigieren. Das versteht man unter Übertragungsanalyse.

Es muß bemerkt werden, daß sogar in dieser Beziehung zwischen zwei Personen die Gruppe repräsentiert ist, wenn auch im Hintergrund und so, wie sie aus der Psyche, aus der Phantasie des Patienten ersteht.

Gruppenbehandlung entscheidet sich dafür, einen größeren Teil der äußeren Welt und der Lebensgemeinschaft einer Person in das Beobachtungsfeld einzubeziehen, als es in der Einzelbehandlung möglich sein kann. Die Patienten können sich nun mit ihren Problemen als Gruppe, einschließlich ihrer gegenseitigen Reaktionen konfrontieren. Man könnte auch sagen, daß Gruppenbehandlung Anwendung des »gesunden Menschenverstandes« – des Verstandes *aller* Menschen – auf ein Problem ist, indem man alle am Lösungsversuch offen teilnehmen läßt, die in dieses Problem verwickelt sind.

Der Therapeut, der diesen Prozeß inauguriert, wird der Gruppe, so gut er kann, helfen, ihr Vorgehen zu artikulieren. Er kann als ihr Führer bezeichnet werden, aber, im anderen Sinne, ist er der erste Diener der Gruppe. Indem er wie alle anderen an den Belangen der Gruppe teilnimmt, ist er in der Lage ein Beispiel zu geben durch seine Lauterkeit, Freimütigkeit und Duldsamkeit und indem er seine persönlichen Interessen in jeder Hinsicht den Interessen der Gruppe unterordnet. Nur dann, aber auch nur dann, wenn es seine Funktion gelegentlich erfordert, muß er die Gruppe aktiv führen. In einer Gruppe von Patienten kann jeder beobachtet werden und sich selbst erleben. Statt daß zwei Leute sich mit einem Problem herumschlagen, der eine in der Rolle des Patienten, der andere in der des Therapeuten, haben wir nun eine Anzahl von Menschen mit dem Problem wie auch mit der Aufgabe, es zu lösen, konfrontiert.

Man kann Gruppendiskussionen in der Weise führen, daß man den Patienten hinsichtlich Themenwahl und Verlauf volle Freiheit und Spontaneität zugesteht. Das Gruppenäquivalent der »freien Assoziation« ist dann die »frei fließende« oder spontane Diskussion. Das schafft eine neue Situation, der nichts Vergleichbares vorausgeht. In dieser Situation muß die Gruppe wohl oder übel Verantwortung übernehmen und sich mehr und mehr auf ihre eigenen Quellen verlassen, statt sich einem Führer oder einer anderen Autorität zuzuwenden.

Diese Kollektivsituation reduziert die Zensur im Individuum, und das Ich wird frei. Gleichzeitig steckt sich die Gruppe selbst ihre Grenzen durch ihre eigene Autorität, was für das alte Überich ein gutes Gegengewicht schafft. Mit anderen Worten: Die Grenzen des Ich, sowohl in Richtung auf das Es wie auch in Richtung auf das Überich hin werden zugunsten einer freieren und stärkeren Ich-Struktur revidiert. Das Durcharbeiten der Übertragungssituation in der Individualanalyse hat ihr Äquivalent in der Gruppe, nämlich in der Beobachtung und Interpretation der Reaktionen der Einzelnen auf die Gruppe und den Leiter.

Die Individuen einer Gruppe stehen im Konflikt zwischen zwei antagonistischen Kraftströmen:

(1) das alte Verhaltensschema zu wiederholen, wieder in die alte Sackgasse zu laufen, was kennzeichnend ist für das neurotische Verhalten, wie ich es oben skizzierte. Dies hat eine gruppen-sprengende Tendenz (Wiederholungszwang);

(2) eine persönliche, egozentrische und sich abschließende Haltung zu überwinden, andere anzunehmen, sich mit ihnen zu verbinden und mit ihnen zu arbeiten. Das hat eine gruppenaufbauende Tendenz. Die neurotische Haltung ist in ihrer besonderen Form ihrem Wesen nach hochindividualistisch. Es ist im Grunde gruppen-sprengend, weil es genetisch das Ergebnis einer Unvereinbarkeit von Individuum und ursprünglicher Gruppe darstellt. Gleichzeitig können sich darin aggressive und destruktive Tendenzen ausdrücken. Der antisoziale, destruktive Aspekt des neurotischen Verhaltens muß deutlich werden. Die Gruppe sanktioniert ihn nicht. In der Gruppe erfährt das Individuum für seine gesunde, sozial angepaßte Seite Unterstützung und Billigung seiner Entwicklung und Entfaltung. Ebenso wird das neurotische Verhalten des Individuums von den anderen regelmäßig mißbilligt. An diesem Prozeß nimmt die betreffende Person umgekehrt selbst teil, wenn sie die neurotische Abwehr eines anderen und damit auch ihre eigene angreift. So können destruktive Tendenzen der Gruppe zur Unterminierung der neurotischen Position jedes anderen benutzt werden, während sich konstruktive Kräfte kombinieren und gegenseitig unterstützen. Mit einem Wort, man könnte sagen, daß sich sprengende Kräfte in gegenseitiger Analyse aufheben, während konstruktive für die Synthese des Individuums und die Integration der Ge-

samtgruppe genutzt werden. Ich will nicht den Eindruck entstehen lassen, daß sich dieser Prozeß automatisch, ohne die Führung des Leiters abspielt. Es ist eine der wichtigsten Funktionen des Leiters, diese Tendenz so einzusetzen, daß die Gruppe in ihrer inneren Strukturierung fortschreitet. So ermöglicht er es, daß aggressive Tendenzen freigesetzt werden, um konstruktiven Zielen zu dienen. Der wichtigste Punkt bleibt jedoch, daß die konstruktiven Tendenzen der Gruppe notwendig zur Norm hinführen, da sie, wenn sie mit der gegebenen Gruppe zu vereinen sind, auch mit dem sozialen Leben im allgemeinen und mit der Lebensweise der Gemeinschaft, zu der die Gruppe gehört, im besonderen vereinbart werden können. Anpassung in einer sozialen Gruppe ist im Grunde soziale Anpassung. Darin scheint mir die Hauptursache zu liegen, weshalb bei der Gruppe eine Tendenz zur sozial und biologisch festgelegten Norm vorhanden ist und weshalb sie als therapeutisches Instrument dienen kann.

Die Hauptkunst des Leiters besteht in der klugen Überwachung und Lenkung dieses Prozesses und, vor allem darin, die Entwicklung nicht zu behindern. Wenn er sich so verhält, nützt er die von der Gruppe entwickelten dynamischen Kräfte, und dann verdient eine derartige Behandlung den Namen »gruppendynamische Therapie«.

Insgesamt scheint die Wirkung der Gruppensituation die eines Aktivators zu sein, indem sie sowohl die Gestörtheit des Patienten wie auch die Mittel, sie zu überwinden, aktiviert. Eine Verbindung mit Einzelbehandlung in jedem beliebigen Ausmaß ist möglich. Einzelbehandlung kann die Gruppe ergänzen oder vice versa. Gruppenbehandlung kann als Vorbereitung zur Einzelbehandlung oder als eine Art stützende Nachbehandlung benutzt werden. Die Gruppe ist ein ausgezeichneter Ausgangspunkt für eine dynamische Diagnose und Prognose. Beobachtung in einer Gruppensitzung kann nützlich sein für die Einschätzung, Notwendigkeit und Dringlichkeit irgendeines anderen therapeutischen Vorgehens. Sie läßt die sozialen Störungen ebenso wie die individuellen Abweichungen ihrer Mitglieder deutlich werden. Sie macht es möglich, daß sich das abspielt, was »Lokation einer Störung« genannt werden könnte.

Wie die Analyse löst diese gruppendynamische Therapie neurotische und Alltagsprobleme von Grund auf, indem sie auf Einsicht und Anpassung hinwirkt. Der Schwerpunkt verschiebt sich dabei mehr auf die Anpassung im »Hier und Jetzt«, mehr auf direkte Beobachtung und Erfahren statt wörtlichem Erfassen. Die Revision der persönlichen Entwicklung, der Ödipus-Beziehung, der prägenitalen Sexualität, bleibt die Domäne der Psychoanalyse. Gruppentherapie hat andererseits eine unmittelbarere Wirkung auf die Lösung der gegenwärtigen lebenswichtigen Aufgaben des Patienten. Sie ist progressiv orientiert und berücksichtigt Regressionen nur insofern, als sie sich als Störungen in der gegenwärtigen Gruppe ausdrücken. Gleichzeitig zeigt eine therapeutische Gruppe sehr deutlich, ob die Gestörtheit eines Patienten eine gründliche Individualanalyse verlangt.

Gruppenanalyse ist also, wie die Psychoanalyse:

(1) eine besondere Methode des Vorgehens;
(2) eine Form der Therapie;
(3) ein Mittel wissenschaftlicher Forschung.

Sie ist das beste Mittel für das Studium der Gruppendynamik, einer neuen Wissenschaft, in der sich Psychologie und Soziologie treffen. In Hinblick auf die Notwendigkeit guter Beziehungen zwischen Gruppen aller Art, ja ganzer Völker, braucht die Bedeutung solcher Untersuchungen in unserer Zeit kaum betont zu werden.

Wieder einmal mag es das Privileg der Psychopathologie sein, durch die Analyse von Störungen der interpersonellen Beziehungen ein entscheidendes Licht auf das soziale Leben des Menschen in all seinen Manifestationen zu werfen.

XII

Das Individuum in der Gruppe

(1960)

In einem Artikel, der sich mit der Stellung des Menschen in der Natur befaßt, hat vor nicht allzulanger Zeit Sir Julian Huxley festgestellt, daß sich Charles Darwins Gesetz der natürlichen Auslese bewährt hat und nun wissenschaftlich weiterverfolgt werden kann. Dies betrifft das *biologische Erbe des Menschen.* Das besondere Kennzeichen der Spezies Mensch ist die Weiterentwicklung des Gehirns. Sie führte, nach Huxley, dazu, daß der Mensch »die Fähigkeit konzeptionellen (rationalen und imaginativen) Denkens erlangte, sowie ›echte Sprache‹ d. h. die Fähigkeit, mit Worten und Symbolen Dinge und Ideen zu bezeichnen, statt mit Lauten und Gesten Gefühle und emotionale Haltungen auszudrücken. Das setzte ihn in die Lage, etwas radikal Neues in der Geschichte unseres Planeten zu tun – Erfahrung und Bewußtseinsinhalte kumulativ von Generation zu Generation zu übermitteln«. Durch diese Fähigkeit wurde ein zweiter Vererbungsmechanismus, die *kulturelle Vererbung,* eingeführt. Letzterer machte den Menschen zum dominierenden Wesen auf der Erde. Der Mensch ist eine neue und einmalige *Spezies* unter den Organismen. Seine Entwicklung, sagt Huxley, ist nun nicht mehr rein biologisch, sondern vorwiegend kulturell bedingt.

Was sich in menschlichen Kulturen neu entwickelt hat: soziale Einrichtungen, Gesetze, Kunst, Wissenschaft, Erziehungssysteme, Technik, Moralkodizes, charakterisieren die species humana. Huxley neigt dazu, von einer psychosozialen Phase zu sprechen. Der Mensch konnte die Grenze zum neuen psychosozialen Bereich durchbrechen. Er ist der Motor des Evolutionsprozesses auf diesem Planeten. Der Mensch hat damit einen Punkt erreicht, von wo aus er seinen eigenen Platz und seine Rolle in der Welt definieren und mit der wissenschaftlichen Erforschung seiner Bestimmung beginnen kann. Diese Bestimmung, so scheint es, liegt darin, das Instrument weiterer Entwicklung auf der Erde zu sein. »Nun ist die Zeit reif für ein intensives wissenschaftliches Studium der psychosozialen Evolution und der Möglichkeiten und Grenzen der Menschheit.« »Es ist unsere menschliche Aufgabe, neue und reichere Lebensmöglichkeiten zu entdecken, ein größeres Maß an Selbsterfüllung zu realisieren und den Evolutionsprozeß, dessen Vorkämpfer der Mensch ist, zu fördern. Das ist unser Privileg, das aber auch eine schwere und fast beängstigende Verantwortung mit sich bringt.« Dies ist die Definition unserer eigentlichen Aufgabe als Gruppentherapeuten, wenn wir die Interaktion von Menschen in Gruppen untersuchen. Ich könnte mir keine schöneren Worte vorstellen und – es sind die Worte eines Wissenschaftlers.

Bei diesem Wirken können wir als Psychoanalytiker auf den Fundamenten psychoanalytischer Forschung und Therapie des Einzelnen aufbauen. *Freuds Psychoanalyse* zeigte, daß sich gerade zwischen dem doppelten, dem biologischen und dem kulturellen Erbe des Menschen ein Konflikt entwickelt. Dieser Zusammenprall zwischen angeborener Konstitution, triebhaften Bedürfnissen und kulturellen Restriktionen spiegelt sich in der Psychoanalyse wieder in dem Konflikt zwischen Es und Ich bzw. Überich. Die Psychoanalyse konnte die infantile und primitive Natur menschlicher Triebimpulse und der Konflikte, die unter kulturellen Bedingungen entstehen, erkennbar machen. Psychoanalyse als Therapie hat zunehmend die Wichtigkeit der Beziehung zwischen dem Analytiker und seinem Patienten, die Übertragungssituation, erkannt. In der Gruppenpsychotherapie wird die Gruppe als beispielhafte Repräsentation der umgebenden Gemeinschaft und ihrer Kultur zum erstenmal selbst ins Sprechzimmer zu aktiver Mitarbeit in der Behandlung gebeten. Die Gruppe scheint daher das ideale Objekt zum Studium menschlicher Grundkonflikte, besonders aber auch für ein therapeutisches Wirken zu sein. Dies könnte zum Lehrsatz werden, sollte sich der Schluß – welchen mir meine Beobachtungen und Erfahrungen unwiderruflich eingeprägt haben – als feststehende Wahrheit erweisen, nämlich: daß menschliche Psychologie niemals auf das isolierte Individuum beschränkt bleiben darf. Seit vielen Jahren betrachte ich den Patienten vor mir nur als ein Glied in einer langen Kette, in einem ganzen Netzwerk von Interaktionen, welches der eigentliche Ursprungsort sowohl der Krankheit wie auch der Heilung ist. Jede Psychologie müßte sich damit zur sozialen Psychologie entwickeln. Die Gruppensituation müßte die übliche therapeutische Situation werden, während die Einzelbehandlung nur für bestimmte Zwecke reserviert bleiben sollte.

Der neurotische Konflikt des Individuums zeigt sich in der therapeutischen Gruppensituation in einer dynamischen, ja dramatischen Form. Der Einzelne verhält sich in der Gruppe wie sonst irgendwo, in einer für ihn charakteristischen Art und Weise: Er stellt typische Konfliktsituationen wieder her. Er ist sich dessen nicht bewußt. In einer therapeutischen Gruppe jedoch werden diese wiedergeschaffenen Konflikte offenbar. Die ungelösten inneren Konflikte enthüllen sich als die wichtigsten pathogenetischen Ursachen des neurotischen Zusammenbruches. Um diese typischen Konfliktsituationen wiederholen zu können, benutzt das einzelne Mitglied andere Gruppenteilnehmer, den Leiter eingeschlossen. Es stattet sie mit Eigenschaften von Personen seines wirklichen vergangenen und gegenwärtigen Lebens aus, es benutzt sie als Personifizierungen, als Objekte seiner Ängste und Reaktionen. Jedes programmierte Vorgehen würde diesen Prozeß einer spontanen Wiederinszenierung stören, welcher für eine Änderung so wichtig ist. Der Wiederholungszwang ist das Grundelement der Übertragung. Die Psychoneurose, in ihrer Neuauflage als Übertragungsneurose, entwickelt sich nun als Widerstand im therapeutischen Bereich, als Beeinträchtigung neuen, angepaßten Verhaltens durch ein altes Verhaltensschema. In ständiger Interaktion mit den anderen arbeitet nun der Einzelne an der Befreiung von diesen Störungen. Er muß sich so bei einer Arbeit engagieren, die den wesentlichen Kern seiner Störung betrifft und den Bereich des eigentlichen pathogenen Konfliktes umfaßt. An wessen Befreiung arbeitet er? An seiner eigenen oder an der der anderen? Die Antwort muß lauten: an seiner eigenen *und* der der anderen, das ist ein- und dasselbe. Das bewahrheitet sich *dauernd*, und darin liegt die potentielle therapeutische Bedeutung der Gruppe.

Es ist unsere besondere Aufgabe, darauf zu achten, daß die Gruppensituation einen therapeutischen Charakter bekommt und ihn beibehält. Wir müssen die richtige Situation schaffen und sie aufrechterhalten. Man kann sagen, daß eine derartige Situation in der Lage sein sollte,

(1) einen freien und spontanen Austausch der Interaktionen und den Grad der Kommunikationen zu fördern;

(2) es dem pathogenen Konflikt zu ermöglichen, im Netzwerk der Gruppe wiedererrichtet und so dem Wertsystem der Gruppe ausgesetzt zu werden (umgekehrt muß das Wertsystem mit den Konflikten, die es auslöst, konfrontiert werden);

(3) diesen Revisionsprozeß, der ins Leben gerufen wurde und der sich selbst weiterzeugt, mit Einsicht und gesteigerter Bewußtheit zu verbinden.

Wir wollen uns manches, was wir gesagt haben, auch als Wink dienen lassen, etwa, daß die Übertragungsneurose in der Gruppe im wesentlichen als Widerstand wirkt. Es möchte scheinen, daß uns dies daran gemahnt, den Abwehrmechanismen besondere Aufmerksamkeit zu zollen.

Wenn wir eine gruppenanalytische Gruppe bilden, setzen wir zunächst einiges voraus. *Erstens:* Die Eigenart jeder von uns geförderten Situation bestimmt die damit verbundenen Vorgänge hinsichtlich Inhalt und Bedeutung. *Zweitens:* Wenn man Menschen zusammenbringt, reagieren sie, haben Interesse aneinander und schließen Kontakt. Diese Behauptung basiert auf allgemeiner Beobachtung. In der Gruppe beginnen Interaktionen und Kommunikation, entstehen Beziehungen. Die genannten Prozesse hängen gegenseitig voneinander ab und bilden ein Feedback-System. Sie bilden gewissermaßen zwei dreiteilige Systeme, wobei das erste Reaktion, Interesse, Kontakt ist, das zweite Interaktion, Kommunikation, Beziehung. Unsere *dritte* Prämisse besteht in der Annahme, daß die Veränderungen in der Gruppe und im Individuum in gegenseitiger Abhängigkeit voneinander stehen. Jeder Wandel, jede Modifikation der Gruppe führt zu einer Änderung im Individuum und *vice versa.* Daraus folgt, daß wir mit der Gruppe gleichzeitig die Individuen behandeln, aus der sie besteht, auch dann, wenn wir uns nicht speziell auf sie beziehen. *Viertens* setzen wir voraus, daß wir auf die alte unvermeidliche Wiederholung der Übertragung rechnen können, also auf eine Verschiebung alter Reaktionen auf die Behandlungssituation.

Nun zu den besonderen Kennzeichen der gruppenanalytischen Situation und ihrer Konsequenzen. Jedes dieser Kennzeichen ist von besonderer Bedeutung, und jede Modifikation verändert die Gruppe als solche – verändert, was in ihr vorgeht, wie es sich abspielt und wie es beobachtet wird. Ohne ihre Wichtigkeit zu übersehen, muß ich mich hier damit zufriedengeben, sie nur ins Gedächtnis zu rufen. Faktoren wie Zahl, Auswahl, Sitzordnung (das Sitzen im Kreis), Frequenz und Regelmäßigkeit der Sitzungen wie auch der Anwesenheit (im Hinblick auf eine gleichbleibende Zusammensetzung) und die Dauer jeder Sitzung, Art und Weise der Terminierung, all dies bestimmt den Charakter und die Beständigkeit der Situation. Dies ist wichtig, weil sich gewisse Kennzeichen nur auf der Basis einer derartig klar definierten Situation als signifikant ergeben und nur auf dieser Basis analysiert werden können.

Wie Sie nun wissen, sind die Gruppen, mit denen ich mich befasse, aus *Menschen* zusammengesetzt, *die sich nicht kennen*. Das ist im Hinblick auf ihre Übertragungssituation sehr wichtig. Mit Rücksicht darauf raten wir auch von einem Zusammentreffen außerhalb, sowie von Einzelsitzungen mit dem Therapeuten ab. Diese Fremden, seltsam genug, entwickeln mit der Zeit die intimsten Bindungen und Beziehungen. Obwohl wir sie als Ersatzfiguren bezeichnen, insofern als sie Familienkonfigurationen gleichkommen, sind die psychologischen Familienbande zwischen ihnen enger als die zu den realen Familienmitgliedern. Eine Frau, die es fertigbrachte, über eine reale, höchst problematische Beziehung zu einem Mann zu sprechen und sie bis zu einem gewissen Grade zu analysieren, glaubte, sie müsse eigentlich fähig sein, sie mit dem fraglichen Mann durchzusprechen, wie sie es in der Gruppe getan hatte. Es mußte ihr klargemacht werden, daß eine solche Analyse nur in einer therapeutischen Situation möglich ist. Sie war geneigt, Übertragungsbeziehungen und Leben durcheinanderzubringen.

Zwei Mitglieder einer Gruppe, ein verheirateter Mann und eine verheiratete Frau, die gelegentlich im anderen den Stellvertreter ihrer Gatten sahen, konnten ihre Eheprobleme auf einer tieferen Ebene untereinander besprechen, als sie es je mit ihren Ehepartnern gekonnt hätten. Daß sich die Mitglieder im Alltagsleben völlig fremd sind, ergibt ein anderes wichtiges Kennzeichen der T-Situation, nämlich daß die Vorgänge in der Gruppe keine unmittelbaren Konsequenzen im realen Leben haben.

Unser Konzept eines Kommunikationsnetzwerkes ist die Grundlage für die Technik der freien Ideenassoziation. Umgekehrt erzeugt dieselbe wieder ein Netzwerk. Das ergibt sich aus der Beobachtung, daß jede individuelle Mitteilung die Tendenz hat, zum Teil eine Antwort auf das zu sein, was vorher gesagt wurde und was insgesamt in der Gruppe vor sich geht. Sie hat zum Teil den Wert einer unbewußten Interpretation. Freud sagt: »Man kann in der Tat ganz allgemein behaupten, daß jedermann fortwährend psychische Analyse an seinen Nebenmenschen betreibt und diesen infolgedessen besser kennenlernt als jeder Einzelne sich selbst.« (*Zur Psychopathologie des Alltagslebens 1901)*

Andere Charakteristika der gruppenanalytischen Situation müssen, da sie Vermeidungen darstellen, in negativer Form definiert werden. Es gibt keine Beschäftigung (Okkupation), keine Organisation, keine Planung, keine Direktiven, kein Zusammentreffen außerhalb der Sitzung, keine Einzelkonsultationen. Wir haben damit die Voraussetzung geschaffen, die in vollem Ausmaß ein analytisches Vorgehen und Arbeiten erlaubt.

Unsere Antwort auf die Frage nach der Anwendung von Gruppenkonzepten auf den Einzelnen in der Gruppe ist damit: Wir setzen ihn der speziellen Dynamik unter so geschaffenen Bedingungen aus. Sie beeinflußt und formt ihn. Wir nahmen an: Wenn wir uns um die Gruppe kümmern, wird sich die Gruppe um den Einzelnen kümmern.

Wir sagten schon, daß die spezifische therapeutische Qualität der Gruppe im Leiter verkörpert ist. Seine allgemeinste Funktion wird klar, wenn wir uns fragen, welchen Unterschied seine Abwesenheit oder Gegenwart ausmacht. Er hat die Gruppe geschaffen, und sein Einfluß bleibt entscheidend vom Anfang bis zum Ende. Wir haben allen Grund anzunehmen, daß die Therapie, die insbesondere in der gruppenanalytischen Gruppe stattfindet, von der Gegenwart und den Aktionen des Therapeuten abhängt. In dieser Hinsicht ist es wert, sich einige Kennzeichen der Haltung des Therapeuten ins Gedächtnis zu rufen: sein bereitwilliges Annehmen von jedem Material, einschließlich aller Phantasien über seine eigene Person; die Interpretation seiner Rolle durch die Gruppe zum Zwecke der Analyse; seine Weigerung, selbst in irgendeiner anderen Weise zu handeln als in seiner Rolle als Therapeut; seine Weigerung, mehr als ein Minimum an persönlicher, privater Information beizusteuern. Sein Ziel ist es, so wenig wie möglich als Privatperson einbezogen zu sein und es zu unterlassen, irgendwelche persönlichen oder privaten Wertungen einzuführen. Allerdings sollte er, wenn er eine gefühlsmäßige Beteiligung als Mitglied der Gruppe bei sich wahrnimmt, dies auch eingestehen. Er sollte zum Nutzen der Gruppe persönliche Reaktionen als Gruppenteilnehmer preisgeben. In manchen Situationen ist das eine vitale Notwendigkeit. Insgesamt ist seine Haltung auf Wahrhaftigkeit, Realitätsbezogenheit und wissenschaftliche Sachlichkeit gegründet. Ich glaube, es ist hier weder möglich noch notwendig über die Haltung des Leiters selbst mehr zu sagen.

Wenn er so eine gruppenanalytische Situation, mit ihrem spezifischen therapeutischen Stil geschaffen hat, muß der Therapeut helfen, sie zu pflegen. In der Praxis überlappen sich diese beiden Phasen. Die Situation existiert allein dadurch, daß sie dauernd praktiziert wird. Der Leiter muß nicht nur um die Gruppenprozesse wissen, sondern sie in ihrem *Wirken* erkennen, wenn er von ihnen ausgehend interveniert. Während diese Kultur zur aktiven Teilnahme aller an dem vor sich gehenden Prozeß ermutigt, hält sie von direkter Aktion, vom Ausagieren ab. Sie fördert die Praxis einer Art »suspendierter Aktion«, eine für jede analytische Psychotherapie wesentliche Forderung.

Vielleicht sollten wir an diesem Punkte einhalten, um einige unbewußte Aspekte, die den Einfluß des Leiters auf die Gruppe und umgekehrt betreffen, zu betrachten. Je mehr Gruppen ich beobachte, je mehr Gruppen ich kontrolliere, um so mehr bin ich beeindruckt von dem überwältigenden Einfluß des Leiters – insbesondere des Anfängers – auf seine Gruppe. Jede Gruppe scheint den Stempel des Therapeuten zu tragen, indem sie seine eigenen Konflikte widerspiegelt. Wie ich später ausführen werde, sollte dies vom reifen Leiter durch ein bewußtes Einsetzen seiner schöpferischen Kräfte ersetzt werden. Kurz, was er anstreben sollte, ist nicht eine Gruppe zu schaffen, die sein Abbild ist, sondern selbst die Gruppe widerzuspiegeln.

(1) In einer Gruppe, bei der ich die Oberaufsicht führte, berichtete Dr. H. über ein Mitglied R., sein *schwarzes Schaf,* den er immer seinen *Pseudoassistenten des Leiters* nannte. Er fragte sich manchmal, ob R. nicht aus der Gruppe genommen werden sollte. Er provozierte Sex, exhibitionierte Sex, verneinte ständig alles. Er hielt der Gruppe Vorlesungen und versuchte ständig zu dominieren. Später verwies ein Neueintretender R. an seinen Platz und nahm dem Leiter so seine unangenehme Aufgabe ab. R. war tatsächlich der Schatten des Leiters und, *als dies im Kontroll-Seminar aufgedeckt wurde, ereignete sich ein totaler Wan-*

del in der Gruppe, und der Beobachter berichtete, daß die Gruppe nun zum ersten Male produktiv als Gruppe arbeitete.

(2) Noch ein anderes *schwarzes Schaf,* Mr. H., in der Gruppe von Dr. M. wurde als der *Assistent des Leiters* bezeichnet. Er wurde des Wankelmuts und der Streitsüchtigkeit angeklagt. Der Beobachter aber berichtete, daß Mr. H. den Therapeuten widerspiegele und es den Eindruck mache, *als hasse der Therapeut einen Teil seiner selbst in Mr. H.*

(3) In einer anderen Gruppe wiederum bemerkte der Therapeut, daß ein Mitglied der Gruppe dieselbe Reaktion wie er aufwies. Der Mann war aggressiv, in Wirklichkeit aber versteckt passiv, was den Therapeuten ärgerte. Dieses Gruppenmitglied (P.) war wirklich ein paranoider Psychopath, der sich gern in eine Frau verwandelt hätte. Die gesamte Gruppe von fünf sexuell Devianten löste dieselbe Reaktion beim Therapeuten aus: Er fühlte sich durch ihre Passivität irritiert. Tatsächlich trat oft ein langes Schweigen ein, und ein Gruppenmitglied schlief gelegentlich. Es sah so aus, als hätte das Verlangen der Gruppe, vom Leiter etwas (magisch) zu bekommen, seine Reaktion hervorgerufen. Als in der Gruppe zum ersten Mal über den Leiter gesprochen wurde, sagte P., der Gruppe würde es ohne ihn besser gehen. (Dieser Patient wünschte seinen Eltern den Tod) P., der *Schatten* des Leiters, sagte jedoch, daß er den Leiter brauche.

(4) Eine andere Gruppe spiegelte stark die Unzufriedenheit des Leiters mit mir wieder. Tatsächlich bat dieser dauernd um Hilfe und wirksamen Rat. Die Äußerungen der Gruppe waren das Echo seines Verhaltens. Unter anderem fragte der Therapeut einmal, wie man X behandeln solle. Er hatte nämlich gerade Mr. D. in die Gruppe genommen, der wiederum als Neuankömmling die Rolle des Helfers des Therapeuten übernahm. Mr. X machte nun Mr. D ganz »krank« mit seinen Angriffen gegen den Therapeuten. Ein anderer Patient, Mr. P., repräsentierte die Frau des Mr. X. Dieser hatte beträchtlichen Einfluß auf Mr. P. Andererseits wurde von ihm berichtet, er habe auch ein ungeheures Bedürfnis nach Kontrolle durch Mr. P. Hier war Eifersucht im Spiel, hinter der sich latente Homosexualität versteckte. Auch identifizierten sich in dieser Gruppe drei Patienten stark mit ihren Schwestern. Mr. D. hatte zwanghafte Ängste, gewalttätig zu werden, Menschen zu töten, zu sterben, was sich schließlich als Identifizierung mit seiner Schwester entpuppte.

Diese starke Identifizierung mit einer Schwester war damals eine psychische Bedrohung für den Therapeuten.

Wir sehen oft, daß der *Neuling* zum Retter des Leiters wird. Er scheint es insbesondere mit dem *schwarzen Schaf* aufzunehmen. Das war der Fall in der Gruppe von Dr. H. Als dem Leiter seine unbewußte Beteiligung bewußt wurde, ereignete sich in der Gruppe ein völliger Wandel.

Ähnlich war es bei dem letzten Fall. Hier noch ein anderes Beispiel:

(5) In einer von Dr. C. geleiteten Gruppe wurde dieser durch einen Neuankömmling auf die aggressive Abwehr des Mr. T. hingewiesen. T. ärgerte sich aber keineswegs darüber. Die allgemeine Ambivalenz in dieser Gruppe, insbesondere die eifersüchtige Rivalität zwischen Mr. T und Miss D., einer intellektuellen Lehrerin, spiegelte den Ambivalenzkonflikt in der Psyche des Leiters deutlich wieder.

Außer dem *Schatten* und dem *Neuling* habe ich ähnliche Personifizierungen von Teilaspekten des Leiters im *Prügelknaben,* im *Günstling* des Leiters und im *Assistenten* des Leiters gesehen. In diesen Fällen war der Assistent des Leiters manchmal ein Neuling, manchmal sein Schatten. Es ist interessant, alle diese typischen Personifizierungen als Hinweis auf einen aus dem Selbst des Therapeuten abgespaltenen Teil zu betrachten und mit Gegenübertragungsproblemen auf seiner Seite in Beziehung zu setzen. Dieselben Vorgänge kann man auch vom Gesichtspunkt des Neulings aus, für die Konstellation und die besonderen Charakteristika des Prügelknaben oder des Assistenten des Therapeuten und so weiter beschreiben.

Die direkten Interventionen des Leiters könnten am besten als eine schöpferische Auswahl im Handeln und Interpretieren charakterisiert werden. Während Direktiven soweit wie möglich vermieden werden sollten, dirigiert der Leiter die Gruppe unauffällig die ganze Zeit über. Da wir nicht ins Detail gehen können, kann es hilfreich sein, wenn ich seine Funktion verallgemeinernd mit der eines Orchesterleiters vergleiche, eine Analogie, die mir schon bewußt war, als ich das erstemal den Ausdruck *»conductor«* (Leiter) für den Gruppenanalytiker benützte. Während der Dirigent selbst keine Klänge hervorbringt, ist sein Beitrag doch für das Konzert sehr wichtig. Ich persönlich erfasse Gruppenprozesse gewissermaßen wie Musik.

Die selektiven Interpretationen des Leiters betreffen Aktionen, Verhalten, Abwehr, Prozesse, Inhalte (soweit sie mitgeteilt werden), alles im Kontext der Gruppe. Eine Bemerkung, die hier wohl nicht fehl am Platze ist: Eine Interpretation wird nicht deshalb eine Gruppeninterpretation, weil sie in Formulierungen wie »wir«, »alle von uns«, »diese Gruppe« oder »jene Gruppe« gegeben wird. Sie wird auch keine individuelle Interpretation, weil sie sich an einen Einzelnen richtet und sich mit ihm befaßt. Wirklich entscheidend ist, daß, z. B. im rechten Augenblick erkannt wird, wenn die Konfiguration – die Gestalt – sich abzeichnet und entfaltet.

Damit stellen wir als weitere Arbeitshypothese auf, daß sich der Figur-Grund-Prozeß der Gestalttheorie in der Gruppe nachweisen läßt. Jedes Ereignis bezieht die ganze Gruppe ein, sogar wenn nur ein oder zwei Personen manifest betroffen sind. Sie repräsentieren den Vordergrund, die Figur, der Rest den Hintergrund des ablaufenden Gesamtprozesses. Folgendes Beispiel möge als Darstellung solcher Konfigurationen dienen.

(6) Bo und Ba wurden in einer Sitzung als »die anderen« bezeichnet. Das nächstemal fehlten sie. Nun protestierte der anwesende Teil der Gruppe: Sie fühlten sich, »als wären sie zwei Gruppen in dieser einen« und sprachen von einer armseligen Sitzung. Sie rügten T, sprachen von seiner »bösen Saat«. In der folgenden Sitzung wurde Bo als einer charakterisiert, der »innerlich denkt«, während Ba eine Zeitung liest. Letzterer hatte seinen Wagen entzweigefahren, »gespalten«.

Von Miss S. wurde diese Spaltung der Gruppe als eine Spaltung zwischen ihren Eltern erlebt.

(7) In einer anderen Gruppe wollte diese, als der Therapeut die Sitzungen von zwei auf eine pro Woche herabsetzte, für eine zweite Sitzung bezahlen. Mrs. Th. bekam Angst, sie würde nicht mehr wissen, was sie tut, und aus dem Fenster springen. Während der ersten langen Pause kamen drei Mitglieder als Notfälle mit dem Krankenhaus in Berührung, nachdem sie, wie ein oder zwei andere, nach der ersten Sitzung um Einzelunterredungen gebeten hatten. Die Angst in der Gruppe war evident. Das Hauptthema der Gruppe war der Tod.

Die ganze Gruppe kann als Imago dienen, als eine Spiegelung von Gruppenphantasien, die im Denken eines jeden auftauchen. Einzelne Mitglieder werden als Personifizierungen im Sinne von

Übertragungsfiguren, aber auch von Personifizierungen des ganzen Selbst, Teilen des Selbst und als Bild des Körpers benutzt.

(8) Eine andere Gruppe (Dr. K., aggressive Mütter) scheint auf unbewußter Ebene den Gruppenraum als den Körper der Mutter und die Mitglieder als dessen Inhalt zu betrachten. Die Gruppe ist äußerst alarmiert, weil ein Mitglied in Aussicht stellt, die Gruppe zu verlassen, was dafür steht, daß ein Kind geboren werden soll. Das korrespondiert mit der tiefen Feindseligkeit der Frauen gegenüber ihren eigenen Kindern. Je geboren worden zu sein, heißt, von ihren Müttern dem Leben durch die Geburt preisgegeben worden zu sein. Als das dem Leiter angedeutet wurde, nannte er es eine psychotische Interpretation. Nach einiger Zeit jedoch berichtete er, daß er der Gruppe diese psychotische Interpretation gegeben hatte und daß sie sie anzunehmen und weiterhin zu überlegen schien.

In einem Beispiel, das wir später erwähnen werden, sieht Miss P. die ganze Gruppe als ihre Mutter an.

Wir konzentrieren uns auf Themen, Motive, Deutungen, die die ganze Gruppe, alle Mitglieder betreffen und hinter ihren Kommunikationen zu stehen scheinen. Sie können sehr leicht erkannt werden, wenn irgendein äußeres Ereignis die Gruppe berührt, wie etwa das Fehlen des Leiters durch seinen Urlaub, die Beendigung der Gruppe, ein neu eintretendes Mitglied, Abwesenheit oder Verlust eines Mitgliedes. Wir beobachten diese Dynamik vor allen Dingen, um uns zu orientieren, nicht unbedingt, um sie der Gruppe deutlich zu machen, wie es manche tun. Wir nehmen diese »allgemeinen Anzeichen« lieber als Hintergrund, als Rahmen für unsere Interpretationen.

Die Übertragungsneurose, im Sinne einer Wiederholung des neurotischen Verhaltensmusters in der Behandlungssituation, trifft mit der dauernden Interaktion auf einer reiferen und angepaßteren Stufe zusammen. Dieses Aufeinandertreffen zeigt sich in der Gruppe exakt an dem kritischen Punkt, wo die Neurose des Einzelnen mit der gemeinsamen Gruppensituation in Konflikt gerät. Das kann sich etwa als die Bitte um ein Einzelinterview äußern, wie im folgenden Beispiel, welches eine entscheidende Wandlung in einem Einzelnen deutlich als Teil eines Gruppenprozesses zeigt.

(9) Miss P. sieht in der Gruppe ihre Mutter. Sie kann mit ihrer Mutter nicht sprechen und in der Gruppe nicht von ihrer Mutter

erzählen. Andere aus dieser Gruppe können von ihren Müttern sprechen. Zu dieser Zeit bestand ein Spannungszustand mit Ausbrüchen, die scheinbar unabhängig von einander waren und sich vorher mehr durch Agieren geäußert hatten. Die Patientin kam in einen Panikzustand. Ich sah sie einmal allein. In der nächsten Gruppensitzung konnte sie sich äußern und der Gruppe – ihrer Mutter – die Meinung sagen. Gleichzeitig gab es eine Umkehrung der bisherigen Identifizierung: zuerst identifizierte sie sich mit ihrer Mutter, während der Rest der Gruppe, welche auf die Mutterimago in ihrer Gestalt reagierte, sie selbst repräsentierte. Da aber die Gruppe nun nicht Feindseligkeit äußerte, änderte sich Miss P. völlig, so sehr, daß die Gruppe überrascht war. Die Patientin löste einen lang bestehenden Konflikt und heiratete. Als das im Kontroll-Seminar hervorgeholt wurde, ergab sich, daß das spezielle Problem dieser Patientin mit einem Konflikt der Therapeutin in Interaktion getreten war, was sowohl im Kontroll-Seminar wie auch in der Lehrbehandlungsgruppe Ausdruck fand.

Unsere Handhabung individueller Probleme in der Gruppe unterscheidet sich signifikant von der in der Einzelsitzung. Ich will dies am Traum, einem klassischen Beispiel, illustrieren. Der Traum ist, wie Sie wissen, ein wichtiger Teil der Individualanalyse. Wir sehen nach Freud in seinem manifesten Inhalt eine Art Irreführung und sekundäre Bearbeitung und versuchen zur latenten Bedeutung und zu den latenten, verdrängten Gedanken mit Hilfe der freien Assoziation durchzudringen. Aber man kann diese freie Assoziation des Individuums, wie sie in der psychoanalytischen Einzelbehandlung praktiziert wird, in einer Gruppensituation unmöglich erwarten. Allein aus diesem Grunde wäre eine klassische analytische Traumarbeit unmöglich. Andererseits werden Träume, wie sie dauernd in der psychoanalytischen Praxis vorkommen, in zweierlei Weise verwendet, was nicht oft erwähnt wird, aber wichtig ist. Einerseits müssen wir uns häufig zufrieden geben, einen bestimmten Aspekt des Traumes herauszuholen, ohne den ganzen Traum zu analysieren, und nehmen, was wir an analytischer Information daraus gewinnen können. Die andere Eigenschaft von Träumen während einer psychoanalytischen Behandlung besteht darin, daß der manifeste Trauminhalt in Beziehung steht zu der aktuellen Übertragungssituation. Oft nutzen wir diesen Aspekt als eine echte Information zum Zweck der Analyse. Gerade in dieser Hinsicht können Träume in der Gruppensituation positiv genutzt werden. Wir können es so ausdrücken: der Traum ist, wenn er der Gruppe erzählt wurde, dieser zur Analyse überlassen worden. Der Träumer berichtet oft über Ereignisse seines Traumes, die Licht auf seine eigene Situation werfen, insbesondere in Beziehung zur Gruppe als Ganzes, auf Ereignisse, die sich in der Gruppe abspielen, auf seine unbewußten Gedanken zu Vorkommnissen in der Gruppe. Dieser Traumaspekt ist im Kontext der Gruppenanalyse von Wert, während das bloße Wiedererzählen von Träumen – die doch Produkt eines Rückzuges aus menschlichem Kontakt sind – mehr als Widerstand zu deuten ist. Das ist ein gutes Beispiel für die Anwendung von gruppenanalytischen Gesichtspunkten und Gruppenkonzepten in der lebendigen Praxis und für den Unterschied in der Behandlung individueller Äußerungen im Vergleich zur Einzelsituation.

(10) Ein Beispiel: nach einigem Schweigen produzierte X einen »Gruppentraum« wie er es nannte. Tatsächlich hatte er einen Traum, der sich sehr augenfällig auf die letzte Sitzung bezog und in einem gewissen Ausmaß in diesem Sinne analysiert wurde, wobei die Gruppe sich weniger beteiligte, als man hätte erwarten mögen, und ich entsprechend etwas mehr zu tun hatte. Der manifeste Traum handelte von kreisförmig placierten Stühlen, von denen einer leer war. Er ging auf einmal hin, setzte sich auf diesen Stuhl und manöverierte sich damit in den Mittelpunkt – mit Billigung von Dr. F. und Mißbilligung von Y. Das war der manifeste Trauminhalt. Verschiedene Faktoren wurden ein wenig analysiert. Inzwischen sagte Y, er habe auch einen Gruppentraum gehabt, überraschenderweise mit homosexuellem Inhalt: nämlich, daß Dr. F. ihm eine Injektion gegeben habe. Nach weiteren Fragen stellte sich jedoch heraus, daß die Injektion eine Wahrheitsdroge enthielt. Daher zeigte ich ihm, daß der Traum nicht notwendig ein Gruppentraum sei. Ebensogut könne man sagen, er sei plötzlich in eine Behandlungssituation mit mir allein versetzt gewesen, während die Gruppe in Wirklichkeit nicht vorkam. Auch wies ich ihn darauf hin, daß der Traum trotz der unterschwelligen Homosexualität sich tatsächlich auf die Behandlungssituation bezog, in welcher er die Wahrheit sprechen mußte. Die Frauen der Gruppe erinnerten daran, daß sie im Traum von X nicht erwähnt wurden. Das veranlaßte X, zu wi-

derrufen und zu sagen, daß die Frauen im Traum tatsächlich vorkamen, aber im Hintergrund und nicht als bestimmte Personen erkennbar.

Diese Erfahrung hatte ich in einer der ersten Sitzungen dieser Gruppe. Der wichtigste Aspekt beider Träume jedoch war die beginnende Rivalität zwischen X und Y in Bezug auf mich, wie sie sich in den Träumen von X sowie in Ys Wunsch ausdrückte, »auch einen Gruppentraum zu haben«.

Wichtige Vorfälle, wie etwa Ausagieren usw. ereignen sich an der eigentlichen Grenzzone des umgrenzten psychologischen Raumes der therapeutischen Gruppe, der T-Situation. Solche Vorfälle bleiben oft lange verborgen. Andere sind greifbar und manifest, etwa wenn um individuelle Aufmerksamkeit, um individuelle Sitzungen gebeten wird. Solche Bitten sollte man in der Gruppe analysieren. Sie brauchen gewöhnlich nicht erfüllt zu werden, aber gelegentlich muß man, besonders bei neuen Teilnehmern, solche Interviews genehmigen. Inzwischen gebe ich stets den Ratschlag, meine Regel zu befolgen, das analytische Bemühen in einer derartigen Einzelsitzung ganz auf diesen Bereich der Grenzzone zu richten und immer die Frage im Sinn zu haben: Was ist es nun eigentlich, was in der Gruppe nicht gesagt werden kann? Warum ist es nicht möglich? Was steht im Wege? Daraufhin fiel mir stets auf, daß das, was der Patient momentan als einen ebenfalls momentanen Konflikt zwischen ihm und der Gruppe, ihm und dem Leiter, ihm und einem Mitglied dramatisiert hatte, sich als einer seiner wesentlichen neurotischen Konflikte erwies. Er korrespondiert bezeichnenderweise wieder mit seinem wichtigsten lebensgeschichtlichen Konflikt und mit dem empfindlichsten und schwierigsten Komplex gegenüber der aktuellen Gruppensituation. Der bereits erwähnte Fall von dem Mädchen, das ich einzeln sprach, bevor sie in der Gruppe über ihre Mutter sprechen konnte, kennzeichnet diesen Ablauf.

Solche *Vorfälle an der Grenzzone* sind einleuchtende Illustrationen für den Grundsatz, daß jede Deutung auf den Gruppenkontext bezogen werden muß. Er darf als besonders wichtig gelten.

(11) In Dr. Ws Gruppe z. B. scheinen eine Anzahl von offenbar nicht miteinander in Verbindung stehenden individuellen Vorfällen an dauernden Spannungen in der Gruppe schuld zu

sein: Einige Mitglieder fehlten, einer hatte sich ein Knie verletzt, ein anderer hatte Bronchitis. Es scheint übrigens, daß Verletzungen und organische Krankheiten zu gewissen Zeiten sich relativ häufig ereignen, auch während der Wartezeit vor Beginn der (Gruppen-)Therapie.

(12) In einer anderen Gruppe wurden drei Frauen innerhalb eines Jahres schwanger, während in einer dritten desselben Leiters fast jedermann umzog. Diese Ereignisse wurden nicht klar in den Brennpunkt des Gruppengespräches gebracht.

Folgende wurden besser verstanden:

(13) Das manifeste Thema der Diskussion waren Eifersucht und Rivalität im Eheleben und Schuldgefühle gegenüber den Partnern. Das wurde gleichzeitig ausgedrückt durch auffällige Interaktion mit Hilfe von Symptomen und durch Umgruppierungen (Wahl anderer Stühle). Außerhalb der Gruppe verhielt sich ein Patient promiskuitiv, ein anderer übertrug seine Symptome auf seine Frau, und der Ehemann einer anderen fühlte sich verpflichtet, um Behandlung zu bitten. Es wurde also ein Thema mehrfach im Medium der Interaktion repräsentiert.

In einer anderen Gruppe wurde diese multiple Repräsentation in ähnlicher Weise ausgedrückt. Das hervorstechende Kennzeichen bestand in einer Vielzahl von Dreiecks-Pattern, die zu dieser Zeit wie folgt in der Gruppe deutlich zu erkennen waren:

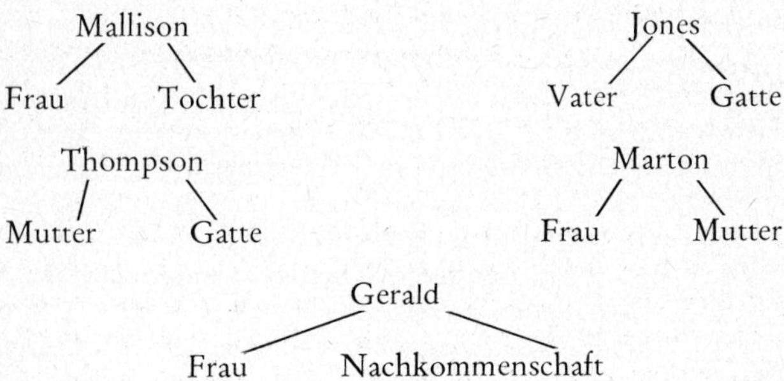

Später:

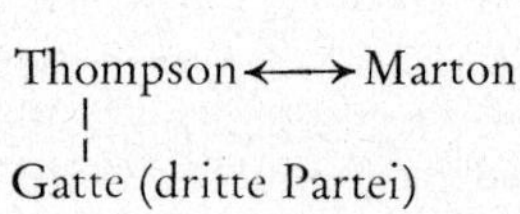

Während bei diesem Beispiel das Gruppensyndrom für diese seriellen Reaktionen verantwortlich zu sein scheint, beeindruckte mich in meiner Einführungsgruppe oft, wie ganz unselektierte Patienten Kontakt schließen. Sie kommunizieren auf einer tiefliegenden Ebene, zu meiner eigenen Überraschung sogar über ein schwer verständliches Symptom. Eine solche Resonanzkette scheint durch jemanden ausgelöst, ekphoriert zu werden, der diese Symptome in einer betonten Art und Weise vorbringt. Das ereignet sich, auch dann, wenn Patienten untereinander und mit mir zum erstenmal zusammentreffen.

Der letztgenannte Faktor, *Resonanz,* ist jeweils mit verschiedenen Kommunikationsebenen verbunden. Die individuellen Besetzungen – oral, anal, narzißtisch – haben dafür ebenso wie gewisse Abwehrmechanismen, etwa paranoid, depressiv usw., eine gewisse Bedeutung. Es ist, als würden diese verschiedenen Zonen und Schichten bereitwillig in natürlicher gegenseitiger Affinität antworten, über die unterschiedlichen Verkleidungen hinweg, in denen sie manifest erscheinen, und so bestätigen, wie zutreffend unsere psychopathologischen Konzepte sind.

Ich glaube, daß die erwähnten Beispiele etwas von dem Wirken gruppendynamischer Mechanismen gezeigt haben, so skizzenhaft und vereinfacht sie auch vorgebracht werden mußten.

Ich denke, sie demonstrieren alle die Konzepte der *Konfiguration* und *Lokation* in der Gruppe, eine Anzahl von Reaktionen, die wir unter der Bezeichnung *Spiegelreaktionen* zusammengefaßt haben, und – von spezifischen Punkten abgesehen – der *Dramatisierung.*

Einige Reaktionen könnten, wenn man sie isoliert sieht, als rein individuell erscheinen. Aber manche Faktoren, deren sich die Mitglieder einer Gruppe nicht bewußt waren, bestimmten ihre speziellen Reaktionen gleichzeitig auf einer tiefliegenden Ebene. Wir konnten einen Blick in den geheimen Mechanismus werfen, durch den die Teilnehmer, ohne sich dessen bewußt zu sein, zu ihrem Tun gedrängt wurden, wie von einem zentralen Schaltbrett aus kontrolliert. Wenn wir das beobachten wollen, müssen wir jedoch nicht an Individuen denken, die aufeinander wirken, sondern an die *Prozesse,* die dafür in der gezeigten Weise innerhalb der gemeinsamen psychischen Matrix in Interaktion treten. Wenn wir unser Interesse nicht ganz diesen Knotenpunkten wechselnder Interaktionen – der *Prozesse, nicht der Perso-*

nen – zuwenden, können wir weder pathogene Mechanismen verstehen noch therapeutische Operationen dirigieren.

Der Einzelmensch wird durch die verschiedenen Gruppen, denen er angehört, gleichermaßen bestimmt: Familie, Clan, Nation, Kultur, Zeit. Wenn man den Einzelnen isoliert betrachtet, glaubt man, er sei durch seine persönliche Lebensgeschichte und die Gaben seines Körpers bestimmt. Die Psychoanalyse hat diese Untersuchungen am weitesten vorangetrieben. Individuelle Eigentümlichkeiten sind in das komplexe psychische Gewebe der Gruppe eingewoben. Teilnahme an einer Gruppe, die durch keine Beschreibung zu ersetzen ist, kann zu wichtigen und wechselseitigen Erfahrungen führen, denen sich der Einzelne nicht nur unterziehen, die er auch verstehen sollte. Dieser bedeutsame Kommunikationsprozeß macht es möglich, daß diese Erfahrungen als ein gemeinsames Unternehmen auf Gegenseitigkeit gemacht werden. Das analytische Vorgehen schließt ein, daß das Verständnis für unbewußte Prozesse und verdrängtes Material ständig wächst.

XIII

Gruppenprozesse und das Individuum in der therapeutischen Gruppe

1961

Die Störungen, mit denen wir uns in der Psychotherapie befassen, Psychoneurosen im weiteren Sinne, gehen auf verdrängte Kindheitserfahrungen zurück. Verdrängung und andere Abwehrmethoden verhindern, daß das Verdrängte bewußt wird. Gleichzeitig werden die Aspekte der Psyche gegen die sich die Abwehr richtet, vom Ich abgespalten. Diese Abwehr, obgleich eine Ich-Funktion, ist selbst unbewußt und hat auch ihre Wurzeln in den frühesten Entwicklungsmonaten und -Jahren. Die Dissoziation oder Abspaltung vom Ich hat noch eine andere wichtige Folge: der so isolierte Teil der Psyche nimmt wieder den primordialen, archaischen, primitiven Charakter frühen Seelenlebens an. Er ist dem Primärprozeß unterworfen und aus der Zwangsjacke rationalen, kausalen Denkens befreit. Allmachts- und Aberglaube, magisches Denken, das wir im Wachleben glauben überwunden zu haben, kehren in ihre uralten Rechte zurück. Es ist die Sprache von Wahn und Traum, aber auch von Kunst und Religion. Was uns als Symptom begegnet, ist der Ausdruck elementarer Impulse, denen es gelungen ist, wieder bis zum Ich durchzudringen, gewissermaßen einzubrechen. Der Verteidigungskrieg gegen diese Triebimpulse, mit dem das Ich beschäftigt ist, hauptsächlich unter dem Druck des Überichs, des primitiven, unbewußten, internalisierten Gewissens, hat einen Kompromiß, das Symptom, zum Ergebnis. Die verbotenen Triebimpulse müssen sich nun nicht mehr in ihrer wahren Natur, nackt wie sie sind, zeigen, sondern in alle möglichen Maskierungen verkleidet. Die Lösung und Aufdeckung all dieser Verdrehungen, Verschiebungen usw. macht natürlich einen wichtigen Teil der psychoanalytischen Tätigkeit aus, die damit mächtigen Aspekten des Ich und Überich entgegenarbeitet. Aus diesem Grunde werden diese Abwehrkräfte regelmäßig zum Widerstand gegen Analyse und Analytiker, und die Beobachtung, Deutung und Lösung solcher Widerstände wird zu einem Bestandteil der psychoanalytischen Behandlung, der schließlich ebenso wichtig ist wie die Aufdeckung des Unbewußten selbst. Natürlich wurzeln alle Symptome im Mutterboden der Persönlichkeit samt ihrer Geschichte, so daß Analyse in Wirklichkeit immer die ganze Persönlichkeit zum Objekt hat.

Wir haben es also mit unbewußten Konflikten zu tun. Ohne das Konzept des Unbewußten können wir sie weder verstehen, noch können wir sie ohne eine Methode, die es uns erlaubt, das Unbewußte bewußt zu machen, erfassen. Wir sagten jedoch, daß diese Konflikte alt sind, daß sie die internalisierten Ergebnisse schmerzlicher, traumatischer, unverdauter und nicht integrierter Kindheitserfahrungen und -konstellationen sind. Wir hätten keine Aussicht auf Therapie, wenn uns nicht drei Umstände von größter Bedeutung zu Hilfe kämen:

(1) Solche Konflikte beschäftigen uns nur, wenn sie im gegenwärtigen Leben noch wirksam sind.

(2) Sie entstehen in der Beziehung zu anderen, ursprünglich in der Interaktion zu Familienmitgliedern oder ihren Vertretern. Auf diese beziehen sich die Konflikte selbst dann noch, wenn sie wieder aktiv werden.

(3) Gerade weil die wesentlichen und grundlegenden Konflikte im Leben zwanghaft wiederholt werden, werden sie es auch, in Reinkultur, unter den Bedingungen der analytischen Situation (der Übertragungssituation).

Wir können die Art und Weise, wie man sich in der psychoanalytischen Behandlung dieser Abläufe bedient und sie korrigiert, hier nicht ausgiebiger besprechen. Wir müssen sie bis zu einem gewissen Grad als bekannt voraussetzen, wenn wir uns, ausgerüstet mit dem Wissen und den Erfahrungen, die wir als Psychoanalytiker erworben haben, der Gruppenpsychotherapie zuwenden.

Gruppenanalyse ist jedoch weit mehr als eine Anwendung psychoanalytischer Prinzipien innerhalb der Gruppe. Ihre besonderen, sehr beträchtlichen therapeutischen Möglichkeiten sind der Tatsache zu verdanken, daß wir in einer Gruppensituation arbeiten. Wenn wir uns der gruppenanalytischen Psychotherapie zuwenden, wollen wir im Blick auf unsere therapeutischen Bemühungen von der dritten der oben erwähnten Grundbedingungen ausgehen, nämlich davon, daß der aktuelle pathogene Konflikt des Einzelnen wiederum – wie der ursprüngliche – einen ganzen Kreis von Personen miteinbezieht, die in intimer gegenseitiger Verbindung miteinander stehen, und daß dies *regelmäßig* zutrifft. Es stimmt, daß ihnen dieser Aspekt ihrer Interaktionen sehr wenig bewußt und daß es ihnen gleichgültig ist, ob sie etwas davon erkennen oder nicht. Ich bin geneigt, diesen Erkenntnissen eine grundlegendere Bedeutung zuzuschreiben, als es die Psychoanalyse tut, die die Psychodynamik in der Ein- und Zwei-Personen-Dimension studiert. Ich kam mehr und mehr zur Überzeugung, daß der Patient, den wir sehen, selbst nur Symptom einer Störung ist, die das ganze Netzwerk von Umständen und Personen betrifft. Dieses Netzwerk von Personen in Interaktion ist das eigentliche Wirkungsfeld einer erfolgreichen und gründlichen Therapie. Vielleicht wäre es korrekter zu sagen, daß dies in der Zukunft so sein wird. Gruppentherapie in einer natürlichen Gruppe verlangt, daß die ursprünglich in den Konflikt verwickelten Personen Mitglieder der therapeutischen Gruppe sind. Unter den herrschenden Bedingungen ist es sehr schwierig, ein derartiges multipersonales Netzwerk zu behandeln. Es wäre notwendig, daß sich ein Team von Therapeuten, die sowohl als Psychoanalytiker wie auch als Gruppenanalytiker ausgebildet sind, diese Arbeit aufteilt. Meine bisherigen Bemühungen in London gingen nicht über gelegentliche versuchsweise Experimente hinaus. Nichtsdestoweniger erwiesen sie die starke und manchmal explosive Kraft eines solchen Vorgehens. Ich möchte hier einige Beispiele geben.

(1) Der betreffende Mann, A., war in stationärer Behandlung gewesen, bevor er zu uns geschickt wurde. Es drohte die Trennung von seiner Frau. Wir empfahlen der Frau, A 1, auch zur Behandlung zu kommen, und beschlossen, das Paar zusammen zu behandeln. Der Therapeut konsultierte mich wegen eines Problems. Es wurde deutlich, daß das Paar seinen Konflikt in der Behandlungssituation wiederholte, indem die beiden den Therapeuten in entgegengesetzte Richtungen drängten. Ich riet diesem, dem Paar dieses Verhalten zu deuten. Ein oder zwei Tage später wurde ich von einem Arzt ans Telefon gerufen, der darauf bestand, mich persönlich zu sprechen. Es ergab sich, daß er weder der Hausarzt des Mannes noch der Frau war, sondern der Arzt der Schwester der Frau, B., und er schien sehr aufgebracht zu sein. Es war augenscheinlich die Schwester, seine Patientin, die die ganze Sache in Bewegung gebracht hatte. Er sagte,

daß der Hausarzt der Frau, PA 1, sehr erstaunt gewesen sei, daß seine Patientin, A 1, eine Behandlung in einer psychiatrischen Klinik begonnen habe. Wie konnte man ihr zumuten, in einem Raum mit einem Mann wie diesem (ihrem Ehemann) behandelt zu werden? Obwohl der Praktiker (PB) meine Erklärungen anhörte und sich beruhigte, verlangte er doch, ich solle zustimmen, daß die Schwester (A 1) seiner Patientin zur Behandlung anderswohin geschickt werde. So wurde die therapeutische Situation mit meinem Assistenten aufgelöst, was zu dem Entschluß von A 1 paßte, die Ehe zu beenden. Als ich dem Therapeuten von diesem Gespräch erzählte, bestätigte er, daß die Schwester eine beachtliche Rolle in dem Konflikt spielte und war über ihre Reaktion nicht überrascht.

Wir waren übrigens bei einigen Fällen ganz erfolgreich in der gemeinsamen analytischen Therapie solcher Paare und hatten auch zweimal Gruppen von vieren solcher Paare, die ein gutes Stück in der Lösung ihrer Sorgen vorwärtskamen. Aber es scheint eine Voraussetzung für diese Behandlungsart zu sein, daß das betroffene Paar ernsthaft willens ist, die Ehe aufrechtzuerhalten. Natürlich ist eine Gruppe, die aus einem Ehepaar gebildet wird, ein sehr einfaches Beispiel dessen, was ich im Sinne habe.

Was ich hier zeigen möchte, ist die subtile aber intensive Reaktion des gesamten Netzwerkes: der Therapeut mit seinem technischen Problem, das behandelte Paar, der Hausarzt der Frau, die Schwester der Frau und ihr Arzt. Alle wurden aktiv in die Behandlungssituation miteinbezogen. Eine Behandlung würde dieses ganze multipersonale Netzwerk von Störungen zum Objekt nehmen.[1]

(2) Ein Mann hatte viele Jahre lang nicht gearbeitet und konnte nicht allein ausgehen. Seine Symptome traten seit seiner Heirat auf, obwohl das Vorliegen einer Kindheitsneurose (Enuresis, Nägelbeißen) sowie von Sexualproblemen (manifeste Kastrationsängste beim Verkehr, Angst, eine Schwangerschaft hervorzurufen, Coitus interruptus) und somatische Symptome evident genug waren. In der Einzelbehandlung hatte er sich, um es in den Worten des Therapeuten zu sagen, so weit gebessert, daß

[1] T. F. Main, gibt in seinem Aufsatz »The Ailment« im *Brit. J. Med. Psychol.*, 30, 129, 1957, eine genaue Studie einer solchen Interaktion.

er seiner Frau erlauben konnte, allein zur Arbeit zu gehen. Etwas später, als seine Behandlung unter einem anderen Therapeuten fortgesetzt wurde, besserte er sich weiter, aber gerade zu dieser Zeit trat bei seiner Frau eine auffällige Reaktion auf. Es wurde entschieden, daß sie von einem anderen Kollegen behandelt werden sollte. Er berichtete, daß die Frau allerdings in einem Zustand von Angst und Panik heftig reagiert habe. Sie sah ein, daß sie es nicht ertragen konnte, daß ihr Mann zunehmend relativ unabhängig von ihr wurde. Sie war für ihn eine »Mutter«. Es machte sie glücklich, daß er hilflos war. Er sollte wieder krank werden. Mit anderen Worten, sie konnte die Besserung, die durch die Behandlung ihres Mannes entstand, nicht ertragen. In diesem Fall, bei der Behandlung eines Ehepaares durch zwei verschiedene Therapeuten, besteht die bisher übliche Anordnung. Jetzt ergab sich eine etwas schwierigere Situation, die Frau zeigte einige unerwartete paranoide Symptome in Form von Eifersucht, indem sie ihren Mann der Untreue verdächtigte. (An dem Tod ihrer Mutter war indirekt ein Schock schuld, den diese im Zusammenhang mit der Untreue des Vaters erlitten hatte). Andererseits kam in der Behandlung des Mannes heraus, daß er Beziehungen zu einer jungverheirateten Frau der Nachbarschaft angeknüpft hatte. Der Zusammenhang dieser Affäre mit der Eifersucht seiner Frau war psychologisch klar. Man kann die Struktur dieses Netzwerkes leicht erkennen. Da ist ein Ehepaar, ein Paar von Therapeuten und ein anderes verheiratetes Paar, alle in dem ablaufenden dynamischen Prozeß eng untereinander verbunden. Die Situation weist eine andere Schwierigkeit auf, dieses Mal infolge der getrennten Behandlung.

Wir wollen einen kurzen Blick auf die übliche Methode der Einzel-Psychotherapie, wie sie heute vorwiegend praktiziert wird, werfen. Die Behandlung des Mannes wäre in diesem Fall zum Stillstand gekommen, weil der Therapeut die Reaktion der Frau nur undeutlich hätte wahrnehmen können. Wir sind nicht immer in der glücklichen Lage wie im vorliegenden Fall, die Frau auch in Behandlung nehmen zu können, man sieht aber, daß selbst dies noch nicht ausreicht.

Falls der Mann und seine Frau in verschiedenen Krankenhäusern behandelt worden wären, hätte der Therapeut der Frau den tatsächlichen Hintergrund ihrer Klagen und Verdächtigungen nicht gekannt, genauso wenig, wie der andere Therapeut um die heftige Reaktion der Frau gewußt hätte. Wenn wir beide Partner im gleichen Behandlungsraum zusammenbringen, müssen die Tatsachen herauskommen. Falls dies aber nicht möglich oder ratsam ist, besteht eine Einengung der Behandlungsmöglichkeiten.

Bevor ich weitere Beispiele, eine gruppenanalytische Gruppe betreffend, bringe, möchte ich hier einige Bemerkungen machen.

(a) Diese Art Interferenz des multipersonalen Netzwerkes ist sehr charakteristisch und regelmäßig zu beobachten. Es ereignet sich immer zu kritischen Zeitpunkten der Behandlung, insbesondere wenn ein dynamisches Fortschreiten in Richtung auf Besserung und Ablösung augenscheinlich ist (in dem vorliegenden Beispiel die Lösung der übermäßigen Abhängigkeit).

(b) Die Gruppensituation beleuchtet dieses kritische Problem. In unserem letzten Beispiel verdeutlicht sie mit einem Mal die Hauptprämissen der Ehe. Sie löst sowohl die Frage nach der Untreue des Ehemannes,welche für die gegenseitige pathologische Abhängigkeit so entscheidend ist, wie auch die nach der paranoischen Reaktion der Ehefrau aus. Das ist in gruppenanalytischen Übertragungsgruppen ebenso zu beobachten wie in natürlichen Gruppen. Um so höher schätzen wir den Wert unseres Eingreifens im Behandlungsraum ein, auch dann, wenn wir die begleitenden Implikationen nicht immer erkennen können. Der Fall ist auch ein gutes Beispiel dafür, daß die aktuellen Konflikte Neuauflagen ödipaler und präödipaler Konflikte sind.

(3) Das dritte Beispiel stammt aus einer gruppenanalytischen Gruppe mit einem weiblichen Mitglied, der »Tochter«. Diese Tochter zeigte eine wesentliche Besserung, bis ihre Mutter die Szene betrat und dem Therapeuten nahelegte, daß ihre Tochter psychoanalytische Einzelbehandlung haben müsse. Zwei Freunde der Mutter waren in psychoanalytischer Behandlung. Das Einschreiten der Mutter war umgekehrt charakteristisch für die bevorzugte Abwehrreaktion der Tochter. Ihr Verhältnis zur Mutter war eine Beziehung, die man seit einiger Zeit »projektive Identifizierung« nennt. Der Therapeut weigerte sich nicht, die Mutter zu sehen, aber er bestand darauf, sie und die Tochter gemeinsam zu sehen, und das änderte die Situation. Die Mutter zog sich zurück, und der Tochter wurde ihre Abhängigkeit zunehmend bewußt. Es ist interessant zu wissen, daß *gleichzeitig*

in derselben Gruppe ein Patient, der eine wesentliche Besserung gezeigt hatte, unbewußt ein ähnliches Einschreiten von außen provozierte. Ein Psychiater, der diesen Patienten einmal behandelt hatte, und der Hausarzt der Mutter des Patienten, versuchten diesen zu überreden, die Gruppe zu verlassen und sich stationär behandeln zu lassen. Wir sahen keinerlei Grund, den Patienten in dieser Richtung zu beeinflussen. Als ich im Rahmen der Kontrolle den Eindruck äußerte, der Psychiater und die Mutter seien persönlich miteinbezogen, kam die Sache heraus. Wir haben hier zwei weitere Beispiele für den Einfluß des Netzwerkes. Daß zwei derartige Vorfälle gleichzeitig passieren, ist keineswegs zufällig, sondern innerhalb des Kontextes der Gruppe von Belang. Wieder kommt die Reaktion von scheinbar außenstehenden Personen im Augenblick der Besserung.

Diese Art der Gruppenpsychotherapie hat besondere Bedeutung hinsichtlich der Rolle des Netzwerkes der natürlichen Gruppe für die Pathogenese und für die Heilung der individuellen Neurose. Ich kann hier jedoch nicht weiter darauf eingehen.

Gruppenanalytische Psychotherapie, wie wir sie gewöhnlich praktizieren, greift dieselben Probleme von der entgegengesetzten Seite her an. Für diese Gruppen ist es wichtig, daß ihre Mitglieder, etwa sieben oder acht Personen, sich gegenseitig fremd sind. Es darf im realen Leben keine gegenseitige Beziehung bestehen, damit ihre Gefühle, ihre Haltungen und ihre Aktionen (oder wenigstens die Tendenz zu solchen Aktionen) frei, ohne jede Furcht vor Konsequenzen in der äußeren Realität ausgedrückt werden können. Wie in jeder analytischen Situation sind Aktionen wie körperliche Angriffe oder sexuelle Beziehungen zu vermeiden. Der Kontakt zwischen den Mitgliedern muß also soweit wie möglich auf die therapeutische Sitzung beschränkt bleiben. Nur unter dieser Voraussetzung ist es möglich, die Forderung nach freier Aussage und Kommunikation aufrechtzuerhalten. Unter solchen Bedingungen werden die spontanen Ideen der Patienten zum Gruppenäquivalent der freien Assoziation. Alles, was sich ereignet, alles, was gesagt wird, kann als bedeutungsvoll im gesamten psychischen Geflecht der Gruppe betrachtet werden (kollektive oder Gruppenassoziation). Die Beiträge der einzelnen Teilnehmer funktionieren ebenfalls als unbewußte Interpretationen. Der Gruppenanalytiker hat in jedem Fall das Recht, sie so anzusehen. Damit kann er der Gruppe helfen, zu verstehen, was alle selbst unbewußt aussagen und andeuten. Meine Beobachtungen zeigten mir, daß man auch in natürlichen Gruppen diese assoziativen Komponenten unterscheiden kann. Aber gerade das Vorliegen von Absichten, von Abhängigkeit, von notwendiger Lebensklugheit, kurz, einfach die Tatsache, daß wir um unserer Ziele willen einiges unausgesprochen lassen müssen, verdeckt und verwischt diese inneren Zusammenhänge.

Obwohl verbale Kommunikation für analytische Zwecke unentbehrlich ist, bedeutet die nichtverbale, wie Gesichtsausdruck, Gesten, Haltung und Verhalten, letzten Endes ebensoviel. Eine derartige Gruppe ist daher in erster Linie verpflichtet, Symptome in ihre Bedeutung zu übersetzen und die treibenden Kräfte, die dahinter verborgen liegen, in Emotionen, Wünsche und Tendenzen umzuwandeln, die persönlich erfahrbar sind. Während dieses Tuns lernen die Mitglieder eine neue Sprache, eine Sprache, die vorher nur unbewußt gesprochen wurde. Dadurch wächst die Fähigkeit zu Einsicht und Kommunikation. Die Analyse der Widerstände, der Abwehrreaktionen und der vielfältigen Verzerrungen zeigt weiter in vollem Umfang, was gedacht, geäußert und verstanden wurde (kurz alles, woran man teilhaben und was man mitteilen kann). Die Erläuterung der unbewußten Einstellung der Patienten zu ihren Symptomen, wie auch zu sich selbst, zu den anderen und zur Behandlung ist von großer Bedeutung.

Es wurde klar, daß man eine solch kleine Gruppe für intensive analytische Behandlung benutzen kann. Die unentbehrliche Voraussetzung dafür bleibt die analytische Haltung des Therapeuten und seine Fähigkeit, die Patienten am Heilungsprozeß aktiv zu beteiligen. Die gruppenanalytische Situation ist daher im Kern eine Übertragungssituation.

Das Übertragungsphänomen ist für jede Psychotherapie von fundamentaler Bedeutung. Im strikten und korrekten Sinne geht es um einen unbewußten Prozeß, durch welchen der Analytiker die Eigenschaften bekommt, die den Eltern, Geschwistern oder anderen wichtigen Figuren der frühen Kindheit beigelegt worden waren. Das wird oft symbolisch ausgedrückt.

Wir wollen uns hier die beiden anderen wesentlichen Voraussetzungen ins Gedächtnis rufen, die Therapie ermöglichen, nämlich, daß Übertragung eine zwanghafte Wiederholung der wichtigsten ungelösten Konfliktsituationen ist und daß diese uns nicht interessieren würden, wenn sie nicht im gegenwärtigen Leben des Einzelnen weiter wirksam wären. Ein Kennzeichen der Gruppensituation besteht darin, diese unmittelbare Gegenwart zu betonen. Ich habe die Wichtigkeit des Hier und Jetzt früh erkannt und betont. Ich war dann, ohne die späteren Beobachtungen, der Ansicht, daß die individuelle Übertragungsneurose in der Gruppensituation nicht analysiert werden könne. Nach zwanzig Jahren Erfahrung muß ich diese Feststellung zurücknehmen. Echte Übertragungsneurosen beim Einzelnen können in der Gruppe deutlich erkannt und daher auch analysiert werden. Natürlich entwickeln sich diese Übertragungsneurosen nicht so rein wie in der Individualbehandlung. Daher können sie nicht so detailliert analysiert und durchgearbeitet werden. Es bleibt zu klären, ob das eine Folge der Gruppensituation oder der zeitlichen Beschränkung auf eine Sitzung pro Woche ist. Weiterhin trifft zu, daß sich die Übertragungsneurose wegen ihrer multipersonalen Verteilung anders entwickelt.

Da die Analyse der Übertragungssituation und der Übertragungsneurose im Mittelpunkt jeder psychoanalytischen Behandlung steht, hat sich neuerdings die Gewohnheit eingebürgert, jede Reaktion des Analysanden gegenüber dem Analytiker Übertragung zu nennen. Gleicherweise werden alle menschlichen Gefühle des Psychoanalytikers in Beziehung zum Analysanden häufig als Gegenübertragung bezeichnet. Das ist zu allgemein ausgedrückt und daher verwirrend. Man kann sich davon in der Gruppenanalyse besonders gut überzeugen, wo echte Übertragungen wie unter Zwang von fast wahnhaftem Charakter entstehen, die scharf kontrastieren zu den spontaneren Reaktionen auf reale Anregungen und Personen. Natürlich tragen alle menschlichen Beziehungen letzten Endes Übertragungselemente in sich. Dennoch ist es richtig, daß der Analytiker Äußerungen innerhalb der therapeutischen Situation als Übertragung verstehen und interpretieren sollte. Er sollte nicht als Realperson auf sie reagieren, ob sie nun freundlich oder feindselig, idealisierend oder abwertend sind, ob sie Liebe oder Haß ausdrücken. Es ist ein grundlegendes und elementares Kennzeichen der analytischen Haltung, daß alles, was sich ereignet, ohne Ausnahme der Analyse dient.

Dank seiner Ausbildung und seiner besonderen Stellung in

der Gruppe ist es Sache des Therapeuten, eine analytische Haltung einzunehmen. Alle anderen Mitglieder haben das Recht, ja, sie werden ermutigt, spontan zu reagieren, genau wie sie fühlen. In Konsequenz dessen sollte man die Patienten in erster Linie als Menschen ansehen, die miteinander über ihre Angelegenheiten sprechen, über ihr Alltagsleben, ihre Pläne, ihre Sorgen, ihre Auffassungen, ihre Kümmernisse, ihre Freuden, ihre Schuldgefühle, ihre Leiden und ihren Glauben. Sie lernen viel über sich und andere, was sie vorher noch nicht wußten – und das auf eine offenere und ehrlichere Weise als je zuvor. Wachsendes Verständnis bringt wachsende Toleranz und die Möglichkeit zu einer freieren Persönlichkeitsentwicklung mit sich. Ich möchte das unterstreichen. Nichts entfernt sich von der Wirklichkeit mehr als die Vorstellung, diese Therapie habe etwas mit Konformismus oder Linientreue zu tun. Bei meinem Vorgehen ist es keine Wertfrage, ob etwas als normal betrachtet wird oder nicht. (Ganz abgesehen von der Tatsache, daß es Sache der Gruppe ist, sich darüber Gedanken zu machen.) Gruppenanalyse hat nicht Anpassung und Sozialisierung zum Ziel. Sie möchte menschlichen Wesen helfen, sich selbst zu finden und ihr eigenes Leben zu leben so gut sie können. Mehr, sie sollten das tun können, ohne durch überflüssige Schwierigkeiten oder, wie es nur allzuoft geschieht, ohne durch autoaggressive Tendenzen gehindert, eingeschränkt oder gestört zu sein. Der Gruppenanalytiker hängt nicht mehr von den introspektiven Selbstbeobachtungen des Patienten ab. Er ist nicht mehr auf Beobachtungen anderer angewiesen. Er kann selbst den Wechsel in Verhalten und Reaktionen seiner Patienten beobachten und sie zum Objekt unmittelbarer analytischer Untersuchung machen. Diese Tatsache der Wiederholung unter den Bedingungen der therapeutischen Situation (der T-Situation) gibt der analytischen Revision besonderen Wert und Bedeutung. Der analytisch-therapeutische Charakter der Situation hängt, wie wir sagten, von der analytischen Haltung des Leiters ab.

Eine solche analytisch-therapeutische Haltung ist in Wahrheit eine innere Disposition. Sie muß echt sein und kann nicht imitiert oder angenommen werden. Sie beruht in erster Linie auf der Persönlichkeit des Therapeuten, die sich entsprechend seinen eigenen natürlichen Neigungen und seiner Erfahrung entwickelt hat. Die Fähigkeit des Therapeuten, zu beobachten, was im

Geiste des Patienten geschieht, es zu verstehen, beruht auf seinem eigenen Einfühlungsvermögen. Er kann niemals unberührt bleiben, wenn er mit seinen Patienten diesen Prozeß durchläuft. Gleichzeitig muß er von persönlichen Problemen so weit frei sein, daß er nicht in die emotionalen Strudel seines Patienten gezogen wird. Für den Fall, daß er dies fürchtet, müssen wir erwarten, daß er auf subtile und frühe Signale aufpaßt und Gegenmaßnahmen ergreift. Das ist übrigens im Interesse seiner eigenen seelischen Hygiene notwendig. Hier liegt der Wert der Eigenanalyse und Gruppenanalyse des Therapeuten. Es sind dies Gegenübertragungsprobleme. Sein Einfluß auf die therapeutische Gruppe, ganz besonders aus unbewußten Quellen, ist kaum zu überschätzen. Wir haben dieses Phänomen eine Reihe von Jahren am Maudsley Hospital studiert, in einem besonderen Seminar, in dem wir in Verbindung mit der Ausbildung von Psychotherapeuten die Probleme an klinischem Material verfolgten.

Die Beispiele des *vorigen* Kapitels zeigen, daß die Rollen, die die Patienten in den Gruppen spielen, darunter eine ganze Anzahl typischer Rollen, nicht nur durch die Veranlagung der Patienten selbst gegeben sind, durch ihre Beziehungen untereinander und zum Therapeuten. Sie sind auch Ergebnis von Projektionen, Erwartungen und Provokationen des Therapeuten.

Die in diesen Beispielen gezeigten Mechanismen betreffen insbesondere Personifizierung d. h. ein Patient repräsentiert einen unbewußten Teil des Therapeuten, dann Dramatisierung, Resonanz und multiple Repräsentanz.

Der Patient einer derartigen Gruppe wird sich zum ersten Mal wirklich seines eigenen Verhaltens bewußt und gewinnt die Fähigkeit, es zu ändern, es sich abzugewöhnen bzw. neu zu lernen. Sich zu wiederholten Malen in einer neuen und veränderten Rolle und Art zu erfahren, wird für ihn ein Erlebnis voller Konsequenzen, das noch mehr als die Gegenreaktion der Gruppe verändernd wirken wird. Die Überwindung infantiler Fixierungen und Abhängigkeiten und die Entwicklung einer reiferen Haltung wird so möglich, zusammen mit wirklicher Einsicht. Abhängigkeit vom Therapeuten, der Autorität repräsentiert, wie das Kind sie sich vorstellt, wird in hohem Maße ersetzt durch das realitätsgerechtere Vertrauen auf die Gruppe. Wie wir wissen, ist die endgültige Überwindung dieser Abhängigkeit in der

Einzelbehandlung auch in der Psychoanalyse ein schwieriges Problem. Der Schritt zur Gesellschaft und Gemeinschaft hin, der in der Gruppenbehandlung während und nach erfolgreicher Behandlung erfolgt, ist viel natürlicher.

Man kann bei jedem einzelnen Patienten, wenn wir ihn aufmerksam betrachten, den Versuch feststellen, seine Neurose und ihre Genese zu wiederholen und den anderen sein neurotisches Verhalten aufzuzwingen. Aber gleichzeitig schaffen diese Menschen untereinander, in Gestalt ihres komplexen Interaktionsnetzwerkes, ein neues dynamisches Feld.

Die Existenz einer solchen Gruppenpsychodynamik wird heute zunehmend anerkannt, aber allzuoft als etwas völlig verschiedenes, ja antagonistisches zur individuellen Psychodynamik gesehen. Man sagt etwa, Gruppen- oder Soziodynamik sei für den Soziologen interessant, aber ohne wesentliche Bedeutung für die Psychotherapie. Sie sei etwas Äußeres, während sich die Psychologie mit Psychodynamik befasse, also mit intrapsychischen Phänomenen. Nach meiner Ansicht beruht diese Polarisierung von Individuum und Gruppe auf einem Mißverständnis und führt zu endlosen und unlösbaren Pseudoproblemen.

Zu allererst beschäftigt uns Psychodynamik. Sie ist kaum, wenn je, auf die Grenzen des Individuums beschränkt, sondern schließt in der Regel eine Anzahl von untereinander verbundenen Personen ein. Die psychodynamischen Erscheinungen sind transpersonale Manifestationen. Es war von Anfang an mein Bestreben, die wesenhafte Einheit der Psychodynamik voll zu berücksichtigen, ob sie nun in einer Ein-, Zwei- oder Mehrpersonensituation studiert und beobachtet wird. Ich habe versucht, auf den Phänomenen und Prozessen, die beobachtet werden können und die Identität von Psychodynamik und Soziodynamik ausdrücken, operative Konzepte aufzubauen. Sie lassen sich am besten innerhalb einer Gruppe, da diese die individuellen Grenzen aufhebt, erkennen. Der Therapeut muß sich in unseren Gruppen auf jeden Fall für seine Interventionen und Interpretationen auf den Gruppenkontext beziehen, sonst verliert er sich in der verwirrenden Vielfalt von Reaktionen und möglichen Interpretationen, die sich gleichzeitig auf verschiedenen Ebenen abspielen. Wenn er sich auf diese transpersonalen Prozesse konzentriert, stellt sich für ihn die Kontroverse Individuum gegen Gruppe nicht.

Es scheint sehr schwer zu sein, das Konzept eines Netzwerkes zu akzeptieren, innerhalb dessen die Grenzen eines individuellen Ich dauernd fluktuieren und einmal aufgehoben, einmal wiedererrichtet sind. Auf dieser Ebene ist die Gruppe etwas Intrapsychisches. Innere Konfigurationen und Dramatisierungen äußern sich als unbewußte Konflikte, die anderen Mitglieder sind Personifikationen von abgespaltenen Ich-Anteilen. Auf der Alltagsebene ist diese selbe Gruppe natürlich aus bestimmten Individualitäten zusammengesetzt, die aufeinander wirken oder alte Familienkonstellationen untereinander in der Übertragung aufleben lassen. Der Gruppenanalytiker sollte für die Prozesse aller dieser Ebenen empfänglich sein, wenn nicht im selben Augenblick, dann doch schnell wechselnd. Nur in dieser Art und Weise kann er der Gruppe wirklich folgen, verstehen, was vor sich geht und urteilen, ob seine Intervention notwendig und möglich ist.

Die gruppenanalytische Orientierung ist vorwiegend Sache des Analytikers und wird durch ihn personifiziert. Ich will deshalb einige Prinzipien von diesem Gesichtspunkt aus aufzählen. An erster Stelle schafft er die gruppenanalytische Situation und erhält sie in der Form aufrecht, die ich beschrieben habe. Er überläßt die Themenwahl der Gruppe, gibt der Phantasie freien Lauf, auch der eigenen, ist aber völlig rezeptiv und läßt sich vom Patienten führen. Er hat die Haltung des Psychoanalytikers. In der Interpretation und analytischen Aufhellung von Widerständen und Abwehrhaltungen ist er wesentlich aktiver. Er fördert spontane Kommunikation und Einsicht durch Kommentare, Konfrontationen und Interpretationen. Er übt dadurch einen katalytischen Einfluß aus. In der Übertragung muß er darauf vorbereitet sein, ein erhebliches Maß an Abhängigkeit zu tolerieren, besonders in frühen Stadien. Aber Schritt um Schritt entwöhnt er die Gruppe, so daß Abhängigkeit durch größere Unabhängigkeit im Denken und Handeln ersetzt wird. So wird das Bedürfnis, geliebt und geleitet zu werden, der Glaube an die Autorität allmählich durch die Autorität der Gruppe ersetzt, welche vor allem die Werte widerspiegelt, die im betreffenden Kulturbereich als »normal« gelten. Aber alle Wertungen sind der Analyse unterworfen, ungeachtet der Tatsache, ob sie als normal betrachtet werden oder nicht.

Der Therapeut hat eine schöpferische Aufgabe. In einer Hinsicht ist er dauernd aktiv, gelegentlich betont aktiv. Es darf uns nicht verwirren, wenn wir hervorheben, der Therapeut solle sich an der Gruppe als Ganzheit orientieren. Diese Form der Psychotherapie steht letzten Endes ausschließlich im Dienste der Individualität und freien Entwicklung des Menschen.

XIV

Skizze einer Psychotherapeutischen Station

In diesem Kapitel soll über eine Modellstation unter meiner Leitung in der poliklinischen Psychotherapie-Abteilung des Maudsley-Krankenhauses berichtet werden. Sie ist insofern ein Modell, als Wege gezeigt werden, wie man in einer Poliklinik dem Anspruch nach Psychotherapie gerecht werden und gleichzeitig die besten Voraussetzungen für Forschung und Lehre schaffen kann. Es handelt sich allerdings insofern nicht um ein Modell, als man es nicht ohne weiteres auf andere Voraussetzungen übertragen soll und kann. Es ist in der Tat für gruppenanalytisches Vorgehen entscheidend, daß eine strenge Organisation und Institutionalisierung vermieden wird, um ein Maximum an Flexibilität gegenüber stets sich wandelnden Bedingungen zu gewährleisten. Anordnungen sollten sozusagen keine Fabrikware, sondern Handarbeit, und zwar in enger Übereinstimmung mit den jeweiligen Gegebenheiten sein. Aus demselben Grunde hat sich die Station ständig geändert. Was hier geboten wird, ist ein schematischer Querschnitt ihrer lebendigen Struktur.

Während der betreffenden Zeit bestand der Stab aus einem Arzt (beratender Psychotherapeut, halbtags arbeitend) und zwei Assistenten, die den ganzen Tag beschäftigt waren. In dem Berichtsjahr wurden 225 Patienten an die Station überwiesen. Von diesen hielten etwa 25 Prozent die Verabredungen nicht ein, oder sie wurden als ungeeignet zurückgewiesen oder einer anderen Behandlung zugeführt. Bei 10 Prozent war das Resultat sehr gut, bei 40 Prozent gut oder mittelmäßig, und die restlichen 25 Prozent zeigten keine erkennbare Besserung. Unter den Behandelten wurden demnach 13 1/3 Prozent geheilt, 53,3 Prozent zeigten eine gute oder erkennbare Besserung, 33 1/3 Prozent zeigten keinen erkennbaren Erfolg. Diese Patienten waren gewöhnlich durch ihren Hausarzt ins Krankenhaus geschickt worden. Jeder Patient war durch einen der offiziellen Konsiliarii der Polikliniken untersucht worden, der sie mit der Empfehlung der Psychotherapie an uns überwiesen hatte. Ein Teil davon war als stationäre Patienten im Krankenhaus behandelt und als entlassungsreif betrachtet worden, unter der Voraussetzung, daß sie weiterhin ambulant behandelt werden konnten.

Das untenstehende Diagramm zeigt die Modi und Stadien der Psychotherapie auf analytischer Basis in der Station an.

Diagramm

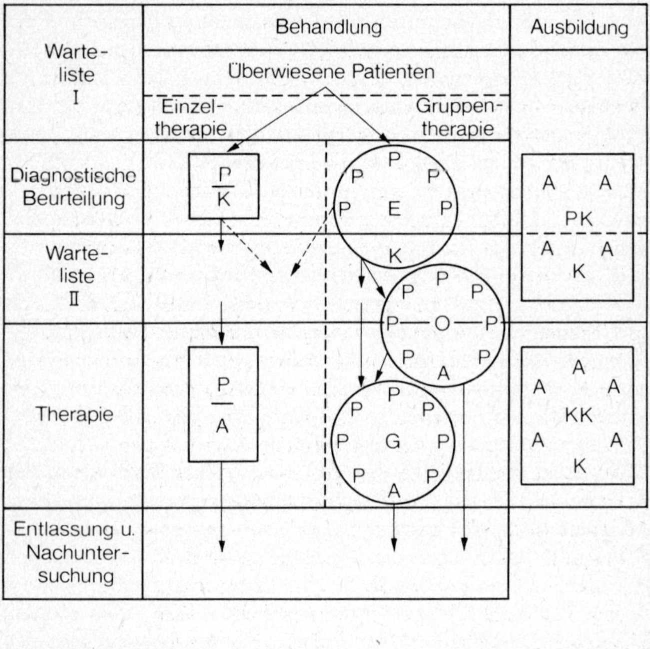

Zeichenerklärung:

P = Patient
K = Konsiliarius (Beratender Psychoanalytiker)
A = Arzt
E = Einführungsgruppe
O = Offene Gruppe
G = Geschlossene Gruppe
PK = Planungskonferenz
KK = Kontrollkonferenz

Wie man sieht, teilt sich die Behandlung in zwei Kategorien auf: Einzel- und Gruppenbehandlung. Das ist in zwei Spalten dargestellt, die in Verbindung mit der Spalte für den Unterricht und Kontrolle (rechts) stehen. Die Kontrolle der Einzeltherapie wird im Diagramm nicht gezeigt. Die Patienten hatten entweder Einzel- oder Gruppentherapie, einige allerdings beides hintereinander. Die Patienten der Gruppe bekamen, falls notwendig, zusätzliche Einzelaussprachen. Bei der Erstauswahl aufgrund der Krankenblätter konnten annähernd sieben von zehn als für die Einführungsgruppe geeignet ausgewählt werden. Der Rest kam, wie sonst üblich, zu einem Einzelinterview mit dem beratenden Psychoanalytiker. Die Wartezeit für diese Erstbesprechungen betrug ein bis sechs Wochen (Warteliste I).

Um den Vergleich zu erleichtern, soll nun der Weg der Patienten durch die Station getrennt, den beiden Spalten für Einzel- und für Gruppentherapie entsprechend, verfolgt werden.

Einzelpsychotherapie

Zu Beginn der Einzelbehandlung bildete sich der beratende Psychoanalytiker anläßlich des Erstinterviews eine Meinung von der psychopathologischen Struktur und der Psychodynamik des Patienten, sowie von seiner Fähigkeit und seiner Motivation für eine Wandlung. Er stellte einen provisorischen Plan für die Behandlung, ihre voraussehbare Intensität, Art und Weise des Vorgehens und der Ziele auf. Der Patient mußte dann drei bis sechs Monate warten, bis ein Platz für Einzeltherapie frei wurde (Warteliste II).

Eine *Behandlungssitzung* nahm eine knappe Stunde in Anspruch. Gewöhnlich wurden einmal die Woche während einer Zeitspanne von drei bis sechs Monaten (zehn bis dreißig Stunden) Sitzungen abgehalten. Arzt und Patient saßen sich gegenüber. Das Ausmaß der Kontrolle der verbalen Kommunikation, die Interpretation der Inhalte und der Beziehung (Übertragung) wurden den Bedürfnissen des Patienten entsprechend modifiziert. Wenn solche Modifikationen ins Auge gefaßt wurden, berücksichtigte man ihre Wirkungsweise und gegenseitige Beeinflussung.

Das Erkennen unbewußter psychischer Prozesse und ihrer

Bedeutung für das Entstehen von Neurosen wurden als wesentlich angesehen. Das Material dafür ergab sich aus der verbalen Kommunikation des Patienten, aus Einstellung und Verhalten gegenüber dem Therapeuten.

Selbstverständlich war in dieser Atmosphäre jedes Urteilen, Werten, Belehren und Moralisieren fehl am Platze. Dem Problem der Abhängigkeit des Patienten vom Arzt wurde große Aufmerksamkeit geschenkt.

Gruppenpsychotherapie

Auf dem Diagramm werden nur drei Gruppen schematisch dargestellt: die Einführungsgruppe, eine offene und eine geschlossene Gruppe. Eine Sonderform der offenen Gruppe war die vorläufige oder Vorratsgruppe. Dies wird schematisch dargestellt durch ihr Hineinragen in den Bereich der Warteliste II. Diese Gruppen stellen einige Variationen parallellaufender Gruppen dar. Das Diagramm zeigt einen der Vorteile der Gruppenpsychotherapie: die Ausschaltung oder Verkleinerung der Wartelisten, die Kontinuität oder den allmählichen Übergang von einer Stufe zur anderen, die größere Patientenzahl, die ein einzelner Arzt behandeln kann, und die Ausbildungsmöglichkeiten. Überdies hat die Gruppenbehandlung noch andere spezifische Vorteile für bestimmte Kategorien psychiatrischer Patienten.

Wir wollen nun der Reihe nach jede Sektion betrachten, sowohl hinsichtlich der Therapie wie auch der Ausbildungsfunktion.

Einführungsgruppe. Diese Gruppe diente vielen Zwecken, aber zwei ihrer Funktionen hoben sich ab. Erstens, die diagnostische Bewertung angesichts der verwirrenden Situation, in der sich die Patienten befanden, ihre Reaktion auf dieses therapeutische Testvorgehen und auf die Charakteristika, die sich in ihren gegenseitigen Reaktionen enthüllten. An zweiter Stelle bot diese Gruppe die bestmögliche praktische Einführung für alle, die für Gruppenpsychotherapie ausgewählt waren. Vom Ausbildungsstandpunkt aus muß man sie in enger Verbindung mit der »Planungskonferenz« sehen, die zeitlich unmittelbar folgte und sich auf die Beobachtungen der Ärzte in der Einführungsgruppe stützte.

Die Zahl der Patienten in dieser Gruppe war auf vier bis fünf beschränkt. Diese Patienten hatten sich gegenseitig oder irgendeinen von uns nie gesehen, bevor sie ihre Plätze in einem Halbkreis gegenüber dem beratenden Psychotherapeuten und den anderen Ärzten der Einheit einnahmen. Das ist natürlich eine gespannte Situation. Nach einigen einführenden Bemerkungen jedoch ergab sich eine deutliche Entspannung, und nun begann der beratende Psychotherapeut in der Regel seine Untersuchung, indem er sich an jeden der Reihe nach wandte. Er fragte die Patienten nicht nur nach ihren Problemen, sondern versuchte auch ihre Erwartungen und Einstellungen gegenüber der Behandlung abzuklären. Die ersten analytischen Schritte in Richtung auf Klarstellungen, Konfrontation mit widersprüchlichen Einstellungen, Berichtigungen usw. wurden schon bei diesem ersten Kontakt unternommen. Seine Bedeutung muß hoch eingeschätzt werden. Spontaneität und Interaktion auf seiten der Patienten wurden gefördert. Sie verstanden schnell, daß man von ihnen aktive Teilnahme erwartete. Sie begannen Probleme miteinander zu vergleichen und Ansichten auszutauschen. Ein Patient konnte mit einem wehmütigen Kopfnicken sagen: »Ja, genau so geht es mir auch.«

Es kam, daß beträchtliche Widerstände und Einwände auftauchten. Zwei Erfahrungen waren zu machen: daß diese Einwände ohne Furcht vorgebracht werden durften und daß sie in analytischem Geiste aufgenommen wurden. Das einführende Gruppengespräch brachte viele Schwierigkeiten ans Licht, auf die jeder Patient in seinen Beziehungen zu anderen Menschen stößt und die so oft das Kernstück seiner Krankheit bilden. Es war bemerkenswert, wie diese fast willkürlich zusammengewürfelten Patienten anläßlich dieser ersten und einzigen Sitzung zur Interaktion veranlaßt werden konnten und wie wichtig diese Begegnung war.

Die Ärzte nahmen an dieser Erfahrung teil und konnten beobachten, wie der beratende Psychotherapeut die Situation meisterte. Wir sahen, wie sich dynamisch, ja oft dramatisch vor unseren Augen jene Merkmale entfalten, die auf Arzt und Patient entscheidend einwirken, wenn therapeutische Möglichkeiten bestimmt werden. So konnte in dem kurzen Zeitraum einer

Stunde viel bei dieser Vorbesprechung erreicht werden. Es war in der Regel möglich, am Ende dieser Stunde jedem Patienten die entsprechende Art der Behandlung zu empfehlen. Einzeltherapie mußte ungefähr jedem fünften nahegelegt werden, während sich der Rest für Gruppentherapie eignete.

Planungskonferenz. Anschließend an die einführende Gruppensitzung trafen die Ärzte zusammen, erörterten ihre Beobachtungen und machten detaillierte Pläne für jeden Patienten, der an der Einführungsgruppe teilgenommen hatte. Es wurden Beobachtungen ausgetauscht, die beobachtete Psychopathologie wurde mit der Diagnose verglichen, die der überweisende Konsiliarius auf der Basis einer konventionelleren Untersuchung gestellt hatte. Die Beobachtungen wurden gegenseitig ergänzt, unterschiedliche Interpretationen diskutiert und eine Prognose überlegt. Jeder Arzt beteiligte sich an den Entscheidungen des therapeutischen Teams. Auf der Basis gemeinsamer Erfahrung konnten wir so die Eignung des Patienten für die jeweilige Behandlung besprechen, sowie die spezielle Auswahl für die Gruppen- oder Einzeltherapie und unsere Erwartungen und Voraussagen, die therapeutischen Ergebnisse betreffend. Ein vorläufiger Behandlungsplan wurde, ebenso wie die Mittel, durch die die wünschenswerten Wandlungen zu erreichen waren, konzipiert. Auf diese Weise lernten die Ärzte auch die Patienten kennen, die sie nicht behandelten, von denen aber später ihre Kollegen beim Kontrollseminar berichten würden. Die einführende Gesamtgruppensitzung, mit ihrer besonderen Dynamik, die Aktivität und die Interpretationen des Arztes und technische Gesichtspunkte wurden durchgesprochen.

Der letzte Teil dieser Konferenz war einer vorläufigen Prüfung der Krankenblätter jener Patienten gewidmet, die zu der Einführungssitzung der nächsten Woche geladen werden sollten. Dadurch wurde der Arzt mit den Besonderheiten und Problemen der Patienten bekannt, die ihn in der nächsten Woche konsultieren würden. Er konnte seine eigenen Vorstellungen ausdrücken und seine Erwartungen in der Planungskonferenz der nächsten Woche angesichts der Einführungsgruppe überprüfen.

Sie werden in der Darstellung durch eine offene und eine geschlossene Gruppe repräsentiert, die natürlich als Prototypen angesehen werden müssen. In der offenen Gruppe werden von Zeit zu Zeit Mitglieder entlassen und neue aufgenommen. Sie dient vielen verschiedenen Zwecken, die in ein und derselben realen Gruppe nicht immer zu vereinen sind. Bei manchen Patienten ist es notwendig, sobald wie möglich für Behandlung zu sorgen. In diesem Falle war die Behandlung in der offenen Gruppe eine Vorbereitung, bis ein passender Platz für sie in einer geschlossenen Gruppe frei wurde. Für andere Patienten stellte sie eine wertvolle Möglichkeit zu weiterer diagnostischer Beobachtung dar. Sie eignete sich besonders für zwei Patiententypen, die den zwei Polen der Skala angehörten.

(1) Patienten, die weniger schwer gestört, sondern mehr momentan aus dem Gleichgewicht geraten sind, können von der größeren Vielfalt sozialer Anpassung, die eine derartige Gruppe verlangt, profitieren und bald entlassen werden.

(2) Der chronische Patient, der eine längere, zum Teil stützende Behandlung braucht, der aber auch von einem analytischen Vorgehen profitiert. Er kann an der Gruppe für längere Zeit teilnehmen. Die Regelmäßigkeit der Teilnahme wurde hier nicht so betont. Die Patienten können versuchsweise entlassen werden und später zur Gruppe zurückkehren, wenn sie dies für notwendig halten. Diese Gruppe kann eine größere Anzahl, etwa fünfzehn Leute, umfassen, während sich die wirkliche Teilnehmerzahl zwischen fünf und zehn bewegt. Solche Gruppen können, wenigstens theoretisch, ewig weiterbestehen – mit wechselnden Therapeuten. In der Praxis allerdings liefen sie von Zeit zu Zeit aus. Gewöhnlich geschah folgendes: Es entwickelte sich ein Kern von regelmäßigen Besuchern, die sich früher oder später der Aufnahme neuer Mitglieder widersetzten. Das kann vielleicht verhindert werden, wenn man eine ausreichende Zahl von parallellaufenden Gruppen zur Verfügung hat, so daß eine bessere Auswahl möglich ist. Auf unserer Station war es so, daß wir, sobald das refraktäre Stadium erreicht war, auf die Einführung neuer Mitglieder verzichteten und dem Kern der Patienten erlaubten, ihre Behandlung dann als geschlossene Gruppe zu beenden.

Die geschlossene Gruppe. Die geschlossene Gruppe beginnt und endet im Idealfall mit derselben Mitgliederzahl; es wird jedoch in der Regel notwendig, am Anfang ein oder zwei Patienten zu ersetzen. Das ist eine Art natürlicher Auslese und könnte vielleicht vermieden werden, wo sorgfältige Auswahl möglich ist. Die Gruppe verliert auch aus mehr oder weniger äußeren Gründen in ihrem Verlauf ein oder zwei Mitglieder. In der Klinik lag die Lebensdauer einer derartigen Gruppe zwischen einundeinhalb und zweiundeinhalb Jahren, wobei sie in einwöchigen Abständen zusammentraf. Meinem Eindruck nach ist eine Zeitspanne von neun Monaten ein guter Maßstab, um die Dauer einer Gruppe zu bestimmen. Es können auch zehn Monate bei je einmonatiger Unterbrechung sein. Eine derartige Periode von neun Monaten ist ein Minimum und drei solcher Perioden das Wünschenswerteste. Diese Gruppen verlangen regelmäßige Teilnahme jedes Mitgliedes. Sie vermitteln eine intensive therapeutische Erfahrung. Einzelunterredungen sind während der Behandlung selten notwendig. Die in unserem Diagramm dargestellte Gruppe steht für eine Vielzahl, von denen einige für sich besprochen werden sollen.

Die Auswahl der einzelnen Mitglieder wurde entsprechend ihren unterschiedlichen Aspekten in verschiedenen Kapiteln dieses Buches besprochen. Die Auswahlprinzipien kennt man noch nicht in aller Genauigkeit. Das hat folgende Hauptursachen: (1) es gibt eine so große Zahl signifikanter Variablen, und (2) es ist, wollte man eine solche Auswahl durchführen, eine weit größere Anzahl von Patienten und Personal notwendig, als sie bisher meines Wissens irgendwo zusammenkommt. Als grobe Schätzung würde ich annehmen, daß zweihundert bis dreihundert laufend verfügbare und in anderer Hinsicht geeignete Patienten, von beiden Geschlechtern etwa gleich viel, notwendig wären, dazu bis zu einem Dutzend erfahrene Gruppenpsychotherapeuten. Die wissenschaftliche Prüfung von Vorzügen und Nachteilen verschiedener Auswahlprinzipien würde, selbst unter solchen Umständen, eine Aufgabe von vielen Jahren sein.

Unsere Gruppen sind in der Regel dem Geschlecht nach zu gleichen Teilen gemischt. Wir achten auf Faktoren wie Persönlichkeit, Alter, sozialer Status, Erziehungsniveau usw. Wo es nicht vermieden werden kann, daß ein Minoritätsstatus entsteht, sollte er wenigstens nicht auf irgendein isoliertes Individuum beschränkt bleiben. Von der Diagnose her bevorzugten wir heterogene Gruppen, denen psychotische oder Borderline-Fälle, nicht aber schwere Depressionen angehörten.

Wir beachten als Allgemeinprinzip: Wenn einige der erwähnten Faktoren stark differierten, sollte bei den anderen Faktoren Übereinstimmung herrschen. Wenn z. B. der soziale Status und das Alter beträchtlich variierten, dann sollte die Intelligenz gleichmäßig hoch sein oder, wenn eine Gruppe sowohl ledige wie auch verheiratete Frauen enthielt, sollte ihr sozialer Status und ihr Erziehungsniveau gleich sein, insbesondere, wenn das Alter weit auseinanderfiel.

Geschlossene Gruppen können besonderen Problemen entsprechend ausgewählt werden. Patienten mit Störungen wie eindeutige sexuelle Abweichung, Süchtigkeit oder Kriminalität können in solchen Spezialgruppen behandelt werden, wenn sie nicht in die übliche Gruppe ambulanter Patienten passen.

In unserer normalen therapeutischen Gruppe waren sich die Patienten untereinander fremd und hatten im gewöhnlichen Leben keine Verbindung miteinander. Sie waren angewiesen, sich außerhalb der Behandlungssituation nicht zu treffen, jedoch sollte diese Verhaltensvorschrift nach Möglichkeit auf einem Verständnis für die Gründe basieren. Das erreicht man am besten, wenn man diese und ähnliche Punkte früh aufgreift, sobald es sich in der Gruppe ergibt.

Ganz zum Unterschied dazu haben wir von Zeit zu Zeit ein kleines Netzwerk eng untereinander verbundener Patienten als geschlossene Kleingruppe behandelt. Ein derartiges Netzwerk ist gewissermaßen ein Geflecht gegenseitiger psychopathologischer Verstrickungen. Häufig korrespondiert es mit Familienbeziehungen.

Kontrollkonferenz. Hier wurde über alle Gruppen gesprochen. Sie fand einmal wöchentlich statt und dauerte zweieinhalb Stunden. Alle Ärzte, die an der Gruppenbehandlung beteiligt waren, trafen sich, um über ihre Gruppen zu berichten. Immer wieder besuchten uns im Laufe der Jahre prominente Kollegen aus dem In- und Ausland. Dringliche Schwierigkeiten, die sich ergeben hatten, wurden besprochen, aber im wesentlichen wurde jedesmal über ungefähr drei Gruppen extensiv berichtet. Hier wurde wiederum die praktische Arbeit als Unterrichtsgrundlage genommen. Fragen der Technik und der Handhabung standen im Vordergrund, es wurden aber psychopathologische und theoretische Probleme ausreichend diskutiert. Auf diese Weise konnten alle an den Erfahrungen in jeder einzelnen Gruppe teilhaben. Sie konnten zusätzlich ihr unterschiedliches Vorgehen vergleichen und vor allem, ihre Ansichten in einer lebendigen Diskussion austauschen. Es war ein echter Gruppenunterricht, an dem sich der Konsiliarius beteiligte. Dieser Aspekt soll später in Kapitel XV zusammen mit den Ausbildungsmethoden besprochen werden. Die Gruppendiskussion und die Gruppenanalyse der Arzt-Patient-Interaktion ist besonders wertvoll, einschließlich der Beobachtungen über das Verhalten in der Kontrollgruppe selbst.

Die Station in ihrer Arbeit

Es ist vielleicht nützlich, am Ende dieses kurzen Berichts festzustellen, welche Standardsituationen in dieser Station erlebt wurden.

(a) vom Patienten;
(b) vom Assistenten.

(a) Der vom Hausarzt überwiesene Patient wurde von einem Assistenten, den ein erfahrener Arzt beriet, untersucht. Dieser pflegte ihn dann in die psychotherapeutische Poliklinik zu schikken. Wenn er hier für Einzelbehandlung in die Vorauswahl kam, hatte er mit dem Senior-Psychotherapeuten nach einer Wartezeit von einigen Wochen eine Unterredung. Wenn er für diese Einzelpsychotherapie angenommen wurde, mußte er wieder bis zu sechs Monaten warten, bis ein Behandlungsplatz frei wurde. Schließlich lernte er den Arzt kennen, der ihn behandeln sollte. Die Sitzungen wurden sehr unterschiedlich festgelegt, aber im Durchschnitt wurde pro Woche eine Unterredung von 45 Minuten abgehalten. Wenn die Behandlung nicht innerhalb von sechs Monaten erfolgreich beendet werden konnte, wurde er einem anderen Arzt überwiesen oder seine Behandlung durch eine geeignete Gruppe ergänzt.

Falls ein Patient von vornherein für Gruppentherapie ausgewählt worden war, kam er zwei oder drei Wochen nach der Überweisung in die Einführungsgruppe. Wenn er nach dieser Prüfung als für Gruppenpsychotherapie geeignet eingeschätzt wurde, konnte er als Mitglied einer offenen Gruppe weitermachen, bis er, manchmal nach einer Unterbrechung, in die für ihn geeignetste geschlossene Gruppe, die zur Verfügung stand, kam. Manchmal mußte er warten, bis ein passender Platz frei wurde.

(b) Die Ausbildungserfahrungen des Assistenten waren vielfältig und intensiv. In den sechs bis neun Monaten seiner Tätigkeit auf der Station hatte er gewöhnlich etwa zwanzig Einzelpatienten zu behandeln. Bei dieser Arbeit wurde er jede Woche in einer Stunde, die eigens für ihn festgesetzt war, durch seinen Konsiliarius kontrolliert. Er hatte ein oder zwei Gruppen mit einer Durchschnittszahl von sieben Patienten zu leiten. Angeleitet wurde er in einer wöchentlichen Kontrollkonferenz, in der er mit Kollegen Erfahrungen austauschen konnte. Er hatte regelmäßig Gelegenheit zur Beobachtung aus erster Hand, indem er miterlebte, wie der Konsiliarius in der Einführungsgruppe vorging. In der darauffolgenden Planungskonferenz hatte er die Möglichkeit, diese Beobachtungen ausführlich zu besprechen. Zusätzlich hatte er Zugang zu dem gesamten Material und die Chance zum genauen Studium einer Vielzahl von Patienten, die während seines Aufenthaltes die Station durchliefen. Diese Möglichkeit besteht ansonsten in der Psychotherapie besonders selten. Er hatte ständig Gelegenheit zu diskutieren, aus den Erfahrungen der Kollegen zu lernen und aus ihrer Kritik und ihrem Umgang mit den Fällen und umgekehrt durch die kritische Bewertung ihrer Arbeit Nutzen zu ziehen. Die Hauptbetonung für die Behandlung lag durchweg auf den interpersonellen Beziehungen.

XV

Studium, Forschung und Lehre

Dieses Kapitel bezieht sich auf Methode und operatives Vorgehen der Gruppenanalyse, in erster Linie für Unterrichtszwecke, aber auch für die Forschung. Die Ambulanzstation, die der Hauptgegenstand des letzten Kaptiels war, befaßt sich mit alldem. Im Verlaufe dieses Kapitels nun möchte ich über einige Ergebnisse unserer Arbeit berichten, die zum Teil veröffentlicht wurden, während einige über das Anfangsstadium der Niederschrift nicht hinauskamen.

Lehre

Lernen und Psychotherapie haben vieles gemeinsam, insofern als in beiden Fällen eine Haltungsänderung wesentlich ist. Einige Autoren wie z. B. Dr. M. L. J. Abercrombie sprechen von fast völliger Übereinstimmung. Andere, wie etwa Professor N. Elias, der allerdings die gemeinsame Matrix der beiden Disziplinen anerkennt, hielt es für wichtig, gewisse Unterschiede zu betonen. Vielleicht ist es richtig, wenn man sagt, daß beide Disziplinen sich auf einer Skala bewegen, deren eines Ende der reinen Instruktion entspricht, während das andere Ende bedeutet, daß Lernen Ergebnis einer veränderten Haltung ist, die verlangt, daß die durch traditionelle Prägung und Konditionierung bedingten emotionalen Widerstände überwunden werden. Eine bestimmte Schule betrachtet den therapeutischen Prozess an sich als einen Lern-Prozeß.

Es ist sicher ganz richtig, daß in unserem besonderen Bereich, nämlich der Ausbildung zum Psychotherapeuten, beide Prozesse eng miteinander verbunden sind. Die Psychoanalyse hat seit langer Zeit anerkannt, daß der Hauptteil der Ausbildung des zukünftigen Psychoanalytikers seine eigene therapeutische Analyse ist. Man kommt auf dem Gebiet der Gruppenanalyse zu demselben Schluß. Es muß dabei vielleicht betont werden, daß dies selbst noch nicht genug ist. Erfahrung als Patient ist nicht alles, was der zukünftige Therapeut braucht. Er muß sich nicht nur als Therapeut in der therapeutischen Situation erleben können. Die Kenntnis der Erfahrungen der anderen Kollegen, sowohl aus eigener Beobachtung wie auch aus dem Studium der Literatur ist unerläßlich. Methode und Technik können gelehrt und müssen erlernt werden, ein gründliches theoretisches Gerüst ist wesentlich. Wir kommen daher auf die Tatsache zurück, daß eine psychotherapeutische Ausbildung notwendig ist. Meine Erfahrungen lassen einen stufenweisen Unterricht empfehlenswert erscheinen, gestuft nach dem Ausmaß, in welchem Psychotherapie in individueller Anwendung mehr und mehr dazukommt.

Mit anderen Worten, jede Situation, die mit Vorbedacht für ihren besonderen Zweck gewählt ist, trägt ihre Einschränkungen und Begrenzungen in sich. Diese Betrachtungsweise gilt gleichermaßen sowohl für den Unterricht in Einzel- wie auch in Gruppensituationen.

Gruppenunterricht fügt bestimmte, meist positive Faktoren bei, die mit spezifischen Faktoren parallel laufen, die die Gruppenpsychotherapie charakterisieren. Es ist sicher kein Zufall, daß ich zu diesen Folgerungen in erster Linie durch Beobachtungen kam, die ich sowohl in Therapie- wie auch in Lehrgruppen machte. Ich möchte zur Illustration hier über einige dieser Beobachtungen berichten.

Nachdem ich gebeten worden war, eine Anzahl von Psychotherapeuten in die Gruppenpsychotherapie einzuführen, wählte ich dafür die Gruppensituation. In einigen dieser Gruppen kam es früher oder später zu einer Spaltung zwischen denen, die explizit oder implizit nach mehr Therapie verlangten, und denjenigen, die den Anzeichen nach sich von einer allzu persönlichen Einbeziehung fernhalten wollten. Die beiden Parteien bewegten sich, von der Mitte der gleitenden Skala aus gesehen, in zwei entgegengesetzten Richtungen. Von der Zusammensetzung und der Absicht der Gruppe her gesehen, war es ganz klar, daß man unmöglich beide Tendenzen befriedigen konnte. Es mußte eine Integration gefunden werden. Damals wußte ich nicht, wie dies zu erreichen sei. Einige Jahre später erlebte ich dieselbe Aufspaltung in einer rein therapeutischen Gruppe, in welcher die eine

Partei, später die »Radikalen« genannt, beständig die andere Hälfte kritisierte, sie liefere sich nicht voll und restlos aus und wünsche nur soweit zu gehen, wie es notwendig sei, um die Kontrolle über die Situation behalten zu können. Anläßlich einer speziellen Sitzung, nachdem die Gruppe beendet worden war, verlangten die »Radikalen« von sich aus, noch ein Jahr mit mir weiterzumachen, was ich annahm. Nachdem sie die früheren Mitglieder, die als Projektionsschirme gedient hatten, verloren hatten, konnten sie diese Aufspaltung als etwas in ihnen selbst Bestehendes erkennen. Es ist interessant genug, daß sie diesen Konflikt nun nicht durch eine neue Aufspaltung der Gruppe ausdrückten, möglicherweise deshalb, weil sie nur fünf Mitglieder umfaßte. Ein anderer Ausdruck ihres Radikalismus bestand darin, daß sie verlangten, ich solle selbst persönlicher teilnehmen. Auch diese Bedingung akzeptierte ich, allerdings mit gewissen Einschränkungen, die mir notwendig schienen, damit kein direkter Schaden entstehe, denn es handelte sich um schwer gestörte Patienten. Ich sagte, daß ich mich nicht verpflichtet fühle, rein faktische Informationen, intime Einzelheiten meines Lebens betreffend, zu geben, nur um ihre Neugier zu befriedigen. Es war interessant zu erleben, daß sie, nachdem sie mich ein bis zwei Sitzungen lang in den Mittelpunkt gestellt hatten, alles Interesse an meinen persönlichen Angelegenheiten zu verlieren schienen und mich wieder in meine therapeutische Rolle einsetzten. Dieses Stück Analyse, das mich natürlich in Anspruch nahm und verwandelte, lehrte mich, daß die Aufspaltung zwischen den Radikalen und dem Rest teilweise das Ergebnis der Distanzierung des Leiters ist, insbesondere der Ausdruck eines Ressentiments gegen diese Haltung.

Seither habe ich gelernt, daß dieser Vorgang in milderer Form in jeder Gruppe wiederkehrt und daß er durch Analyse gelöst werden kann. Als Ergebnis dieser Erfahrungen in rein therapeutischen Gruppen war ich in der Lage, eine Antwort auf den entsprechenden Konflikt in Lehrgruppen zu finden, zu denen ich nun in Verbindung mit der Kontrollgruppe, in der dieses Problem ständig besteht, zurückkommen möchte. Ich möchte hier erwähnen, daß ich einmal Gelegenheit hatte, einige der praktischen Ärzte, die an einem der Seminare Dr. M. Balints an der Tavistock-Klinik teilnahmen, zu sprechen. Sie schilderten genau dieselbe Aufspaltung, in der Hoffnung, ich würde ihre

Vorstellung unterstützen, daß Dr. Balint sie nicht ausreichend »analysiere«.

Das Kontrollseminar

Das Gruppenkontrollseminar wurde auf der Grundlage der oben skizzierten Erfahrung geplant und durchgeführt. Es kann seiner eigentlichen Natur nach als Modell für die besonderen Probleme betrachtet werden, die die Ausbildung zum Therapeuten mit sich bringt. Obwohl für die Kontrolle und Ausbildung bestimmt, war es doch bis zu einem gewissen Grad auch eine therapeutische Erfahrung. Daß es so von den Ausbildungskandidaten verstanden wurde, zeigt eine Studie von George Stroh, über die jetzt berichtet werden soll.

Es wird hier gemeinsam mit Therapeuten, Beobachtern und Besuchern über den Fortgang aller therapeutischen Gruppen diskutiert. Der Vorteil, unter der Leitung des Konsiliarius voneinander zu lernen, wurde allgemein anerkannt – insbesondere weil jeder Teilnehmer sich in einer Anzahl von Rollen erleben konnte – als Leiter, Beobachter und als dritte Person. Das Besondere dieser Konferenz bestand darin, daß die gegenseitige Abhängigkeit der angestrebten Haltungsänderung sowohl des Therapeuten wie auch des Patienten hervortraten. Es war eindrucksvoll zu sehen, wie groß der Einfluß des jeweiligen Arztes auf seine Patientengruppe war. Ein Wandel in seiner Beziehung zur Gruppe, besonders ein Wandel auf unbewußter Ebene, konnte den Gang der Ereignisse in der Gruppe ändern. (Siehe Kapitel XII und XIII)

Derartige Gegenübertragungsprobleme spielten eine beträchtliche Rolle in unserem Kontrollseminar und waren um so eindrucksvoller, als sie von allen Anwesenden analysiert wurden.

Psychotherapie ist ein Teil einer »personalen Psychiatrie«: Sie kann nicht ohne Einbezogensein in wechselseitige Prozesse, die sowohl den Arzt, wie auch den Patienten erfassen, erlernt oder praktiziert werden. Wachsende Fähigkeiten und therapeutischer Fortschritt des Auszubildenden gehen Hand in Hand. Dieses Kontrollseminar war keine therapeutische Gruppe, das konnte es unter diesen Umständen nicht sein. Wir beschränkten vorsätzlich unsere Diskussion auf die Interaktionen zwischen dem Arzt und seiner Patientengruppe, den Beobachter nach Möglichkeit eingeschlossen. Bei Gelegenheit zogen wir auch Reaktionen innerhalb des Seminars selbst in Betracht. Eines war jedoch ein wichtiger Punkt: persönliche Schwierigkeiten wurden nur so weit – und wirklich nur so weit – aufgehellt, als sie die Funktion in einer der beiden Gruppen beeinträchtigten: nämlich die als Therapeut mit seinen Patienten und die als Teilnehmer am Kontrollseminar oder an der Staff-Gruppe. Private Probleme blieben unberücksichtigt. Dieses Beispiel kann das Prinzip illustrieren, daß in einer derartigen Situation die Grenzen zwischen persönlichen und unpersönlichen Aspekten sorgfältig gezogen und beachtet werden müssen. Die Funktion der Gruppe und die Aufgabe ihrer Mitglieder bestimmt so den Operationsbereich und seine Grenzen.

Zusammenfassend sei gesagt, daß unsere Ergebnisse zufriedenstellend waren, besonders was unsere Ausbildungskandidaten betrifft.

George Stroh[1] berichtete über seine eigenen Reaktionen als Therapeut in seinem Verhältnis zur Patientengruppe, wie sie sich in seinen eigenen Berichten im Kontrollseminar widerspiegelten. Er zeichnete die Wandlungen auf, die in ihm vorgingen in seiner Doppelrolle als Gruppenleiter und als Gruppenmitglied. Stroh hatte die Gewohnheit, sich Notizen über seine Gruppe zu machen, und er zeigte, wie diese Notizen durch seine eigenen unbewußten Motivationen beeinflußt waren und wie sich das unter anderem in der Art, wie er über sich selbst berichtete, ausdrückte. Bis zur zwanzigsten Sitzung hatte er seine Initialen benutzt, von der einundzwanzigsten an schrieb er »Therapeut«. In eben dieser Sitzung äußerte B ihre inzestuösen Wünsche gegenüber ihrem heranwachsenden Sohn. Es gab keine Anzeichen dafür, daß die Gruppe diese Eröffnung besonders beunruhigt hätte. Der Autor fährt fort: »Es scheint jedoch, daß es der Therapeut war, denn er bat im nächsten Seminar um unmittelbare Besprechung der Situation. Dabei wurde sein Interesse an den inzestuösen Gedanken seiner Patientin zunehmend klar. Er bat um detaillierte Angaben, wie er das Problem behandeln solle, und nach Beendigung des Seminars drang er auf eine weitere Diskussion mit dem kontrollierenden Konsiliarius. Der Konsiliarius wunderte sich, wieso der Therapeut das Thema so beunruhigend fand. ›Es ist

[1] »A Therapist's Reactions as Reflected in his Reporting on a Psychotherapeutic Group«, *Int. Journal of Group Psychotherapy,* Vol. 8, 4, 1958.

seltsam‹, war die spontane Antwort, deren Naivität einen stutzen ließ, ›ich habe meine Mutter jahrelang nicht gesehen‹.« Der Schreiber sieht selbst eine Verbindung seiner Gegenübertragungsreaktion mit der Tatsache, daß er erst einige Wochen vorher seine eigene Analyse bei einer Analytikerin begonnen hatte und mit der oben erwähnten Veränderung des Stils, über sich selbst zu berichten. Stroh bringt weitere interessante Beobachtungen über die charakteristische Art, in der diese Berichte geschrieben wurden und über seine Identifizierung mit der Patientin, die, wie man erwartet hätte, zum Teil seine Übertragungssituation in seiner eigenen Analyse widerspiegelte und zum Teil die in der Kontrollgruppe. Es ist vielleicht erwähnenswert, daß die meisten Ärzte, obwohl sie nicht dazu aufgefordert wurden, Protokoll führten, was ihre Unsicherheit ausdrückte. Ich selbst rate davon ab, während der Sitzung Notizen zu machen, obwohl es manchen Anfängern schwerfällt, darauf zu verzichten.

R. C. A. Hunter von der McGill Universität in Montreal schreibt unter dem Titel *Unterrichten oder behandeln* über die »Lebensgeschichte einer Kontrollgruppe«[2], die nach den Richtlinien einer Kontrollgruppe von Maudsley geführt wurde, wo Hunter Mitglied gewesen war. Sie gründete sich auf eine dreijährige Erfahrung mit Kontrollgruppen, drei mit Medizinalpraktikanten und eine mit Schwestern der Psychiatrie. Es wurde zu aktiver Teilnahme aller Mitglieder angehalten und eine autoritative Atmosphäre vermieden. Einzelne Übertragungen gegenüber dem Therapeuten wurden nicht unmittelbar interpretiert, vorausgesetzt sie behinderten nicht den Fortschritt der Gruppe als Ganzes. Trotz des vollständigen Wechsels in der Zusammensetzung konnte Hunter bestimmte Phasen beobachten, die regelmäßig in jeder dieser Gruppen wiederkehrten. Zuerst pflegte eine Initialperiode von Widerstand und Hemmungen aufzutreten, die in verschiedener Weise rationalisiert wurden, mit zögernden Fragen und allen Zeichen großer Vorsicht. Diese Periode dauerte zwischen sechs und neun Wochen. Dann flaute sie ab. Eine Erstorientierung hatte sich vollzogen.

Auf diese Periode folgte eine Welle verstärkten Widerstandes. Man suchte eifrig nach Fehlern. Wobei der Schwerpunkt primär auf den mit der Arbeit verbundenen Begleiterscheinungen und

[2] Unveröffentlichte Mitteilung.

Hindernissen lag als auf der Arbeit selbst. Die Gruppenleiter hatten Angst, sich für ihre Arbeit zu engagieren. Alles Bemühen, die Besorgnisse zu zerstreuen, half wenig gegen die Flut dieser Kritik, sie dauerte trotzdem an. Wenn der Leiter der Kontrollgruppe versuchte, sich mit ihr auseinanderzusetzen, dann mußte er bald feststellen, daß neue Einwände an ihren Platz traten, während er selbst zum Gegenstand der Feindseligkeit der Gruppe wurde, wenn er milde war, oder der Abhängigkeit, wenn er streng war.

Der Leiter gab dann eine Interpretation, indem er das ständige Klagen aufgriff und darauf hinwies, daß sich hinter diesem vielleicht andere Probleme verbergen. So kam heraus, daß diese Nörgelei tatsächlich eine Abwehr gegen unangenehme subjektive Einstellungen der eigenen Arbeit gegenüber war, vorwiegend ein Ausdruck des Gefühls, ihr nicht gewachsen zu sein. Es kam weiterhin heraus, daß diese Lernenden sich in ihrer Patientengruppe bereitwillig hatten blamieren lassen und nun versuchten darüber hinwegzukommen, indem sie ihren Ärger in der Kontrollgruppe abluden. Hunter beobachtete auch, daß diese Ereignisse sich in der Gruppe wesentlich häufiger abzeichneten als in der Einzelsituation.

Einige Zeit später, gewöhnlich acht Monate nach Beginn der Kontrollgruppe, wurden differenziertere Argumente, die Gruppentherapie betreffend, vorgebracht. Die Mitglieder verhielten sich nun so, als seien sie reifer geworden und bereit, ihre eigenen Meinungen zu äußern. Eine genauere Erforschung, die manchmal mehrere Stunden andauerte, ergab, daß sich die Gruppe aufspaltete in diejenigen, die die Gruppentherapie für nutzlos hielten, und diejenigen, welche im Gegensatz dazu dieser Behandlungsart magische Kräfte zuschrieben. Aktuelle Gruppenprobleme, mit denen jeder Teilnehmer bei dieser wöchentlichen Arbeit konfrontiert war, wurden übergangen. Statt dessen war man der Meinung, daß derartige Schwierigkeiten zum Aufgabengebiet der Forschung und der Gruppendynamik gehören.

Dr. Hunter beschreibt interessanterweise dieselbe Aufsplitterung, die oben geschildert wurde. Während der letzten zwei oder drei Monate dieser Gruppe, die das Ausbildungsjahr beendeten, machten die Kandidaten allerlei Vorschläge, so z. B. die Kontrollgruppe aufzugeben, das ganze Gruppenprogramm überhaupt nicht mehr fortzusetzen, *die Kontrollgruppe in eine freie therapeutische Gruppe umzuwandeln* (von mir hervorgehoben). Das Folgende wird in größerer Vollständigkeit wiedergegeben, da es viele charakteristische Probleme so gut kennzeichnet.

Offene persönliche Schwierigkeiten in der Gruppenarbeit zeigten sich, indem etwa ein Arzt erklärte, die Gruppentherapie sei nutzlos, aber vielleicht in der Kontrollgruppe herausplatzte: »Ich kann es nicht aushalten, alle diese offenen Mäuler zu sehen. Es regt mich auf, sie um mich herum zu haben.« Ein anderer Arzt bat um eine private Unterredung mit dem Instruktor und wünschte, von der Gruppenarbeit wegen seiner großen Schüchternheit dispensiert zu werden. Es schien, daß oral-sadistische Gier auf die Gruppe projiziert und daß das Bedürfnis der Gruppe nach oraler Abhängigkeit als unerträglich empfunden worden war. Besondere Zuneigung zur Gruppe war gleicherweise durch unbewußte persönliche Motive bedingt. »In einem Falle bemühte sich die Gruppenleiterin sehr, den Ansprüchen der Gruppe nach Information, Führung, Gunst usw. entgegenzukommen, solange diese zeigte, daß sie sie schätzte. Jedes Zeichen von Aufruhr oder Undankbarkeit jedoch wurde unbarmherzig beantwortet, so daß die Patienten ihre Feindseligkeit ausdrückten, indem sie nach ein bis zwei Monaten wegblieben. Es wurde retrospektiv erkannt, daß der große Wechsel an Patienten, der ihre Gruppe charakterisiert hatte, mit der Grundhaltung der Leiterin zusammenhing.«

In einem anderen Beispiel flüchteten sich die Ärzte in die Gruppensituation, um dem engen Kontakt in der Psychotherapie mit Einzel-Patienten auszuweichen.

Dr. M. L. J. Abercrombie (M. L. Johnson) hat auf dem Gebiet der Auswahl von Medizinstudenten und Lernenden Pionierarbeit ersten Ranges durch freie Gruppendiskussion geleistet. Sie hat die Faktoren untersucht, welche das wissenschaftliche Urteil und die Forschung beeinflussen. Sie hat die Gruppenmethode als ein Instrument für Diagnose und Lehre in wissenschaftlich kontrollierten experimentellen Situationen benutzt. Eine Schilderung ihrer Arbeit findet sich in ihrem Buch *The Anatomy of Judgement: An Investigation into the Processes of Perception and Reasoning,* Hutchinson 1960, gefunden werden. Dr. Abercrombie ist sich der Wesensverwandtschaft zwischen diesen Lehrmethoden und den Prozessen, die in therapeutischen Gruppen vor sich gehen, tief bewußt. Sie hat stets bekannt, wie viele Erfahrungen sie der gruppenanalytischen Psychotherapie verdankt. Ihr Werk ist ein wichtiger Beitrag für die wissenschaftliche Anwendung der gruppenanalytischen Prinzipien. Ihre *Theorie der freien Gruppenassoziation* analysiert sehr klar den selektiven Charakter des Lehr- und Lernprozesses und zeigt die beständige Interaktion zwischen Information und Haltung. Sie stellte ihre Methode an einer Gruppe von Müttern dar und konstatiert: »Das Ziel der freien Gruppendiskussion ist es, Bedingungen herzustellen, in denen sie bewußt ihre ganze Voreingenommenheit in einer Situation erkennen, in welcher es möglich ist, sie zu untersuchen und zu modifizieren.«[3]

Aus dem Gesagten geht hervor, daß wir eine Haltung empfehlen, indem wir diese praktizieren. Es scheint, daß die beste Haltung für den Psychotherapeuten auch die beste für den Wissenschaftler ist – wir möchten sie die analytische Haltung nennen.

Studium

Die Station im Maudsley Hospital war so organisiert, daß Lehren und Lernen, Forschung und Studium Teile der laufenden klinisch-therapeutischen Funktion der Station waren. Daher hatten wir Gelegenheit, viele Probleme im lebendigen Ablauf zu studieren. Gelegentlich, wenn das Material es verlangte oder ermöglichte, wählten wir Gruppen speziell zum Studium bestimmter Probleme aus. Ich will einige der wichtigsten aufzählen. Die hier referierte Arbeit wurde im wesentlichen als Teil der klinischen Funktion der Station geleistet. Es sollen aber auch Arbeiten von Mitgliedern der Londoner Gruppenanalytischen Gesellschaft berücksichtigt werden.

Wir wollen mit den Arbeiten beginnen, über die ausführlicher berichtet wurde und die entweder veröffentlicht wurden oder werden sollen.

An erster Stelle steht eine Ehepaargruppe – eine Gruppe von vier Ehepaaren – die von Dr. D. C. Maddison[4] begonnen und von Dr. W. J. Stauble fortgeführt wurde. In dieser Gruppe war einer der beiden Partner – Mann oder Frau – als ursprünglicher

[3] »Theory of Free Group Diskussion«, *Health Education Journal*, 3, Vol 11, 1958.
[4] Nun Professor der Psychiatrie an der Universität Sidney.

Patient an uns überwiesen worden. Da in ihrer Neurose Eheprobleme eine große Rolle spielten und eine Schlüsselposition einzunehmen schienen, luden wir den anderen Partner zur Teilnahme an einer Gruppendiskussion ein. Die erste interessante Beobachtung bestand darin, daß es nach allgemeiner Übereinstimmung nach einigen Sitzungen unmöglich war zwischen dem ursprünglichen Patienten und dem eingeladenen Partner zu unterscheiden. Dr. Stauble berichtete über diese Gruppe.[5] Vom Standpunkt therapeutischer Hilfe war der Eindruck eindeutig günstig. Stauble faßt seine eigenen klinischen Eindrücke folgendermaßen zusammen: ». . . daß die Ehen von der dreißigsten Sitzung an relativ harmonisch waren«. Dann wurde er mit dem Dilemma konfrontiert, daß eine Weiterentwicklung behindert wurde durch die Gefahr »die ehelichen Bindungen zu sprengen« und durch die Neigung, die natürliche Paarbildung in der Gruppe (*pairing*) als Abwehr zu benutzen. Dieses Ergebnis war durchaus zu erwarten. Das auffallendste Kennzeichen dieser besonderen Gruppe bestand darin, einerseits eine natürliche oder Primärgruppe, repräsentiert durch jedes Ehepaar, und andererseits eine Gruppe von Fremden zu sein. Sie war sozusagen eine Gruppe von vier Einheiten, von denen jede ein Ehepaar war. Die Tatsache, daß wir die Möglichkeit nutzten, den Partner des Ehekonfliktes in dieselbe therapeutische Situation zu nehmen, erwies ohne Zweifel, daß die individuelle Neurose unmöglich ohne Verbindung mit mindestens einem Vertreter des psychologischen Netzwerkes der Störung ganz verstanden oder ganz behandelt werden kann.

Diese Gruppe hat daher zum Teil die Charakteristika eines primären Netzwerkes, die durch das Paar repräsentiert werden, und der analytischen Gruppe, die aus Fremden gebildet wurde, die sich gegenseitig als Übertragungsobjekte dienen. Das bedeutet, daß die Partner eines Paares außerhalb der therapeutischen Gruppe miteinander sprechen und aufeinander einwirken. Bei einer rein analytischen Gruppe, die sich aus vier Männern und vier Frauen zusammensetzt, würde eine derartige Situation nur dann entstehen, wenn sie alle wegheiraten und Ehepaare werden würden. Die Einschränkungen ergeben sich aus diesen Voraussetzungen und auch aus der Tatsache, daß ein gemeinsames Pro-

[5] »Treatment of Married Couples by Group Analysis«, *Proceedings of the Third World Congress of Psychiatry Montreal,* 1961

blem, der Ehekonflikt, in den Mittelpunkt gestellt wird. Wie schon an anderer Stelle gezeigt wurde, steigert eine solche Voraussetzung den therapeutischen Prozeß und läßt eine relativ kleine Stundenzahl (in diesem Fall nur dreißig) therapeutisch sehr wirkungsvoll werden, schränkt aber auch das analytische Eindringungsvermögen ein. Dies gilt für alle Gruppen, die auf Grund besonderer Probleme oder Situationen zusammengestellt wurden. In der besprochenen Gruppe ist dies ein zusätzlicher Grundfaktor, der genau zu dem erwarteten Ergebnis führte. Es ist gerade das gemeinsame Problem, das diese Wirkung hervorbringt. Wenn wir z. B. eine Gruppe von Fremden, die keine primäre Beziehung zueinander haben, für die Behandlung eines Problems zusammenbringen, z. B. Mütter, deren Kinder in Behandlung sind, in einer *Childs guidance clinic,* dann wird das denselben Effekt haben, nämlich, daß die Gruppe kohärenter, hilfreicher, lebendiger, aber in ihrem analytischen Rang eingeschränkt wird. Das gemeinsame Thema wird im selben Ausmaß die Aufgeschlossenheit für andere Themen beseitigen und Interaktionen den Weg bahnen.

Diese Gruppe ist für solche Ehepaare nützlich, die ihre Ehe nach Möglichkeit aufrechterhalten wollen. Sie bietet sich weniger an, wenn der Weg zu einer Trennung offen gehalten werden und eventuell jeder Partner in die Lage versetzt werden muß, ein neues Leben unter geringeren neurotischen Bedingungen zu finden.

Zwei verschiedene Gruppen von sexuell Devianten wurden durch den verstorbenen Dr. Rosenthall bzw. durch Dr. J. Guild geführt. Einige Erfahrungen von Dr. Rosenthall habe ich bei anderer Gelegenheit wiedergegeben, um interessante Interaktionen zwischen dem Therapeuten und der Gruppe der Devianten zu zeigen. Diese Beobachtungen basierten auf persönlichen Mitteilungen, die ich von ihm hatte. Ich habe keine Unterlagen über die Erfahrungen von Dr. Guild und weiß auch nicht, ob er selbst welche hat. Es ist erwähnenswert, daß meiner Erinnerung nach in seiner Gruppe sehr heftige Reaktionen und Interaktionen dieser psychopathischen Mitglieder vorhanden waren und daß erwartungsgemäß sehr viel ausagiert wurde. Es bleibt der Eindruck, daß genügend Erfahrung mit der Leitung einer solchen Gruppe sowie ausreichend Zeit und die nötigen Voraussetzungen für ein gruppenanalytisches Vorgehen ein wirkungsvolles

Mittel für Studium und Behandlung dieses Menschentyps sind.

Glücklicherweise haben wir einen schriftlichen Bericht über die Arbeit, die Miss Ethel Perry an der Portman-Klinik leistete. Ihr Aufsatz erschien in der *Internationalen Zeitschrift für Gruppenpsychotherapie.*[6] Sie bezieht sich auf die Behandlung von aggressiven jungen Delinquenten in Familiengruppen. Die Einzelheiten dieses hochinteressanten klinischen Berichtes mag der Leser dem Original entnehmen. Miß Perry definiert ihren Standpunkt so: »Ich sehe vor allem das Individuum in der Gruppe, auch dann, wenn die Mitglieder gemeinsam handeln. Ich berücksichtige die Psychodynamik, die jedes Mitglied zum Gruppenverhalten beisteuert. Mich interessieren die individuellen Ziele, die durch Teilnahme an den Beschäftigungen, den Aktionen und Einstellungen der Gruppe erreicht werden sollen. ... Notizen, die die Gruppe betreffen, habe ich nur bei einigen Sitzungen gemacht. Wir machen uns hingegen regelmäßig Notizen über die einzelnen Fälle, in denen jede Erkenntnis, die über das Innenleben gewonnen wurde, ebenso festgehalten wird wie auch Beziehungen und Haltung der Einzelnen in der Gruppensitzung, sei es nun Teilnahme oder Isolierung.« Indem Miß Perry das Konzept des Autors vom »sozialen« und »interpersonellen« Unbewußten anführt, stellt sie fest »Meiner Ansicht nach ist das soziale oder interpersonelle Unbewußte der entscheidende dynamische Faktor, der sowohl die Beziehungen innerhalb der Gruppe wie auch das Entstehen des Individuums aus der gemeinsamen Matrix der Gruppe bestimmt«, und später »... die ontogenetische Rekapitulation dieses Prozesses der Entstehung des Individuums aus der gemeinsamen Matrix der Gruppe ist die Geschichte der sozialen Entwicklung jedes einzelnen Kindes. Die therapeutische Familiengruppe beleuchtet diesen Prozeß auf geradezu faszinierende Weise. Man kann tatsächlich einen Wachstumsrhythmus feststellen, bei dem ein Individuum, das schon seine Eigenständigkeit empfindet, in die Gruppe eintaucht, um die Beziehungen zu seinen Kameraden mehr zu stärken, dann diese wiederum als gestärktes Individuum verläßt, das bereit ist, neue Aspekte seiner selbst zu erproben, und dann erneut mit seinem stärkeren Ich in die Gruppe eintaucht und dort emotionale Wurzeln schlägt.

[6] *International Journal of Group Psychotherapy,* Vol. V, 2, April 1955.

In einer derartigen Gruppe erkennt man, welchen Stellenwert eine Regression hat, wenn sie durch Neuverteilung der Libido einer progressiven Entwicklung dient. Das dauernde Zusammenspiel der progressiven und regressiven Kräfte zwischen der Welt der Phantasie und der äußeren Realität führt zu klarerer Abhebung und gegenseitiger Aussöhnung. Narzißmus und Objektliebe halten sich im Kind das Gleichgewicht, dessen Potential einer gesunden Entwicklung zur Verfügung steht.« Der Bericht von Miß Perry ist nicht nur ein Beitrag zur Gruppenanalyse von Kriminellen, sondern gleichzeitig auch ein Kommentar über Kindergruppen.

In diesem Zusammenhang sei die Arbeit von Dr. Anthony mit Kindern und Adolescenten erwähnt, die er in dem Buch *Group Psychotherapie* beschrieben hat.

Ebenfalls erinnert man sich an Dr. Anthonys Gruppe von aggressiven Müttern. Diese Arbeit stand in engerem Zusammenhang mit meiner Station. Ich weiß nicht, ob sich das Interesse von Dr. Anthony in dieselbe Richtung bewegte, wie ursprünglich von mir vorgesehen. Damals waren mir einige Mütter aufgefallen, die *bewußte* Todeswünsche und manifeste Mordimpulse gegenüber ihren Kindern hatten. Diese Impulse wurden nicht unterdrückt oder maskiert und auch nicht durch Zwangsgedanken ausgedrückt, sondern durch den Wunsch, ihre Kinder loszuwerden, sie aus dem Weg zu räumen, woran ihr bewußtes manifestes Selbst Anteil hatte. Sie gaben zu, sich über den Tod eines ihrer Kinder gefreut zu haben. Dieses Syndrom beeindruckte mich sehr. Ich muß gestehen, daß ich das Auftauchen einer solchen Einstellung in das offene Bewußtsein, als ich-syntone Haltung sozusagen, für einen Ausdruck zunehmender Demoralisierung unserer ganzen Kultur unter dem Eindruck von zwei Weltkriegen und nach der Ermordung von buchstäblich Millionen unschuldiger Menschen hielt. Wir wissen als Psychoanalytiker, daß die Beziehung einer Mutter zu ihrem Kind mehr oder weniger Feindseligkeit sowie Zerstörungswünsche als fast normalen Bestandteil enthält, der gewöhnlich der Tendenz zur Verneinung unterliegt. Ich hoffte, daß eine Gruppe solcher Mütter viel von der Psychopathologie dieses speziellen Syndroms zeigen müssen. Ich konnte aber nicht erkennen, daß die Arbeit von Dr. Anthony eben diesen Weg ging. Soweit ich mich an Hand seines späteren Berichtes erinnere, kam er mehr zu einer Differentialdiagnose dieses Typs von Müttern, dem er auch die besser bekannten zwanghaften und depressiven Störungen zurechnete. Später unternahm Dr. Kreitman unter meiner Kontrolle ein gruppenanalytisches Studium dieser Gruppe. Soweit ich mich an die Kontrolle erinnere, machten die Mütter einen sehr gestörten Eindruck, im Sinne einer sehr ungünstigen Persönlichkeitsentwicklung. Die Regression, die in der Gruppe von Dr. Kreitman vorherrschte, drückte sich auch in der Art und Weise aus, wie die Gruppe die Mutterimago repräsentierte, ja, sie als den Uterus der Mutter, der die ungeborenen Kinder enthält, ansah. Es beeindruckte mich, auf welch tiefer Stufe diese Gruppe reagierte, als ein Mitglied auf den Gedanken kam, auszuscheiden, was die Mütter als einen traumatisierenden Trennungsakt im Sinne des Geborenwerdens empfanden. Diese Mütter kehrten unbewußt die Gegebenheit um: in ihrer Haltung gegenüber ihren Kindern waren sie dem Haß und dem Neid ausgeliefert, den sie selbst in den frühesten Lebensmonaten gegenüber ihren eigenen Müttern empfunden hatten.

Dr. J. Guild, den ich schon erwähnte, ging couragiert an die Behandlung einer anderen experimentellen Gruppe von paranoiden Patienten. Einige der sechs Mitglieder waren ausgeprägte paranoide Fälle mit aktiver Schizophrenie, andere hatten zum mindesten ein manifestes paranoides Syndrom. Es fällt mir auf, daß wir den paranoiden Mechanismus so gut verstehen können, obwohl wir zur gleichen Zeit ihm gegenüber machtlos sind. Ich hoffe, daß auf diese Konfiguration und Konstellation durch die Untersuchung interpersoneller Interaktion anstelle reiner Selbstbeobachtung, insbesondere hinsichtlich der therapeutischen Möglichkeiten, mehr Licht fallen wird. Meine eigenen Erfahrungen bei der gelegentlichen Behandlung solcher Patienten in gewöhnlichen analytischen Gruppen gehen in diese Richtung. Die Idee war, das gesamte ausgebaute paranoide Syndrom zur Interaktion zu bringen, da es durch einige Individuen repräsentiert werden konnte. Das Material war faszinierend und eindrucksvoll. Das Resultat beeindruckte, soweit man überhaupt von klinischer Erfahrung in der Kontrolle, wenn man keinen direkten Kontakt mit den Patienten hat, sprechen kann. Während diese Gruppe der Hälfte der Teilnehmer beträchtlich half, schien sie bei mindestens zweien den psychischen Zustand zu verschlimmern. Die Gruppe bestand ungefähr zwei Jahre lang bei wöchentlichen Sitzungen. Eine erfolgreiche Behandlung hätte möglich sein müssen, wenn die Umstände eine Fortsetzung erlaubt hätten.

Bei meiner letzten Darstellung eines derartigen Problems muß ich mich wieder auf meine Erfahrungen bei der Kontrolle beziehen. Es handelte sich um eine Gruppe, die von Dr. R. B. Sloane, jetzt Professor in Kingston (Ontario), geleitet wurde. Ich regte an, jene Patienten zu beobachten, die als Dauerpatienten jahrelang im Krankenhaus hängengeblieben waren und längere und kürzere Behandlungszeiten einschließlich Psychotherapie der einen oder anderen Art erlebt hatten. Er fand eine Anzahl von Personen dieses Typs in der Anwesenheitsliste. Es stellte sich heraus, daß es sich vorwiegend um Frauen handelte. Ich kann nur hoffen, daß Dr. Sloane noch Zeit finden wird, mit Hilfe seiner Notizen oder aus dem Gedächtnis über diese Gruppe zu berichten. Da dies bisher nicht geschah, will ich einige der hervorstechenden Kennzeichen beschreiben. Die Gruppe bestand aus neun Frauen, denen mitgeteilt wurde, daß diese Behandlung die letzte ihrer Art in dem betreffenden Krankenhaus sei. Sie erfuhren, daß Dr. Sloane neun Monate lang mit ihnen in wöchentlichen Sitzungen arbeiten konnte. Sie wurden nun analysiert, besonders um eine Erklärung zu finden, was sie veranlaßte, sich dauernd behandeln zu lassen, ohne daß eine Heilung erkennbar war. Sie gehörten weitgehend zum selben Typus und hatten viele gemeinsame psychopathologische Merkmale. Bei allen entwickelte sich die Neurose aus einer Situation frustrierter Liebe, die sie in der Behandlung mit ihren Ärzten neu arrangieren konnten. Ödipale und präödipale Phantasien lohnten sich durchaus in der therapeutischen Situation, in der sie sich ständig wieder etablieren konnten. In dieser Beziehung glichen sie anderen Patienten in der Übertragung. Von allen diesen Frauen konnte man sagen, daß sie an die hoffnungslose und verzweifelte Bindung gegenüber dem unerreichbaren inzestuösen Liebesobjekt fixiert waren. Blind und zwanghaft wiederholten sie diese Situation. Als eines der auffälligsten Merkmale erwies sich die Gegenübertragungssituation, die sie wieder und wieder trotz der unterschiedlichen Persönlichkeiten der einzelnen Ärzte hervorrufen konnten. Sie waren eine lebendige Illustration dafür, wie sehr die Neurose des Patienten mit der des Therapeuten in Interaktion ist. Der Patient ist sozusagen der Spezialist für seine besondere Methode im Umgang mit der therapeutischen Situation. Darin ist er geschickter als der Arzt, besonders wenn man bedenkt, daß diese Ärzte nicht besonders ausgebildet oder erfahren im Umgang mit derartigen Situationen waren. Es gelang Dr. Sloane, diesen circulus vitiosus ein für allemal zu durchbrechen, so daß bei Beendigung der Gruppe nur eine Patientin weiterbehandelt werden mußte. Dies geschah mit sehr gutem Erfolg und bestätigte Dr. Sloanes Prognose. Das besondere Merkmal, durch das sich diese Patienten vom üblichen Ablauf, von den Patienten, die mit mehr Erfolg von der therapeutischen Beziehung entwöhnt werden können, unterschieden, bestand darin, daß die tabuierte Situation allzugut in ihre Neurose paßte und damit in gewissem Sinne ihre tiefsten Wünsche und Enttäuschungen in masochistischer Weise erfüllt wurden. Man muß vermuten, daß sie viele Schwestern haben, die von einen zum anderen Analytiker oder Psychotherapeuten gehen, oder, wenn er dies zuläßt, ein halbes Leben und länger auf einem einzigen fixiert bleiben. Es erübrigt sich fast der Hinweis auf die Wichtigkeit systematischer Studien für den Nachweis, daß viele psychoanalytische Behandlungsfälle zu der riesigen Zahl chronischer Patienten in Ambulanzen und Pflegeheimen gehören. Diese zeigen uns eine andere Methode, ihr Problem zu lösen, indem sie dem Bedürfnis des Patienten nach ständigem Kontakt entgegenkommen. Es wäre interessant, zu wissen, ob dieses Experiment von Dr. Sloane, das ich angeregt und unterstützt hatte, wirklich die Probleme einiger Patienten lösen konnte, so daß sie nun keiner weiteren Unterstützung mehr bedurften. Leider konnte ich die Fälle nicht weiter verfolgen.

Netzwerk-Studien

Ich habe in diesem Buche wiederholt auf mein Konzept eines Netzwerkes hingewiesen – auf das multipersonale Netzwerk von Interaktion und Interkommunikation, das der eigentliche Ort der neurotischen Störung ist. Wir hatten zu verschiedenen Malen, wenn auch in bescheidenem Ausmaß, Gelegenheit, vom Netzwerk aus vorzugehen. Allerdings konnten wir nur einen kleinen Teil eines solchen Netzwerkes für begrenzte Zeit behandeln. Trotzdem zeigten die verschiedenen Beispiele, die wir studieren konnten, überzeugend die praktische Bedeutung, die, vom theoretischen Interesse abgesehen, ein derartiges Vorgehen potentiell hat und nach meiner Auffassung mehr und mehr haben wird. Ich kann hier diese Beobachtungen nicht wiederholen. Das Material wurde zum Teil von George Hogle und V. Cohen und in einer Arbeit von David C. Maddison (*International Journal of Group Psychotherapy*) mit dem Titel »Integrierte Therapie von Familienmitgliedern, ein Fallbericht« veröffentlicht. Es geht dabei um die kombinierte Behandlung einer Mutter und ihrer Tochter, wobei der Vater nur aus dem Hintergrund beobachtet wurde. Die Ergebnisse waren interessant und positiv, sie kennzeichnen sehr gut dieses Vorgehen in der einfachsten Form, in einer geschlossenen Familieneinheit, wodurch diese Arbeit sich mit der systematischen Familientherapie, die Ackerman u. a. neuerdings befürworten, berührt. Diese Arbeit und die Kommentare von Maddison sprechen für sich selbst. Ich bezog mich in neuerer Zeit auf Erfahrungen, die auf den aktuellen Einfluß des Netzwerkes – nicht nur der Familie – auf die aktuellen psychopathologischen und psychotherapeutischen Prozesse ein Licht werfen. Der Einfluß des Netzwerkes konnte an seinen indirekten Wirkungen, durch die Interferenz mit der vor sich gehenden Therapie, gezeigt werden. Diese Erfahrungen kann jeder machen, der Patienten behandelt, insbesondere wenn er Psychotherapie treibt – auch wenn er nicht primär an Gruppenpsychotherapie interessiert ist. Durch die veränderte Orientierung kann man diese offenbar äußerlichen, zusätzlichen und zufälligen Einwirkungen und Reaktionen in anderem Lichte sehen und sie klarer als einen unvermeidlichen und wichtigen Teil jeglicher Behandlungsdynamik erfassen. Das systematische Studium solcher auf die Familie beschränkten oder auch weitergefaßten Netzwerke könnte uns eine Menge über Genese, Prognose und Behandlung aller pathogenen Zustände lehren, mit denen wir umgehen müssen, sowohl in der Medizin und Psychiatrie wie auch vor Gericht, bei der Erziehung usw.

Forschung

Wir müssen uns auf die wissenschaftlichen Beiträge der Mitglieder der Gruppenanalytischen Gesellschaft London beschränken, bzw. auf Arbeiten, die explizit mit dem gruppenanalytischen Vorgehen verbunden sind. Es soll auch auf einige noch nicht veröffentliche Arbeiten Bezug genommen werden. Viele Kollegen, die auf diesem Gebiet arbeiten, benützen gruppenanalytische Konzepte, scheinen sich aber dessen manchmal nicht bewußt zu sein.

Der Arbeit von Mrs. M. L. J. Abercrombie gebührt der erste Platz, nicht nur, weil sie eines der Gründungsmitglieder der Gruppenanalytischen Gesellschaft war, sondern auch wegen der einmaligen Verdienste, die sie sich in Verbindung mit der Ausbildung von Medizinstudenten erwarb. Mrs. Abercrombie erkannte früh die Bedeutung therapeutischer Gruppenerfahrungen für ihr spezielles Interessengebiet und kam durch sie zu wichtigen Erkenntnissen. Ihr wurde die gegenseitige Abhängigkeit wissenschaftlicher und therapeutischer Arbeit und die Abhängigkeit dieser beiden von persönlichen Problemen klar. Mrs. Abercrombie erkannte, daß sie, wenn sie mehr über Gruppen und über sich erfahren wollte, am besten an einer therapeutischen analytischen Gruppe selbst teilnahm. Sie hatte den Mut, diese Erkenntnis zu verwirklichen.

Nach zehn Jahren Forschung hat Mrs. Abercrombie ihre Resultate in einem Buch verarbeitet: *The Anatomy of Judgment, an investigation into the processes of perception and reasoning,* 1961 bei Hutchinson in London veröffentlicht. Wir können hier nur einige der Hauptpunkte wiedergeben, soweit sie sich auf Gruppenerfahrungen beziehen. Die vielen Informationen, die uns durch unsere Sinnesorgane erreichen, sind einem Selektionsprozeß unterworfen. Sie werden auf der Grundlage früherer Erfahrung gedeutet und zur Voraussage der näheren oder ferneren Zukunft benutzt. Das ist mit *judgment* (Urteil) gemeint. In der Wissenschaft wird diese Erfahrung organisiert: »Es schien, daß wissenschaftliche Denkweisen nicht automatisch aus dem Erlernen wissenschaftlicher Fakten entstehen und daß ein gründlicheres Vorgehen in der Ausbildung notwendig war« (S. 15). Mrs. Abercrombie bestätigt die Erkenntnisse der Gestaltspsychologie, wonach unsere Information vom Kontext (der Gesamtsituation) abhängt. Sie stellt fest, daß unsere Erfahrung durch sogenannte Schemata bedingt ist, die unseren früheren Erfahrungen entsprechend organisiert sind. Diese Schemata, die man grob mit »Komplexen« vergleichen könnte, werden sehr früh im Kontakt mit der Mutter aufgebaut. Kultur wird hiermit vorwiegend nicht verbal und anonym übertragen. Dadurch wirken die alles durchdringenden Grundannahmen fast ohne Wahrnehmung. Ganz organisch kam Mrs. Abercrombie zu einer Unterrichtsweise durch Diskussion in kleinen Gruppen. Sie erkannte, daß durch das Studium der unterschiedlichen Interpretationen in Gruppen diese umfassend wichtigen Schemata verändert werden konnten. Das war jedoch nicht ohne Kampf möglich. Mrs. Abercrombie spricht eine der Grundwahrheiten jeder Gruppenpsychotherapie aus, wenn sie feststellt: »Nur dadurch, daß wir sehen, wie wir anderen Menschen gleichen und wie wir uns von ihnen unterscheiden, verstehen wir uns« (S. 58). In solchen Gruppen werden Schemata mit Hilfe verbaler Kommunikation verglichen. Die Studenten waren sich der alten Schemata, deren sie sich bedienten, nicht bewußt. »Das Lernen in einer freien Gruppendiskussion ist ein Prozeß der Identifizierung durch ein Verbalisieren der Assoziationen, die die Schemata verbinden, so daß die neue Information von den Schematas getrennt werden kann, mit denen sie automatisch assoziiert wird und als potentiell relevant für viele Schemata anstelle einiger weniger erkannt werden kann« (S. 79–80). Und: »Das Ziel war, die Gruppe zu einem Medium zu machen, in welchem das Individuum Verhaltensweisen lernen konnte, die ihm nach Auflösung der Gruppe nützlich waren.« (S. 81). Wenn Mrs. Abercrombie so die Hauptmerkmale einer freien Diskussionsgruppe formuliert, macht sie gleichzeitig einige der dynamischen Grundkräfte des therapeutischen Prozesses, wie sie in der analytischen, insbesondere der gruppenanalytischen Gruppe vor sich gehen, deutlich. In einer derartigen freien Gruppe unterhalten sich die Studenten von Angesicht zu Angesicht, während der Lehrer sich sehr zurückhält, zu korrigieren, didaktisch zu unterrichten oder sonstwie einzuschreiten. Unter derartigen Bedingungen bildet die Gruppe selbst den Hintergrund, auf dem je nach Situation ein Urteil gefällt wird.

Die Gruppe kann so als Test für das Auffinden brauchbarerer Verhaltensweisen dienen. Die Studenten waren schockiert über ihre Fehlurteile, trösteten sich aber, als sie fanden, daß die Experten, die ihre Bücher geschrieben hatten, dieselben Irrtümer aus denselben Gründen begingen. Der Kurs bestand aus zwölf Studenten, die sich für je einundeinhalb Stunden achtmal zu einer Diskussionssitzung trafen. Über diese wurde Protokoll geführt. Vergleiche zwischen diesen Studenten und anderen, die nicht teilgenommen hatten, ergaben, daß die ersteren bedeutend besser vorankamen. (Man fand dasselbe Resultat in einer Untersuchung der Universität von Chile, über die später berichtet werden soll. Studenten, die nach der gruppenanalytischen Methode unterrichtet worden waren, wurden mit anderen verglichen.) Die Kursteilnehmer konnten besser beobachten und urteilen. Sie machten weniger abschließende Feststellungen. Und wenn sie welche machten, dann waren diese einleuchtender. Sie ließen auch alternative Folgerungen gelten. Sie waren weniger festgefahren. Das Verhalten der Studenten kann mit dem von Hunter Kanada beschriebenen verglichen werden. Mrs. Abercrombie stellte die Angst vor der Wandlung und den Widerstand gegen sie fest, die wir aus der Psychotherapie so gut kennen, und fragte: »Kann Verhalten geändert werden?« Sie sieht die Notwendigkeit ständigen Wandels. Sie sieht das Hauptproblem in dem Gegensatz zwischen Autoritätsgläubigkeit und verantwortungsfreudigem Selbstvertrauen. Insgesamt handelt es sich um die Frage des Einflusses von Vorurteilen auf wissenschaftliche Schlußfolgerung. Einige der Faktoren, die das Folgern beeinflussen, kamen erst nach längerer Diskussion ans Licht. Mrs. Abercrombie kommt zu folgendem Resultat: »Wenn jemand seine wissenschaftlichen Schlußfolgerungen differenzieren will, müssen Denkgewohnheiten, die ursprünglich zu einem ganz anderen Verhaltensbereich zu gehören schienen, geändert werden« (z. B. das Vertrauen eines Beobachters zu den Menschen). Mrs. Abercrombie zeigt in ihrer Arbeit so die enge Verwandtschaft der Lernsituation mit der wissenschaftlich orientierten, analytischen Psychotherapie, insbesondere der Gruppenpsychotherapie. Diese beiden Vorgänge scheinen auf entgegengesetzten Enden einer gleitenden Skala zu liegen, worauf in der Studie über Kommunikation (Kapitel XVI) hingewiesen wird. Diese Wesensgleichheit kam in der Arbeit von Mrs. Abercrombie besonders klar heraus. Sie verstand die therapeutischen Prozesse besonders gut, weil es ihr darum ging, die psychischen Vorgänge zu studieren, die den Erwerb und das Bewußtwerden neuer Kenntnisse fördern oder hindern. Ihre Technik der freien Gruppendiskussion kommt der der freifließenden Diskussion oder freien Assoziation in der analytischen Gruppe nahe.

Allerdings gibt uns der Unterschied Anlaß, darauf hinzuweisen, daß die Grundbedingungen das mögliche Ausmaß der Prozesse und die Tiefe der Wandlung in der Gruppe bestimmen. Eine Betrachtung der weiteren Schritte, die eine freie Gruppendiskussion in eine analytische Gruppe verwandeln, kann daher klärend sein. In unseren Gruppen gibt es keinen Gesprächsgegenstand. Die Gruppe sorgt durch ihre eigenen spontanen Beiträge für einen Anreiz zur Diskussion. Ihre Freiheit vergrößert sich durch die Aufforderung, einfach alles ohne Rücksicht auf den besonderen Kontext auszusprechen. Dadurch wird es möglich, hinter den Äußerungen der Gruppe einen Kontext zu entdecken, der unbewußt ist und die Gruppe als Ganzes angeht. Die Interpretationen stützen sich auf diese Matrix, die sich stets ändert und sich selbst vorwärtstreibt. In der gruppenanalytischen Gruppe ist der Einzelne das Ziel der Bemühungen. Daher besteht Übereinstimmung darüber, Interpretationen des Materials und die Analyse der Übertragungsreaktionen uneingeschränkt zuzulassen.

Ein vergleichbarer Bericht auf einem anderen Gebiet kommt aus der Psychiatrischen Klinik der Universität von Chile von R. Gazarin u. a. Er bestätigt den großen Wert der Gruppenpsychotherapie für die Vermittlung dynamischer Psychiatrie und zeigt dies an einer Kontrolluntersuchung.

Zwei Arbeiten von Prof. E. J. Anthony, die Zusammenfassung eines Seminars über *Alter und Syndrom in der Gruppenpsychotherapie*, das in New York 1960 abgehalten wurde, sind im *Journal of the Long Island Consultation Center*, Vol. 1, 2, Mai 1960, veröffentlicht. Die erste bezieht sich auf Gruppenarbeit mit Kindern und Adoleszenten und trägt den Titel: »Altersentsprechende technische Variationen bei der Gruppenpsychotherapie«. Dr. Anthony beschreibt drei verschiedene, zu je einer Altersgruppe passende technische Variationen: (1) Das Kindergartenkind von 4 bis 6 Jahren, Methode »kleiner Tisch«. Ein kleiner runder Spieltisch wird mittels beweglicher Mauern in »Territorien« für jedes Kind unterteilt. In der Mitte befindet sich ein kleiner Wassertrog für alle. Das Spielzeug jedes Territoriums ist von unterschiedlicher Farbe. (2) Die Methode für das Kind der Latenzperiode, als »kleiner Raum« bezeichnet. (3) In frühe und späte Adoleszenz eingeteilte Periode des Reifealters, Methode »kleiner Kreis«.

In dem anderen Beitrag spricht Dr. Anthony von psychopathologischen Spaltungen und erläutert das Konzept der »Resonanz« auf der Grundlage verschiedener instinktiver und defensiver Reaktionen. Unter der Bezeichnung »Symptom« und »Gegensymptom« beleuchtet er die komplementäre Natur von Handlungen, die ein Syndrom bilden. Die beschriebenen Beispiele beziehen sich auf exhibitionistisch-voyeuristische komplementäre Transaktionen, auf heterosexuell-homosexuelle, auf sadistisch-masochistische, auf Penisstolz und Penisneid, auf manisch-depressive und schließlich auf regressiv-progressive Typen komplementären Verhaltens. Er erläutert diese Prozesse an klinischen Beispielen. Sie zeigen nicht nur die in der Psychoanalyse wohlbekannten Prozesse entgegengesetzter und sich ergänzender Paare von instinktiven Reaktionen, sondern auch ihre Auswirkung auf den »Resonanz« genannten Prozeß des Autors. Darüber hinaus wird dieser Vorgang an Hand einer Gruppensitzung durch das Zusammenspiel von zwei und mehr Teilnehmern gezeigt, wobei der Prozeß der Polarisierung hervorgerufen wird. Im Falle der beiden »alternierend regressiven und progressiven Zwillinge« wird die Verhaltensänderung dargestellt.

Mrs. I. Jacobs studierte den Positionswechsel der Mitglieder in einer gruppenanalytischen Gruppe (*group analysis,* International Panel and Correspondence, Vol. I., 2). Unter Position wird die Sitzordnung verstanden, die die Mitglieder in der Gruppe wählen, sowie das damit verbundene Verhalten.

Ich möchte hier meine eigene Beobachtung über die Bedeutung der Position nicht unerwähnt lassen. Man untersucht dabei ein komplexes Phänomen. Viel hängt von der unterschiedlichen Ankunft der Teilnehmer ab. Die Zuerstkommenden bestimmen bis zu einem gewissen Grad die Position der anderen. Es ist von Bedeutung, ob der Leiter eine fixe Position einnimmt. Es ist sicher wichtig, daß die Wahl des dem Leiter nächstliegenden Platzes eine besondere Abhängigkeit oder ein besonderes Schutzbedürfnis durch Überwachung ausdrückt. Ich beobachtete oft, daß abhängige Mitglieder oder Neulinge die Neigung haben, die mir nächstliegende Position einzunehmen. Mit zunehmender Unabhängigkeit bekommen sie mehr Bewegungsfreiheit. Manchmal bedeutet der Platz links vom Leiter Opposition, er ist die schlechte, die »un-rechte« Seite.

Eine andere interessante Beobachtung betrifft den Patienten, der gewöhnlich dem Leiter gegenüber sitzt; diese Position drückt wortwörtlich »Gegen-satz« und Ambivalenz aus. Es gibt auch

Personen, die mit allen Mitteln vermeiden, in der Nähe des Leiters zu sitzen. Manchmal, wenn durch die Zuspätkommenden Lücken freibleiben, drängt sich die Gruppe, wenn sie sich versammelt, zusammen und versetzt den Leiter so in die Rolle eines Schulmeisters. Das ist nach meiner Beobachtung ein höchst bedeutungsvolles Anzeichen für tieferliegende Strömungen in der Gruppe.

Das ganze Problem sollte nicht nur in bezug auf den Leiter, sondern auch auf andere Mitglieder untersucht werden. Ein wichtiges Forschungsgebiet ist das Ausmaß der Wandlungsfähigkeit. Es ist wichtig, ob die Gruppe strikt an bestimmten Positionen klebt, bzw. wann häufiger ein Platzwechsel stattfindet und anderes mehr.

XVI

Eine Gruppe studiert ihre eigene Kommunikation[1]

Die folgende Studie verdient als echte Gruppenarbeit besonderes Interesse. Sie ist, wie der Leser sehen wird, die Studie einer Gruppe durch eine Gruppe; das Ergebnis wurde jedoch am Ende von drei oder vier Mitgliedern in Zusammenarbeit formuliert. Soweit ich mich erinnere, waren dies vor allem Dr. Norbert Elias, Dr. P. B. de Maré, Dr. Martin James und ich.

Mitglieder der Kommission: Initiator: Dr. S. H. Foulkes

Dr. James Anthony	Dr. Norbert Elias
Dr. Eva Ruth Balken	Dr. Ernest Hutten
Miss Margaret Bavin	Dr. Martin James
Dr. P. B. de Maré	Mr. I. Ramzy
Dr. Erna Dalberg	

Diese Vorbereitungskommission wurde von Mitgliedern gebildet, die entweder psychoanalytisch ausgebildet oder wenigstens mit der Psychoanalyse vertraut sind. Als sie zusammenkamen, entschieden sie sich, das Kommunikationsproblem zu untersuchen, so, wie sie es in ihren sehr unterschiedlichen beruflichen Lebensformen vorfanden.

Einerseits sind da Mitglieder, die mit hochorganisierten Gruppen, wie Unterrichtsklassen, umgehen müssen, welche einen feststehenden Lehrplan und eine Form des Vorgehens sowie eine handgreifliche Struktur haben, von der das Vorgehen abhängt. Auf der anderen Seite steht die Gruppenanalyse, in der, von der Regelmäßigkeit in bezug auf Versammlungszeit und -Ort abgesehen, ein Minimum an reguliertem Vorgehen, ohne Thema

[1] Bericht der Vorbereitungskommission für Kommunikation, besonders verbale Kommunikation, mit Bezug auf die Gruppenanalyse (vorbereitet für den internationalen Kongreß für Mental Health, London, 1948)

oder Programm, vorliegt, eine Anordnung, die die persönlichen Aspekte in den Vordergrund bringen muß.

Dank der gemischten Zusammensetzung der Vorbereitungskommission wurde es offenbar, daß, während zwar die Unterschiede zwischen der organisierten (z. B. der Unterrichts-) Gruppe und der spontanen gruppenanalytischen Gruppe hervortraten, daß es aber auch etwas gemeinsames gab – da die weniger hervorstechende Eigenart des einen Gruppenstiles jeweils noch in dem anderen gegenwärtig, wenn auch weitgehend latent war.

Die Art und Weise, wie sich das Problem darbietet, wird durch das folgende Beispiel gezeigt. Ein Mitglied der Vorbereitungskommission, ein Lehrer der Sozialpsychologie, der diese Experimente der Gruppenanalyse sehr wertvoll findet, berichtete, daß er bei einer Vorlesung, die er vor seiner Klasse gehalten hatte, einen Aufsatz einer seiner Schülerinnen vorlas. Darin sagte sie, daß sie, die aus dem oberen Mittelstand stammte, beim Zusammentreffen mit dem Akzent der Arbeiterklasse das warnende »soziale Rotlicht« aufflammen sah.

In der Diskussion bestand der Student mit der schlechtesten Aussprache darauf, die Aufsatzschreiberin habe vollkommen recht gehabt, die Leute sollten deutlich sprechen. Der Lehrer schilderte dieses Beispiel der Vorbereitungskommission, um zu zeigen, wie seine Rolle als »Lehrer« und die Rolle des Therapeuten durch dieselbe Situation angesprochen sein konnte, aber unterschiedliche Behandlung erforderte. In diesem Falle behandelte der Lehrer das Problem anders als der Therapeut. Er hielt sich an seinen Tagesplan, während der Therapeut den persönlichen Aspekt in dem Diskussionsbeitrag des Studenten betont hätte.

In der gruppenanalytischen Situation steht das persönliche Problem im Vordergrund, der institutionelle Aspekt im Hintergrund, die Diskussion ist freifließend. Dadurch enthüllen gruppenanalytische Gruppen Prozesse, die in weniger spontanen Gruppen verborgen bleiben. Es ist eine Voraussetzung der Gruppenanalyse, daß die Teilnehmer übereinkommen, persönliche Probleme aus verschiedenen »Privatwelten« zu bringen und darauf vorbereitet sind, Gedanken zuzulassen, die sich außerhalb der Ordnung höflicher Konversation bewegen. Das Ausmaß der gezeigten Offenheit entspricht der Wesensart des Therapeuten und dem bei den Gruppenmitgliedern vorherrschenden sozialen

Kodex. Man stößt auf viele unerwartete Facetten des Kommunikationsprozesses, weil das gezielte Einschreiten reduziert und etwas weniger Rücksicht auf die soziale Realität genommen wird.

Auf der ganzen Skala dieser Gruppen, von den hoch institutionalisierten bis zu den weitgehend spontanen, vollzieht sich die Kommunikation in der Gruppe vorwiegend auf der verbalen Ebene. Als wir unser Thema wählten, haben wir jedoch die Tatsache nicht übersehen, daß wir, wenn wir uns auf die verbale Kommunikation beschränken, eine Abstraktion vornehmen, und, daß die Sprache der Gesten, der emotionalen Äußerungen, der Ruflaute usw. ihren eigenen bedeutsamen Platz im Kommunikationsprozeß hat. Es gibt jedoch wichtige Gründe für unsere Themenwahl. Es ist kein Zufall, daß in der Gruppenanalyse Worte das Hauptmittel der Kommunikation darstellen. Verbale Kommunikation ist besonders spezialisiert und kann mit keiner anderen Kommunikationsform verglichen werden; sie ist auf die menschliche Spezies beschränkt, bei der sie die Grundlage des kulturellen Lebens und wissenschaftlichen Denkens ist. Worte sind jedoch flexible Symbole. Obwohl sie sowohl etwas verbergen, wie auch etwas mitteilen können, eignen sie sich doch für den Gebrauch in einem komplexen Milieu, wie es die menschliche Gesellschaft darstellt. Auch können sie durch Emotionen stark getönt werden. Ein Beispiel aus der Gruppenanalyse kann einen Typ der Kommunikation veranschaulichen, wie er sich bei frei fließender Diskussion zeigt.

Ein Mädchen beschrieb ihren Waschzwang und erwähnte zufällig, daß er schlimmer werde, wenn sie feindselige Gefühle gegenüber ihrer Familie habe. Nach einiger Zeit erinnerte sich eine junge Frau (ohne Beziehung zu der früheren Mitteilung) an zwei Ereignisse. Sie träumte, daß sie ein Telegramm erhalten habe, das ihr den Tod der Mutter ankündigte, am selben Tag hatte ihr Neffe einen elektrischen Schlag in der Badewanne erhalten. Ein drittes Mitglied erinnerte sich, auch nach genau derselben Pause, daß ihre Mutter wegen allzugroßer Nervosität ihren Kindern nie Gefühle zeigen konnte und nie erlauben wollte, daß sie sich ihr gefühlsmäßig zuwandten. In diesem Falle wurde die buchstäbliche Bedeutung der Mitteilung nicht beachtet. Das Thema »Feindseligkeit innerhalb der Familie« – ein zufälliger Teil der Mitteilung - bewirkte eine Assoziationskette, deren persönliche und intime Inhalte gewöhnlich der privaten Welt des Patienten angehören.

Von unserer psychoanalytischen Orientierung her sind wir an der verbalen Kommunikationsebene besonders interessiert, obwohl wir auch die anderen Kommunikationsebenen würdigen. Wir sind uns bewußt, daß die Probleme der Therapie und der Neurose die Notwendigkeit von Worten als Symbole voraussetzen. Bei der Gruppenanalyse wird die Gesamtsituation, den Beobachter eingeschlossen, mit einbezogen. Es entsteht die Frage, ob die polaren Gegensätze in der Gruppenorganisation, von der strukturierten Gruppe bis zur unstrukturierten Gruppe, qualitativ verschieden sind oder sich nur graduell unterscheiden. Sollten wir besser die Unterschiede oder die Gemeinsamkeiten der beiden Extreme betonen?

Beim Schreiben dieses Berichtes könnten wir das Hauptgewicht verlegen auf:

1) die Geschichte unserer Gruppe und der Wandlungen, die sich in ihr abspielten;
2) die Schlußfolgerungen, die wir zogen;
3) das Material, mit dem wir umgingen.

Wir hatten zu wählen, an welcher Stelle der Skala der Gruppenorganisation wir diese Vorbereitungskommission ansiedeln wollten. Das eine Extrem äußerte sich in dem unbedingten Gefühl, daß das Persönliche sich nicht in den Vordergrund drängen sollte, um den therapeutischen Aspekt zu vermeiden. Andererseits konnten wir, wenn wir Material sammeln wollten, es uns nicht leisten, nach Plan vorzugehen. Nach fünf Monaten begannen wir, uns gegenseitig genug zu verstehen, um Formulierungen suchen zu können. Hierbei ging es allerdings weniger um das, was wir getan hatten, als um das, was wir tun sollten. Ein Diskussionsproblem besteht darin: Wie weit stimmt es, daß Gruppenzusammenkünfte für andere Zwecke, zum Beispiel Gewerkschaftstreffen oder religiöse Zusammenkünfte, eine ähnliche Wahl zu treffen haben? Eine andere Frage würde so lauten: Ist das Problem, das in der Gruppenanalyse zum Vorschein kommt, in der mehr strukturierten Gruppe gleichgeartet? Verhindert nur das Vorgehen, daß es erkannt wird? Sicherlich haben beide Situationen, auch wenn ein Typ extrem ausgeprägt ist, wie in dem Beispiel der sozialpsychologischen Klasse, gegenseitige Bedeutung füreinander.

Bei dem Versuch, miteinander in Kommunikation zu treten, setzen wir voraus, daß die Kommunikation helfen soll, eine Änderung zu bewirken, Einfluß auszuüben. Daher muß die Wirkung des Gesagten auf die Hörer getrennt von dem betrachtet werden, was vom Sprecher wortwörtlich beabsichtigt war. Der Wert der Gruppe für die Aufhellung des Kommunikationsproblemes kann hier gesondert betrachtet werden. Was auch die wörtliche Absicht des Sprechenden sei, es ist doch anzunehmen, daß das gilt, was der Hörer versteht. Das heißt, die Wirkung einer Kommunikation bedeutet ebensoviel wie ihr Inhalt. Eine Auskunft kann in ebenso vielen Bedeutungen verstanden werden, wie Gruppenmitglieder vorhanden sind. Natürlich gehört hierher auch der Fall, bei dem der Affekt des Sprechenden sich vom Inhalt des Gesagten unterscheidet und von der Stimmung mehr mitgeteilt wird als den Worten entspricht. Hier ein Beispiel:

Drei aus unserer Vorbereitungskommission sind Mitglieder einer therapeutischen Gruppe, zwei als Therapeuten, die alternierend fungieren (Drs. F. und M.) und der dritte als Patient (Dr. H.). Dr. M. macht regelmäßig einen schriftlichen Sitzungsbericht. In einem der Protokolle tauchte folgende Fehlleistung auf, welche die nichtverbal mitgeteilte Stimmung wiedergibt:

»Die Patientin, Mrs. N., verbreitete sich über einen Unfall, der sich in ihrem sechzehnten (oder achtzehnten) Lebensjahr ereignet hatte. Sie war durch ein Auto überfahren worden. Sie hatte dem Polizisten damals unmittelbar mitgeteilt, es sei ihr Fehler und nicht der des Fahrers. Sie hatte das mehrere Male wiederholt, und am nächsten Tag waren in den Zeitungen Schlagzeilen von ihrem Selbstmordversuch, während tatsächlich von einem Selbstmordversuch nicht die Rede sein konnte. Dr. F. wies darauf hin, daß ihr *beharrlicher Hinweis, es sei ihr eigener Fehler, ein Versuch war, ihre Überzeugung, stets im Recht zu sein, nicht zu erschüttern.*«

In Wirklichkeit aber hatte Dr. F. in der Sitzung der Kommission dies als ein Beispiel einer *Fehldarstellung* angeführt. Er stellte fest, daß sein Resümee so lautete: »*Vielleicht haben die Zeitungen trotz allem recht gehabt.*« Dr. H., der Patient und Wissenschaftler, bestätigte, daß dies Dr. F. tatsächlich gesagt habe. (Dr. M. war bei dieser Sitzung der vorbereitenden Kommission nicht zugegen.) Dr. H. erwähnte jedoch, daß die *Version von Dr. M. die Gefühle der Gruppe in Hinblick auf Mrs. N* widerspiegelten.

Dieser Beitrag gab Anlaß, daß sich die Diskussion der Vorbereitungsgruppe um mögliche Interpretationen des Mißverstehens drehte.

Dr. F. sagte, wenn man in üblicher Weise analysiere, könne man eine Anzahl von Erklärungen dieses »Mißverstehens« geben, wie z. B. folgende:

1. Dr. M. konnte rezeptiv gestört sein. Aber, da er andere Bemerkungen korrekt wiederzugeben schien, könnte die Störung zwischen ihm und Dr. F. lokalisiert sein. Genauer gesagt, könnte es vielleicht eine Störung dieser speziellen Gruppensituation sein.

2. Es konnte eine Störung Dr. Ms in bezug auf den Inhalt der Bemerkung sein.

3. Es konnte eine Störung von Dr. F. sein, insofern als er sich geirrt haben konnte in bezug auf das, was er wirklich gesagt hatte.

Diese Art Analyse eines Mißverständnisses kann in einer Gruppenanalyse natürlich sehr gut untersucht werden, ja eigentlich noch besser in der Einzelsitzung. Jedoch, die *Beobachtung von Dr. H. gibt der Art dieses »Mißverständnisses« einen ganz anderen Anstrich. Er stellt fest, daß, obwohl der Bericht völlig falsch war in bezug auf das, was Dr. F. gesagt hatte, er doch genau die Gefühle der Gruppe in bezug auf Mrs. N. wiedergab.* Man sieht, daß eine dritte Person als Zeuge notwendig ist, in diesem Fall Dr. H., wenn diese Tatsache sichtbar werden soll. Dies ist ein gutes Beispiel für die neue Dimension, die durch die Teilnahme von mindestens drei Personen an demselben Ereignis (*Dreiermodell*) entsteht. In unserem Beispiel gibt Dr. H. die kondensierten Gefühle der Gruppe wieder, so wie sie ihm erschienen. Die Gruppe mußte nicht unbedingt mit ihm übereinstimmen. Jedes einzelne Mitglied hätte seine eigene Auffassung zu diesem Thema haben können. Wenn die Untersuchung einer solchen Kommunikation zwischen zwei Personen als zweidimensional bezeichnet werden kann und die zwischen drei Personen als dreidimensional (wie im obigen Beispiel), dann wäre die Analyse der Gruppensituation multidimensional.

Das ist nur ein und dabei ein sehr einfaches Beispiel für den Gegenstand, den wir in den therapeutischen Gruppen studieren.

Diese sind sozusagen unser Experimentierfeld. Das Beispiel beleuchtet zwei weitere Punkte recht gut:

1) die Aspekte der Kommunikation, die unserer Meinung nach am besten in der Gruppensituation (und vielleicht nur in der Gruppensituation) studiert werden können;

2) die Schwierigkeit, diese Beobachtungen wiederzugeben, insbesondere, da wir meist mit viel komplizierteren Themen als den hier beschriebenen konfrontiert sind.

Kommunikation in der Gruppe

Allgemeine Kennzeichen

1. Die Lebensgeschichte jeder Gruppe schließt die Entwicklung eines Gruppengefühls ein, das die einzelnen Mitglieder eint. Diese Einheit äußert sich in gemeinsamen Erfahrungen einer gemeinsamen Sprache und einem ausdrücklichen gemeinsamen Zweck. Handel, Tausch und Sexualität haben eine ähnliche Wirkung. Therapeutische Gruppen müssen jedoch lernen, ohne solche Hilfsmittel zurechtzukommen. Mit steigender Homogenität der Gruppe wird die Kommunikation erleichtert. Dadurch wird ein gemeinsamer Bezugsrahmen geschaffen. Jede Kommunikation innerhalb der Gruppe wird Gruppeneigentum. In der Kommunikation zwischen zweien hat die Kommunikation einen privaten Bezug, den der Kommunikator versteht, und der von der Person, an die der Kommunikationsimpuls gerichtet war, erfaßt wird. Unter den Zuhörern bestehen unterschiedliche Grade von Verfälschung.

2. Die Zusammensetzung der Gruppe, auch wenn sie gut ausgewählt oder geführt ist, wirkt sich auf das Ausmaß der Integration aus. Eine Gruppe wie unsere, aus so vielen Berufen zusammengesetzt, wurde gerade durch diesen Faktor sehr bereichert und seltsamerweise wenig gestört, obwohl es zunächst einige oberflächliche Schwierigkeiten gab, mit denen diejenigen Mitglieder konfrontiert wurden, die keinen vorhergehenden Kontakt mit anderen Disziplinen gehabt hatten.

3. Es wurde allgemein anerkannt, daß Beispiele gruppenanalytischer Erfahrung ein wertvolles Kommunikationsmittel sind, daß die Mitteilung von Erfahrung ebenso wirksam ist wie das Lernen aus Erfahrung. Beispiele sind konkrete, lebendige Bilder dessen, was aktuell mitgeteilt werden soll. Sie sind weniger in

Gefahr, verfälscht zu werden als abstrakte oder allgemeine Argumente.

4. Disziplinierte oder *formale Gruppendiskussion* ist unserer Meinung nach weniger produktiv oder anregend als freies, hin und her schweifendes Gespräch. Es schafft eine Atmosphäre, in der die Probleme besser ausgedrückt und diskutiert werden können. Die einzelnen Beiträge sind mehr als unterbrochene Monologe. Im Laufe eines Abends werden oft bemerkenswerte Meinungsänderungen beobachtet, aber die Mitglieder unterscheiden sich sehr weit in der Fähigkeit umzudenken.

Negativ ist, daß bei dieser Methode eine ganze Menge interessanter Probleme unter den Tisch fallen können. Für die, die an exakter Formulierung interessiert sind, war die weniger disziplinierte Form der Diskussion zuerst ein Ärgernis. Sie waren aber schon darauf vorbereitet, gelten zu lassen, daß der »Charakter« einer Gruppe bei dieser Art des Vorgehens am besten herauskommt. Wir haben uns nun entschlossen, dem Bedürfnis nach exakter Formulierung durch einen Kompromiß in der Methode entgegenzukommen, indem die Gruppe in der letzten halben Stunde des Abends das Besprochene zusammenfaßt. An Hand dieser Daten sollen zwei Mitglieder eine Art Protokoll schreiben, das zu Beginn der nächsten Sitzung der Gruppe vorgetragen wird.

5. Die Wirkung, welche die Kommunikation haben soll, beeinflußt ihre eigentliche Form.

6. Der »Wert« der Kommunikation hat eine direkte Beziehung zur »Stellung« des Mitgliedes in der Gruppe.

Das Problem des Verstehens und Nichtverstehens

1. Das Problem gegenseitigen Verstehens erhebt sich in jeder Gruppe. Unser besonderes Problem bildet darin keine Ausnahme. Wir sind daher in der Lage, unsere eigenen Erfahrungen in dieser Richtung zu beobachten, zu analysieren und wiederzugeben.

2. Es wurde schnell erkannt, daß viele Mißverständnisse letzten Endes semantische Probleme waren. Man entschied sich jedoch, diese Unzulänglichkeiten, die mit der Darstellung verbunden waren, hinzunehmen, und sich auf die Wirkung zu

konzentrieren. Man stimmte darin überein, daß der Sprecher der beste Zeuge für das, was er sagen wollte, sei, wenn er auch nicht immer die beste Ausdrucksweise dafür fand. Es war wichtig, stets zwischen der Absicht und der Wirkung einer Kommunikation zu unterscheiden.

3. Wir waren uns darüber einig, daß es, wenn auch selten, absolutes Mißverstehen gibt, daß aber unvollständiges Verstehen (sogenannte Verfälschungen) auch seinen positiven Wert hat. Wir sind alle miteinander von der Tatsache beeindruckt, daß beide Aspekte der Kommunikation gleich wichtig bei unserer Untersuchung sind, nämlich sowohl wie Kommunikation gestört sein kann, wie auch, wie sie sich wirklich vollzieht. Da man das Ausmaß der Verfälschung und die große Vielfalt von Bedeutungen, die der einfachsten Äußerung unterlegt werden, kaum überschätzen kann, ist man gleichzeitig beeindruckt von der Intensität und Genauigkeit dessen, was mit Erfolg übermittelt und gegenseitig verstanden wird.

4. Andere Verfälschungen wurden ausgelöst dadurch, daß Kommunikation gleichzeitig Gegen-Kommunikation auslöste, die die freie Rezeption einer Kommunikation behinderten. Es wurde beobachtet, daß derjenige, der eine Kommunikation aufnimmt, schon im Geiste seine Erwiderung vorbereitet und auf diese Weise seine Aufnahmefähigkeit abstumpft und verändert. Zum Beispiel erwähnte ein Mitglied, daß es, während es einem anderen zuhöre, dies automatisch in seine eigene Sprache übersetzen müsse, damit es einen Sinn bekomme. Eine derartige Beobachtung fördert bei uns die Ansicht, daß die Beschreibung des Kommunikationsprozesses durch die übliche Kennzeichnung von Sender (*transmitter*) und Empfänger (*receiver*) ungenügend ist.

Zu allererst sehen wir, daß der Sender sich auf den Empfänger einstellt, wenn er seine Bemerkungen vorbereitet. Dieses Empfangen oder Aufnehmen ist umgekehrt keineswegs eine nur passive Funktion. Das bedeutet, daß beide aktiv an dem Prozeß teilnehmen. Wir können diesen Prozeß per Analogie mit einer Quecksilberdampflampe mit ihren beiden Polen und dem Lichtbogen zwischen beiden vergleichen. In diesem Falle würden die beiden Pole die beiden Personen und der Bogen die Kommunikation repräsentieren. Wenn die beiden Pole entbehrlich für den Prozeß sind, ist der Prozeß selbst ein völlig anderes und unabhängiges Phänomen. Wir möchten über dieses noch ziemlich statische Modell hinausgehen und sagen, daß im Falle der Kommunikation der Prozeß als solcher schon als Keim in jedem der Teilnehmer gegenwärtig ist.

5. Mißverständnisse entstehen durch emotionale Störungen des Empfängers der Kommunikation gegenüber dem Sprecher oder der Gruppe oder dem Inhalt der Bemerkung.

6. Das Vorkommen von Mißverständnissen war häufig ein deutlicherer Hinweis auf Gruppenerfahrungen oder Gruppentrends als die wörtliche Bedeutung einer Kommunikation.

7. Es wäre genauer, von *Graden des Verstehens* statt von Mißverstehen zu sprechen. Es ist immer eine, wenn auch schwache Verbindung zwischen dem, was gesagt und dem, was verstanden wurde. Verständnis erlangen ist ein oszillierender Prozeß zwischen den Teilnehmern: Geben und Nehmen und wieder Zurückgeben, bis ein befriedigendes Ausmaß an Verständnis erreicht worden ist.

Der Einfluss interpersonaler Beziehungen auf den Kommunikationsprozess

1. Alle Gruppen konfrontieren uns ständig mit der Aufgabe, persönliche Eigenarten und Reaktionen sowie das Vorhandensein interpersonaler Spannungen zu berücksichtigen. Sogar in unseren rein wissenschaftlichen Gruppen offenbart sich ein Hin- und Herpendeln zwischen dem therapeutischen und dem akademischen Pol.

2. Der persönliche Faktor kommt weniger in den Vordergrund, wo ein unmittelbarer Zweck oder ein Ziel vorliegt, aber auch in unsere Gruppe, die genug Zielsetzungen hatte, geschah dies häufig genug.

3. Wir sind besonders daran interessiert, die Gruppe nach Möglichkeit zu integrieren, um Kooperation für unseren gemeinsamen Zweck zu sichern, ohne unfruchtbare Voreingenommenheit durch interpersonale und persönliche Probleme.

4. Wir mußten erkennen, daß Grundunterschiede des Persönlichkeitsbildes individuelle Unterschiede in der Art, ein Problem anzugehen, spiegeln. Dadurch ist die glatte Kommunikation gestört. Das stellt jeder Gruppe das zusätzliche Problem,

wie weit eine gemeinsame Basis oder Sprache gefunden werden kann, um die Kooperation so vollständig wie möglich zu machen, während man den einzelnen Persönlichkeiten doch genug Spielraum gibt. Damit eng verbunden ist das Problem, persönliche Motive zu berücksichtigen und intime Themen zur Diskussion zu stellen.

5. Es herrscht Übereinstimmung, daß in soziologischen Untersuchungen der Beobachter einen integralen Teil der Situation oder des Feldes bildet, daß aber die Menschen in ihrer Befähigung, dieses Prinzip auf ihren eigenen Fall anzuwenden, verschieden sind. Dieser Faktor ist sowieso schon ein bedeutsames Kommunikationshindernis.

6. Im allgemeinen wird eine Kommunikation um so mehr in ihrem aktuellen Sinn (in ihrer buchstäblichen Bedeutung) verstanden, je unpersönlicher sie ist. Am anderen Ende der Skala, wo uns die Wirkung mehr interessiert, als der Sinn, wird die Persönlichkeit des Sprechers in hohem Maß einbezogen. Das hat eine besondere Bedeutung für die Mitteilung objektiven Wissens, wie etwa im Unterricht.

7. Vollständiges Verstehen einer Kommunikation verlangt daher eine klare Vorstellung vom Wesen der Situation, die zur Kommunikation führt, der Persönlichkeitsstrukturen der Teilnehmer und deren Verhältnis zur Gruppe, zusammen mit den darunterliegenden Motiven und schließlich von der bestehenden Integration der Gruppe. Kommunikation hängt von so vielen Variablen ab, daß man bei dem Versuch, eine Analyse zu machen, sich unvermeidlich vielen Pseudoproblemen und Pseudolösungen gegenüber sieht.

Namen- und Sachregister

7-1-10-8-4